Le guide Marabout
de l'aquarium
d'eau douce

Henri Favré
Claude Vast

Le guide Marabout
de l'aquarium
d'eau douce

• MARABOUT •

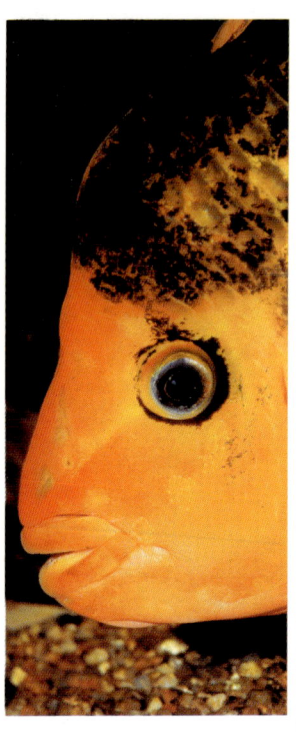

Le Guide de l'aquarium d'eau douce :

La maquette de la présente édition a été réalisée par Philippe Latombe / ZAAPING.
Lecture - correction : Colette Malandin

Crédits photographiques :
Claude Vast : pages 7, 14, 20, 36, 48, 49 à 59, 68 à 119, 121, 123 à 126, 128, 129, 137, 139, 143, 149, 152, 153 et 155
Jean-Emmanuel Hay : pages 4, 6, 8, 17, 19, 21, 27, 32, 33, 37, 45, 60, 61, 64, 66, 120, 133, 141 et 151

Infographies :
Sally Bornot / WAG

Marabout (Hachette Livre) 43, quai de Grenelle, 75905, Paris cedex 15

© 2002 Marabout (Hachette Livre)

Sommaire

Introduction	7
Chapitre un **L'aquarium**	9
Chapitre deux **La plantation**	44
Chapitre trois **Les principales plantes**	49
Chapitre quatre **Les poissons**	61
Chapitre cinq **L'alimentation**	121
Chapitre six **L'entretien de l'aquarium**	132
Chapitre sept **Signes de déséquilibre de l'aquarium**	137
Chapitre huit **Ennemis et maladies**	140
Index	157

Introduction

L'aquariophilie est l'art de pratiquer pour son plaisir l'acclimatation et l'élevage des poissons d'ornement. Cet art remonte à la plus haute Antiquité. En Grèce et à Rome, les riches propriétaires terriens élevaient des poissons qu'ils tenaient dans de vastes viviers où bruissaient des jets d'eau. Ils respectaient ainsi, d'une certaine manière, certains principes de l'aquariophilie moderne en offrant à leurs poissons de grandes surfaces d'échange gazeux, une bonne luminosité et un bon brassage de l'eau. Dans ces bassins on ne trouvait guère que des carpes et parfois des murènes, dont la légende dit que certains n'hésitaient pas à leur donner en pâture les esclaves récalcitrants.

Tout en resta là jusqu'à l'arrivée des premiers poissons rouges. Ceux-ci ne seraient apparus que vers l'an 950 en Chine sous la dynastie des Song. D'abord réservés à une élite, ils se popularisèrent aux environs de l'an 1500. Un siècle plus tard, des marins en importent quelques exemplaires en Angleterre et au Portugal. Ce n'est que vers 1750 qu'ils arrivent en France à la cour de Louis XV, plus exactement dans les salons de Mme de Pompadour, avant de faire partie, au siècle suivant, des animaux familiers de la maison, trônant sur les tables et les guéridons dans leur bocal en verre.

Cela ne permet pourtant pas encore de parler d'aquariophilie ; cette appellation ne se justifiera qu'au début du XXe siècle avec l'apparition de l'aquarium vitré à cornières, au sol aménagé, garni de petits rochers et de plantes aquatiques, ainsi qu'avec l'importation de poissons tropicaux. Bien sûr, il persiste alors quelques points noirs, notamment celui du chauffage. À la Belle Époque, il se fait par de petites bougies, lampes à alcool ou rampes à gaz qu'il est difficile de régler. Quant à l'éclairage, il ne peut qu'être naturel, l'aquarium étant exposé, non sans risque d'ailleurs, aux rayons du soleil.

C'est alors qu'arrive l'électricité qui va permettre l'apparition des résistances pour le chauffage, des lampes à incandescence pour l'éclairage et des petites pompes à air pour une meilleure oxygénation de l'eau.

Dès lors les progrès techniques ne cessent plus jusqu'à obtenir l'aquarium moderne, le commerce aquariophile offrant les nombreux accessoires pour le confort des hôtes de ce qui est devenu la reproduction en miniature d'un écosystème aquatique naturel.

Le développement des transports aériens, la multiplication des fermes d'élevage, le progrès dans l'emballage des poissons achèvent la révolution.

À ce jour l'aventure continue, mais au simple désir d'exotisme et de décoration s'est ajouté, pour les citoyens soucieux d'écologie que nous devenons, le besoin de reconstituer une parcelle de nature aquatique.

C'est en tenant compte de cette aspiration que nous nous sommes efforcés ici d'exposer le plus simplement possible les éléments qui permettront aux pensionnaires de l'aquarium de vivre heureux... comme des poissons dans l'eau.

L'aquarium

L'aquarium doit être pour vos pensionnaires une demeure saine et agréable.
Pour mener une existence normale, vos poissons ont besoin d'un certain bien-être qui doit vous guider dans le choix et l'aménagement de leur logis. Le bac doit être suffisamment spacieux, de proportions rationnelles. Pratiquement, sauf rares exceptions, le seul aquarium digne de ce nom est de forme parallélépipédique. Sa simplicité permet un entretien facile et ne nuit pas aux qualités esthétiques permettant son intégration harmonieuse dans le mobilier du salon.
Sa construction est à la portée des amateurs.

Les fabrications classiques sont effectuées dans les gammes indiquées dans le tableau n° 1, la hauteur et la largeur pouvant cependant varier quelque peu suivant les constructeurs. Ce tableau met en évidence la progression très rapide de la contenance (et donc du poids); en effet, le volume d'un aquarium de 50 cm de longueur de façade atteint le double de celui de 40 cm, tandis que la cuve de 70 cm est plus de deux fois supérieure à celle de 50 cm.
De nombreuses autres formes sont proposées dans le commerce (colonnes, cuves à angles multiples, tables). Ces aquariums ne sont pas recommandés car ils sont difficiles à décorer et d'entretien souvent complexe. Seuls les aquariums à trois faces sont acceptables lorsque l'on ne dispose de place que dans l'angle d'une pièce.
Pour être beau, un aquarium doit avoir une longueur suffisante : au moins 1 m à 1,20 m ; 80 cm est la limite inférieure en cas de manque de place.
Les aquariums plus petits sont à réserver à des peuplements très spécifiques de tout petits poissons, à la quarantaine des nouveaux pensionnaires, aux soins infirmiers.
Lorsqu'il est empli d'eau, un aquarium paraît, quand on le regarde de face, nettement moins profond – d'environ un tiers – que quand il est vide. Cela est lié à la propriété de réfraction optique de l'eau.
Il est donc conseillé de donner à la cuve une dimension d'avant en arrière au moins égale à la hauteur si l'on veut éviter un désagréable effet d'écrasement visuel.

DÉBUTER AVEC QUEL VOLUME ?

Nous conseillons aux débutants un aquarium d'au moins 80 cm de façade contenant une centaine de litres d'eau.
Au-dessous de ces mesures, la décoration, le peuplement et l'entretien à long terme sont aléatoires.

TABLEAU N° 1

Base (en cm)	Hauteur (en cm)	Volume (en litres)
40 x 20	25	20
50 x 25	30	37,5
60 x 30	35	54,9
70 x 30	40	84
80 x 35	40	112
100 x 40	45	180
120 x 40	50	240
135 x 50	52	351
150 x 50	55	412

10 • Le guide de l'aquarium d'eau douce

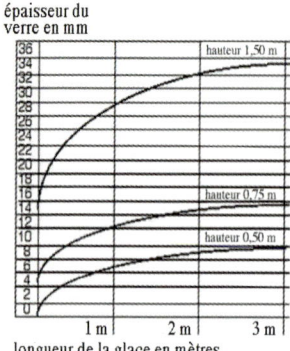

Épaisseur des glaces en fonction de leur longueur et de la hauteur d'eau

LE VERRE

Dans tous les cas, il faut impérativement respecter les épaisseurs du verre en fonction de la longueur et de la hauteur des glaces selon les normes indiquées par les fabricants, comme Saint-Gobain (cf. tableau). Un plan précis de montage tenant compte de l'épaisseur pour le collage doit être établi avant la découpe du verre.

La cuve

Les anciens aquariums étaient composés d'un fond et d'un cadre métalliques où les glaces étaient fixées par un mastic. La structure était lourde, les fuites fréquentes, le prix élevé. Les aquariums courants ne dépassaient pas une centaine de litres et ne pouvaient être construits que par des spécialistes. L'apparition, vers 1960, des colles souples en silicone constitua une véritable révolution permettant de fabriquer à moindre frais et en toute sécurité des cuves de tous volumes.

Actuellement, il existe deux méthodes pour réaliser les aquariums :
• le collage de plaques de verre, ce qui est la technique la plus simple et la plus économique lorsqu'il s'agit de bacs dont le volume ne dépasse pas 500 à 600 litres ;
• le moulage de résine polyester, cette technique étant surtout appliquée pour les grands volumes.

Les aquariums en verre collé

Ils sont devenus les modèles classiques, tant pour les aquariums du commerce que ceux construits à la maison. Ils sont économiques et parfaits quant à la résistance à la corrosion. Leur fabrication est à la portée de tout bon bricoleur. Pour les dimensions habituelles des bacs réalisés selon cette technique (1 m à 1,5 m de façade), il est facile de se procurer dans le commerce des glaces de toutes épaisseurs coupées aux dimensions voulues. La manipulation peut être effectuée par une équipe réduite à deux personnes.

La technique de collage est simple à condition de respecter certaines règles élémentaires.

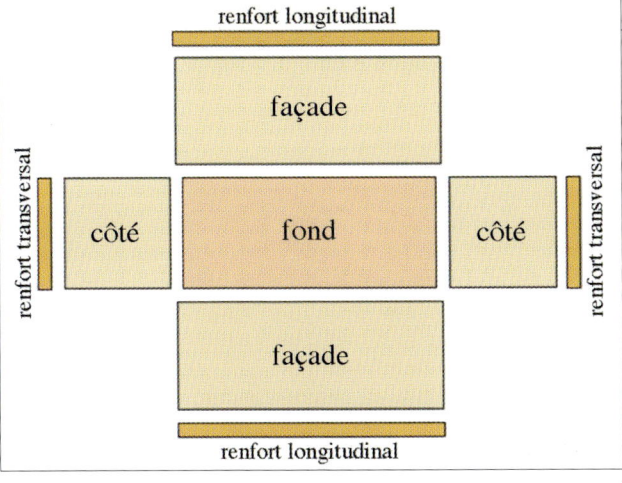

LE PLAN DE DÉCOUPE
Les mesures devront être très précises et tenir compte de l'épaisseur du verre.

LE POIDS
Ne pas oublier que le poids total résulte de l'addition de ceux du verre, de l'eau, du sable et du décor.
Un aquarium de 1 m x 30 cm x 45 cm pèse environ 150 kg plus quelques grammes de poissons...
Ce poids se répartit de façon régulière sur toute la surface du fond. Ce dernier, lorsqu'il est en verre, ne supporte pas d'aspérité entre bac et support. Le moindre grain de sable serait cause de rupture. La table du socle doit donc être parfaitement horizontale et recouverte d'une plaque de polystyrène qui absorbera les différences de pression.

- Utiliser une table de collage solide au plateau bien horizontal. Protéger la surface par une nappe en papier.
- Mettre des gants pour manipuler les glaces dont les bords ne seront pas biseautés mais simplement abrasés au papier de verre pour en amortir le tranchant.
- Dégraisser soigneusement les glaces avec un chiffon propre imbibé d'alcool à brûler ou d'acétone.
- Poser la glace du fond sur des tasseaux de bois alignés transversalement qui dépasseront ses bords de quelques centimètres pour éviter le glissement des faces vers le bas pendant le collage.
- Utiliser uniquement une marque de colle spéciale pour aquarium conditionnée en cartouche pour collage au pistolet.
- Coller en étalant un boudin assez épais le plus régulier possible.
- Commencer par les tranches de la glace du fond.
- Mettre en place une des grandes glaces et la relier à une face de côté encollée sur la tranche correspondante.

QUELQUES RÈGLES GÉNÉRALES
- S'assurer que le sol de la pièce est horizontal et présente une résistance suffisante au poids définitif (cuve + eau + sable + décor + socle).
- Placer l'aquarium le long d'un mur porteur, transversalement aux poutres si la construction est ancienne. Éviter de le placer au centre d'une pièce car le plancher y est moins résistant et les vibrations plus fortes.
- Éviter d'utiliser l'aquarium comme séparation vitrée entre deux pièces. L'entretien en est compliqué et le résultat esthétique non garanti.
- Éviter les tables-aquariums. Elles sont fragiles et d'entretien difficile.
- Ne pas placer l'aquarium près d'une fenêtre ou dans une zone trop ensoleillée.

12 • Le guide de l'aquarium d'eau douce

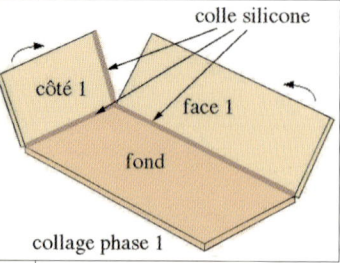
collage phase 1

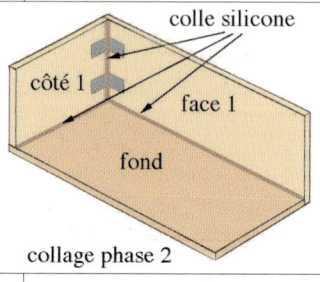
collage phase 2

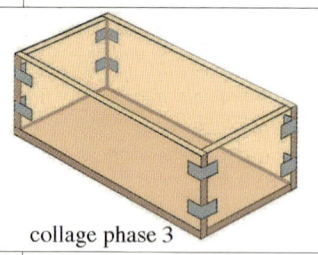
collage phase 3

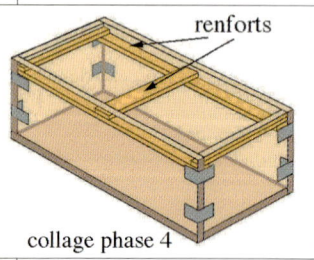
collage phase 4

- Bien réunir les glaces entre elles et assurer l'adhésion par une pression non excessive bien répartie sur tous les contours. Faire maintenir en place par un aide.
- Procéder de même pour les deux autres faces.
- Maintenir les glaces fraîchement collées en bonne position par de larges bandes de ruban adhésif.
- Laisser les excès de colle, même s'ils paraissent inesthétiques. Plus la colle déborde, plus l'étanchéité est garantie. La colle en excès est simplement lissée délicatement avec un doigt imprégné de salive.
- N'enlever les boudins de colle qui débordent à l'extérieur qu'au bout de 24 heures à l'aide d'une lame bien tranchante.
- Ne coller les renforts qu'au bout de 24 heures Les renforts supérieurs doivent être à la fois longitudinaux et transversaux. Des renforts longitudinaux placés au fond du bac augmentent considérablement sa résistance.
- Laisser sécher au moins trois jours avant épreuve de remplissage. Une fois le bac bien sec, la face frontale sera décorée d'un cadre en bois ou matériau synthétique destiné à cacher les zones de collage et les renforts. Ce cadre devra dépasser du bord supérieur du bac de façon à masquer les rampes d'éclairage et à recevoir le couvercle, de préférence construit avec la même matière. Suivant la longueur de l'aquarium, ce couvercle comprendra deux ou trois volets de façon à faciliter l'accès technique et l'entretien.

Les aquariums en résine polyester

Cette technique est recommandée dès que le bac dépasse un certain volume (500 litres et plus). Les cuves en résine polyester ont une grande résistance mécanique. Elles sont aussi infiniment plus légères pour de grandes dimensions que celles en verre collé. Cette technique est cependant délicate et nécessite d'opérer en équipe sous les conseils d'une personne expérimentée.

LES RENFORTS

Indispensables, ils doivent être à la fois longitudinaux et transversaux. De même épaisseur que les glaces, ils ont quelques centimètres de largeur et sont collés à l'intérieur à 2 cm environ au-dessous du bord supérieur pour former un cadre qui évite le cintrage des façades sous l'effet de la pression de l'eau. Si le bac est très long, on ajoutera un ou plusieurs renforts transversaux bien répartis.

LE CHANTIER

Il nécessite une table solide et parfaitement horizontale.
Une feuille de papier protégera le plateau des souillures de colle.
Des tasseaux de bois de section 5 cm x 5 cm seront placés transversalement sous la glace de fond pour faciliter
la manipulation de la cuve après collage.

LE TRANSPORT

On doit toujours transporter un aquarium vide, le ballant de l'eau risquant de décoller ou de rompre les parois.

Le sol

En dehors du fait qu'il constitue un habitat pour les bactéries, le sol joue un rôle dans l'aspect décoratif de l'aquarium. Il assure la stabilité des roches. Il permet d'abord aux racines des plantes de trouver des points de fixation, il leur fournit ensuite le terrain où elles puiseront une partie de leur nourriture. Dans certains cas, il peut servir de matériau filtrant. L'important est que ce substrat soit chimiquement le plus neutre possible pour ne pas altérer la qualité de l'eau.

Il faut éliminer les morceaux de verre multicolores, le silex concassé, les gros graviers colorés artificiellement et autres verroteries.
On évitera les sables de lave : d'origine volcanique, ils sont chimiquement neutres mais leur couleur foncée les réserve à une couche décorative de surface dans les bacs hébergeant des poissons non fouisseurs appréciant les sols sombres, comme les tétras néons. On proscrira les sables de carrière, habituellement de teinte jaune, à cause des nombreux éléments indésirables qu'ils contiennent et qui ne peuvent être éliminés par lavage ; on proscrira aussi les sables très fins – genre sable de plage ou de Fontainebleau – parce qu'ils forment un magma trop compact dans lequel l'eau ne peut circuler.
Il reste donc les sables de rivière – à texture fine et régulière ou composés de grains de tailles variables – et les sables de quartz à gros grains. Ce sont d'ailleurs les plus usuels dans les magasins d'aquariophilie. Les sables de rivière, lorsqu'ils sont grossiers, sont parfaitement valables. Lorsqu'ils sont fins comme le sable de Loire, mieux vaut les mélanger avec du sable de quartz. Ce dernier, dit « quartzite », d'une granulométrie de 1 mm à 3 mm, constitue en fait, à lui seul, le sol idéal.
Avant utilisation, le sable doit être lavé par brassage à l'eau claire jusqu'à ce que le liquide surnageant ne contienne plus de boue.

QUELLE QUANTITÉ DE SABLE ?

Pour l'évaluer, on considère qu'un lit de 7 cm sur l'ensemble du fond est une base valable pour la plupart des aquariums.

LES SOLS RICHES

Les plantes à racines puisent une partie de leurs nutriments dans le sol. Certains ont proposé d'enrichir le sable en terreau ou en engrais de jardin. Cela est à déconseiller : il y a risque de concentration excessive en nitrates et phosphates responsables d'une eutrophisation de l'eau, ce qui entraîne une prolifération d'algues.
À la rigueur, de l'argile calcifiée en granulés spéciale pour aquarium peut être incorporée au sable en couche mince dans les aquariums que l'on souhaite très plantés. En fait, il existe un engrais naturel : les déjections des poissons, les débris végétaux, les restes alimentaires qui viendront « enrichir » le sol.

RÉPARTITION DU SABLE

Pour des raisons esthétiques, la couche de sable doit être mince à l'avant, au contact de la glace frontale et remonter progressivement vers le fond et sur les côtés.

Le décor

Il n'a pas seulement un rôle esthétique ; il permet de masquer les accessoires et offre aux poissons des refuges nécessaires à leur équilibre comportemental.

Les roches

C'est le décor traditionnel. On doit les choisir non seulement pour leur aspect esthétique mais aussi pour leur neutralité chimique. On donnera la préférence au calcaire grossier dur, au silex, aux laves volcaniques, aux grès, aux schistes durs, aux quartz, aux ardoises, aux bois fossiles silicifiés. Toutes les roches tendres ou d'aspect métallique doivent être considérées comme suspectes.

On trouve dans le commerce des roches en céramique cuite à haute température qui offrent toutes les garanties de neutralité chimique. Il faut toujours laver soigneusement ces roches avant de les placer dans l'aquarium.

Le nombre de pierres doit rester limité à la réalisation de quelques massifs en conservant de très larges espaces pour la plantation. Les gros empilements prennent de la place, sont lourds et créent entre eux et la paroi de l'aquarium des recoins difficilement accessibles.

Ne pas chercher à mélanger des pierres de couleurs différentes ou de formes tarabiscotées. L'effet est souvent assez décevant.

UNE TOILE DE FOND

Le problème se pose pour les cuves en verre collé à la face postérieure transparente. Derrière la cuve on peut placer un miroir qui donnera une plus grande impression de profondeur. On peut aussi peindre cette face (toujours à l'extérieur) avec une peinture hydrofuge de couleur le plus souvent bleue ou noire, cette dernière faisant mieux ressortir les plantes et les poissons.

Il existe aussi dans le commerce des posters de décors botaniques ou rocheux.

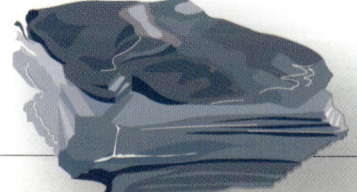

Les racines d'arbres

Elles seront choisies en fonction de leur silhouette plus ou moins tortueuse.
Il faut éviter les racines fraîches qui ne manqueront pas de pourrir. La plupart renferment des tanins qui colorent l'eau en brun et peuvent être toxiques. En outre, les bois européens sont plus légers que l'eau, ce qui pose des problèmes de fixation. On trouve dans le commerce des bois exotiques très durs et plus lourds que l'eau qui sont parfaitement adaptés. Par précaution ces bois doivent cependant subir un nettoyage mécanique par brossage et une ébullition prolongée pour éviter l'introduction de champignons ou de bactéries.

Les matériaux synthétiques

Ils ont révolutionné la conception du décor de l'aquarium. Par rapport à tous les autres matériaux, ils offrent des garanties incomparables de légèreté et de neutralité. Ils peuvent être modelés à la demande, ce qui permet une grande liberté de création.
Ils ont l'avantage de s'appliquer étroitement sur toutes les parois du bac dont ils épousent les angles et les contours.

Décor en polystyrène expansé

Le polystyrène expansé à cellules fermées est un matériau industriel de très faible densité. Il se présente en panneaux à la fois légers et tendres qui, une fois découpés et sculptés, donnent des décors rocheux très réalistes.
Suivant l'épaisseur recherchée, on utilise des panneaux plus ou moins épais ou des panneaux fins collés en plusieurs couches pour réaliser des protubérances.
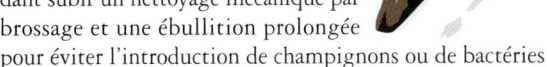
Ces panneaux sont taillés de façon à s'encastrer parfaitement dans l'espace compris entre la face postérieure et les faces latérales de l'aquarium. Ils sont sculptés à l'aide d'un pistolet chauffant. L'air chaud est préférable à la flamme d'un chalumeau car le polystyrène s'enflamme facilement. Les décors de grandes dimensions sont construits en plusieurs morceaux qui sont assemblés et collés. La finition comprend un résinage et un sablage selon la technique indiquée page 16.
Le décor obtenu doit être introduit dans le bac avant la pose de la glace frontale. Les faces lisses non sculptées sont fixées étroitement sur les parois du bac où elles s'appliquent avec de la colle silicone.

ENTASSEMENT DANGEREUX

Certains empilements de roches peuvent être instables. Ils risquent de s'écrouler en créant des dégâts pouvant aller jusqu'à une rupture de paroi.

Toujours ancrer solidement les plus gros cailloux sur le sol. La stabilité entre deux pierres peut être renforcée par un peu de colle silicone.

À ÉVITER

Les décors en matériaux d'origine marine comme les madrépores coralliens, et cela pour plusieurs raisons :
- leur présence est totalement incongrue dans ce petit écosystème naturel que doit être l'aquarium d'eau douce ;
- ils ont des aspérités très rugueuses sur lesquelles les poissons ne manqueront pas de se blesser ;
- ils libèrent des sels de calcium et de magnésium qui seront responsables d'une forte alcalinisation de l'eau. Pour la même raison, ne pas utiliser du sable corallien pour le sol.

OBJETS INCONGRUS

On trouve dans le commerce aquariophile une foule d'objets tels que ruines de temples, épaves de bateaux, scaphandriers, coffres de pirates, petits moulins.... À notre avis, ce type de décor va à l'encontre de l'effet que l'on doit rechercher, à savoir la reconstitution fidèle d'un petit fragment de nature. Mais tout est affaire de goût !

Décor en mousse de polyuréthane

La technique d'exécution est très délicate et exige une certaine expérience, une grande dextérité, un sens esthétique aigu et une bonne connaissance de la polymérisation des composants.

On emploie du polyuréthane liquide formé de deux composants dont le mélange extemporané aboutit à une polymérisation expansive. Il en résulte la formation d'une mousse rigide, à la fois légère et très résistante.

La construction du décor se fait morceau par morceau. Les composants sont mélangés par petites quantités selon les proportions indiquées par le fabricant. Les récipients utilisés pour le mélange ne sont pas récupérables. Des bouteilles d'eau minérale en plastique préalablement bien séchées conviennent parfaitement car elles ont l'avantage d'être bon marché et transparentes (on peut ainsi aisément y faire des marques pour respecter le dosage et s'y référer lors du remplissage).

Les deux composants sont versés l'un après l'autre à parts égales, le volume total ne devant pas dépasser le quart du récipient. Une agitation brève et vigoureuse permet le bon mélange des composants. Il faut alors très rapidement verser le mélange à l'endroit du décor que l'on veut combler car l'expansion commence en quelques secondes. Pour que le décor adhère, on assure son ancrage par de petits tasseaux de verre préalablement collés de place en place sur les parois.

On procède touche par touche, jusqu'à obtention de l'effet esthétique voulu. Les coulées de mousse sont orientées par inclinaisons successives du bac selon des angles préalablement déterminés de façon à combler progressivement tous les vides.

Une fois obtenue la forme générale que l'on souhaite, on donne l'aspect définitif par une sculpture au burin et au ciseau. La finition se termine par un résinage et un sablage.

Résinage et sablage de finition

On emploie une résine époxyde de type Gel-Coat. Le résinage a pour but de former une croûte qui protège et rend étanche le matériau expansé. Il permet la coloration ainsi que la fixation d'une pellicule de sable de façon à obtenir une ressemblance parfaite avec un décor rocheux naturel.

Dans un récipient plastique transparent on verse les composants (résine + durcisseur) selon les indications du fabricant. Un colorant peut être ajouté à la résine avant l'adjonction du durcisseur. L'application se fait au pinceau sur toute la surface du décor et dans tous ses interstices. Plusieurs couches peuvent être passées successivement en attendant environ 45 minutes à 20 °C entre chaque application.

Le sablage est effectué par projection de sable sec sur la dernière couche avant séchage.

L'eau

Au départ, à la source si l'on peut dire, toutes les eaux ont une origine commune : la pluie. Mais cette eau de pluie, presque chimiquement pure, n'est que la matière première de base dans laquelle, du reste, presque aucun poisson ne peut vivre. En tombant l'eau de pluie va se charger, voire se souiller, d'éléments variables, s'imprégner de gaz et de vapeurs contenus dans l'atmosphère qu'elle traverse. Elle va également, en pénétrant dans le sol, dissoudre les sels minéraux qu'il contient et se charger de matières organiques, et souvent être polluée, dans les pays industrialisés, par des déchets de tous ordres.

Le rôle de ces différents facteurs est variable suivant les contingences géographiques, météorologiques, etc. Mais l'élément déterminant pour les propriétés aquariologiques vient de la nature géologique des terrains que l'eau a traversés. Suivant que le milieu est un sol granitique qui ne se laisse pas facilement entamer ou un calcaire tendre que les ruissellements dissolvent aisément, les eaux obtenues seront de compositions extrêmement variées, salutaires au tempérament d'une espèce, défavorables à une autre.

La science, sans avoir une connaissance complète des effets de toutes les réactions chimiques et biologiques dont l'eau est l'objet, permet

LE RÔLE DE LA TOURBE

La tourbe, charbon fossile formé par la décomposition incomplète des végétaux en milieu marécageux non oxygénés, est largement employée en jardinerie. Dans l'aquarium, elle agit comme léger acidifiant mais aussi comme substance tampon permettant le maintien constant de cette acidité relative pouvant être bénéfique à l'acclimatation et à la reproduction de certaines espèces de poissons, comme les *Aphyosemion* vivant dans des marigots riches en matières végétales en décomposition. Son emploi convient aussi à tous les poissons qui apprécient des eaux acides et peu minéralisées comme les *Characidae* et les Discus.
Il faut donner la préférence à la tourbe en morceaux qui, stérilisée par ébullition d'au moins 1 heure, sera mélangée par fragments au sol ou placée dans une résille introduite dans un compartiment du filtre.

18 • Le guide de l'aquarium d'eau douce

> **BON À SAVOIR :**
>
> **SENS COMMUN**
> Plus une eau est douce, plus elle fait mousser le savon. Plus elle est dure, moins elle fait mousser le savon et mieux elle le rince. Les anciens aquariophiles s'orientaient ainsi grossièrement avant l'apparition des « kits » colorimétriques de mesure de pH et de dureté.

de dégager un certain nombre de notions de base. Parmi celles-ci, deux sont notamment utiles à connaître en aquariophilie :
- le pH qui indique si une eau est alcaline, neutre ou acide ;
- le TH qui conditionne sa dureté ou sa douceur.

Le pH

Ces deux lettres, que l'on peut traduire par « potentiel en ions Hydrogène », sont le symbole conventionnel utilisé comme mesure du degré d'acidité ou d'alcalinité d'une eau. Cette alcalinité ou cette acidité se déterminent au moyen d'une échelle graduée de 0 à 14 (7 étant le point de neutralité. De 7 à 0, l'eau est de plus en plus acide. De 7 à 14, elle est de plus en plus alcaline. En fait, la vie aquatique n'est possible en eau douce [non salée] qu'entre l'acidité relative de 5 et l'alcalinité relative de 8).

En aquariophilie, nous n'aurons besoin d'approcher ces valeurs extrêmes que pour de rares espèces. Dans la majorité des cas, les pH qui nous intéressent sont dans la fourchette de 6,4 à 7,6.

Notion d'équilibre acido-basique

Dans la nature, l'effet de masse et l'importante réserve de sels minéraux dissous font que le pH reste généralement stable, même en cas d'introduction locale d'ions acides ou alcalins.

Il n'en est pas de même en aquarium où le volume d'eau dépasse rarement quelques centaines de litres.

> **LE PH, UNE CONSÉQUENCE, NON UNE CAUSE**
>
> Il convient d'avoir deux notions présentes à l'esprit en matière de pH :
> 1. Le pH est une conséquence des propriétés physico-chimiques de l'eau et non une cause.
> 2. On ne traite donc que l'effet, et encore à titre provisoire, en rétablissant la valeur initiale à l'aide d'un alcalinisant ou d'un acidifiant. La solution consiste à traiter la cause de la perturbation. Par exemple, en faisant un apport substantiel d'eau neuve et en améliorant la filtration d'un bac surchargé en matières organiques dont le pH a viré à l'acidité.

Tendance à l'acidose

L'importance des masses organiques et des processus biologiques respiratoires et métaboliques par rapport au faible volume de l'aquarium font que d'abondants déchets acides sont produits constamment. Les ions acides en s'accumulant font baisser le pH (tendance à l'acidose).

De nombreux processus sont générateurs de cette acidose :
- la respiration des poissons qui libère du gaz carbonique CO_2 se combinant à l'eau pour former de l'acide carbonique ;
- les processus biologiques de nitrification et de dénitrification des déchets azotés qui produisent des ions acides ;
- certaines réactions de fermentation.

Tendance à l'alcalose

En ce qui concerne la tendance à l'alcalose, elle survient surtout en phase diurne du nycthémère dans les aquariums bien éclairés et richement plantés. Pendant cette phase (la photosynthèse), les plantes absorbent du gaz carbonique et rejettent de l'oxygène. Le taux d'acide carbonique peut alors baisser de façon importante, surtout en fin de journée, et le pH s'élève. Cette élévation ne doit pas être préoccupante car tout s'inverse durant la nuit.

TH OU GH

La dureté est exprimée en degrés TH dans de nombreux pays européens, dont la France. En Allemagne, ce taux est exprimé en degrés GH, un degré correspondant à 0,56 degré TH. Il existe en Angleterre et aux États-Unis d'autres unités de mesure…

QUELQUES VALEURS D'ORIENTATION DU RAPPORT pH – TH DE L'EAU

- **6,4 pH - 0° TH**
  (eau très acide de pureté absolue théorique)
- **6,6 pH - 0 à 5 TH**
  (eau acide, très douce)
- **6,8 pH - 15 à 25 TH**
  (eau moyennement dure)
- **7,0 pH - 10 à 15 TH**
  (eau moyenne)
- **7,4 pH - 15 à 25 TH**
  (eau dure)
- **7,6 pH - plus de 25 TH**
  (eau très dure)
- **7,8 pH • plus de 30 TH**
  (eau incompatible avec la pratique aquariophile)

LA CONDUCTIVITÉ

Ce terme désigne la conductivité électrique de l'eau. Plus l'eau est minéralisée, plus elle est conductrice. Cette notion est peu utile en aquariophilie sauf dans le cas où le TH est trop bas pour pouvoir être mesuré correctement.

Cependant, il faut tenir compte de ce phénomène pour la mesure des paramètres de l'équilibre acido-basique qui ne doit être faite qu'en début de matinée, moment de la journée qui reflète la situation réelle de l'aquarium.

L'usage de pierres calcaires comme décor peut aussi être responsable, à la longue, d'une tendance à l'alcalose. Leur emploi est à éviter.

Il existe donc de multiples facteurs de perturbation de l'équilibre entre les ions acides et alcalins, la production d'ions acides étant généralement prédominante et seule préoccupante. Il existe heureusement des systèmes régulateurs appelés systèmes tampons.

Les systèmes tampons

Ils sont composés de diverses substances chimiques qui ont pour propriété de neutraliser les excès d'ions acides ou basiques de façon à maintenir le pH dans une bonne fourchette.

Dans l'eau, un système tampon est généralement formé par un couple en solution d'un acide faible et d'un de ses sels (par exemple le couple acide carbonique – carbonate de calcium). Le pH du milieu contrôlé dépend de la valeur respective de ces deux composants.

Les principaux tampons de l'eau de l'aquarium sont constitués de carbonates et bicarbonates qui se forment par réaction entre l'acide carbonique (acide faible qui se forme par réaction du gaz carbonique avec l'eau) et les ions calcium, magnésium, et à un moindre degré sodium. Pour maintenir l'équilibre, il est donc important que l'eau ne soit pas complètement déminéralisée, ce qui ne peut se produire dans l'aquarium où le sable constitue une réserve minérale suffisante.

La dureté (TH et TAC)

Cette notion importante indique si une eau est douce ou dure. Elle comporte deux subdivisions :

Le TH

Ces deux initiales sont l'abréviation de « Titre Hydrotimétrique », lequel permet de connaître la teneur de l'eau en ions calcium (et pour une faible part en magnésium), soit en langage courant (mais scientifiquement incorrect) sa teneur en « calcaire ».

Ce TH s'exprime en degrés, un degré correspondant à 10 mg de calcium par litre. Le TH de l'eau s'échelonne de 0 (eau théorique idéalement pure) à plus de 60 (eau inutilisable, même dans l'industrie, en raison de l'entartrage rapide des canalisations). Pratiquement, on peut trouver des eaux domestiques titrant jusqu'à plus de 35°…

Le TAC

ou « taux d'alcalinité carbonaté » qui exprime la concentration en carbonates et bicarbonates dans l'aquarium. Cette mesure est dite aussi de « dureté carbonatée ». En fait, il s'agit de l'alcalinité totale qui intéresse non seulement les carbonates-bicarbonates mais aussi d'autres sels comme les phosphates, silicates et sulfates parfois présents dans l'eau. Il s'exprime en degrés TAC ou taux d'alcalinité carbonatée.

Il semble que le bon taux du TAC pour un aquarium communautaire se situe entre 5 et 18. Un taux plus bas peut être nécessaire pour l'élevage d'espèces vivant en eau acide comme les *Characidae*. Un taux plus élevé, entre 20 et 30, convient aux poissons des grands lacs africains.

Quelle eau utiliser ?

Heureusement pour l'aquariophile, l'eau du robinet est potable et, dans la plupart des cas, de pH 7 à 7,5 (neutre à peu alcaline). Par conséquent, tant que l'amateur ne se trouve pas confronté à une exigence particulière, il n'a pas à en tenir compte.

Il n'en est pas de même pour le TH. En ce domaine, il n'y a pas de règle. On reçoit de l'eau douce à Limoges, de l'eau dure à Paris, elle est très dure à Liège, encore que, dans la plupart des cas, sa valeur ne dépasse pas 28°. Ce niveau, aussi critique soit-il, reste tolérable :
• car cette dureté demeure compatible avec la vie d'un certain nombre d'espèces de plantes et de poissons suffisant pour constituer un aquarium « qui marche » ;
• car la dureté de l'eau d'un aquarium tend à s'atténuer avec le temps, à condition toutefois qu'il soit très bien planté, non surpeuplé, non suralimenté et que l'eau qu'il perd par évaporation (chimiquement pure et donc de dureté 0) soit remplacée par une eau de qualité identique, c'est-à-dire totalement déminéralisée.

Ces observations fixent les limites théoriques tolérables en matière de pH et de dureté. Quant aux limites pratiques, la tolérance des poissons constituera le meilleur test. On constate parfois avec surprise que certains poissons réputés fragiles s'adaptent sans problème à des conditions physico-chimiques *a priori* hostiles. C'est ainsi que l'on peut voir de magnifiques Discus ou des *Characidae* dans des eaux relativement alcalines…

Les méfaits de la pollution

Certains éléments plus ou moins dangereux comme le cuivre ou le plomb peuvent être présents dans l'eau douce du lieu où l'on se trouve. L'utilisation massive des engrais, les élevages industriels produisent des nitrates contaminant les eaux courantes et phréatiques. Ils s'ajoutent à ceux qui résultent du cycle de l'azote de l'aquarium (voir page 17). Signalons aussi la fréquence de la pollution des eaux douces par les phosphates qui peuvent être responsables de processus d'eutrophisation avec prolifération d'algues indésirables. Plus sournoise est la contamination par les pesticides agricoles. Ils peuvent polluer sources et puits sans qu'on puisse les mettre en évidence.

Les eaux pluviales pourraient être le bon choix pour remplir un aquarium, mais elles sont souvent contaminées par les polluants atmosphériques. De nombreux aquariophiles n'hésitent donc pas à se déplacer sur de grandes distances pour accéder à des sources de qualité physico-chimique garantie. Certains ont recours à des eaux minérales de faible dureté ou à l'eau déminéralisée pour laboratoire.

MESURES DU TH ET DU TAC

Là encore, on trouve dans le commerce des « kits » de mesure colorimétrique à l'usage des aquariophiles. Ils reposent sur le même principe que ceux conçus pour la mesure du pH.

Carassin tête de lion

L'AQUARIOPHILE FACE AUX RÉSULTATS

Théoriquement, les notions de pH et de TH sont indépendantes l'une de l'autre. Ainsi, une eau peut être douce et alcaline (6 de TH pour 8 de pH) ou dure et acide (25 de TH pour 6,6 de pH). En pratique, de telles eaux n'existent pas dans la nature où une eau douce est naturellement acide ou neutre, une eau dure naturellement alcaline, à la rigueur neutre. Cependant, il n'y a pas forcément de réciprocité parfaite entre les valeurs du pH et du TH.

L'eau • 23

On peut aussi déminéraliser l'eau soi-même grâce à des déminéralisateurs faisant appel au procédé physique d'osmose inverse.
L'osmose est un phénomène naturel de diffusion physique entre deux solutions contenant des substances dissoutes à des taux différents de concentration (exemple : eau pure-eau très minéralisée), cela à travers une membrane semi-perméable.
Les osmoseurs inverses utilisent l'énergie de la pression de l'eau du robinet sur lequel ils sont branchés. Pour assurer un fonctionnement optimal, cette pression doit se situer entre 2 et 5 bars. Le rendement est satisfaisant, la quantité d'eau non épurée rejetée étant inférieure à 50 % du volume traité.
L'eau déminéralisée peut être plus ou moins mélangée à l'eau de conduite lors de la mise en route de l'aquarium. Elle servira de façon exclusive aux divers changements d'eau, au remplacement partiel de l'eau d'évaporation ainsi qu'aux systèmes de goutte à goutte, sauf si l'on dispose d'une eau de conduite de qualité, ce qui est rare.

La fabrication d'une eau de caractéristique précise

Dès que vous désirez dépasser la pratique de l'aquarium dans lequel vivent diverses populations de poissons et de plantes dans une eau de qualité moyenne, vous franchissez une étape qui peut vous obliger à modifier les qualités de votre eau pour acclimater des espèces aux exigences plus spécifiques ou tenter leur reproduction.

Voici quelques cas particuliers

• Vous disposez d'une eau douce peu compatible avec l'élevage des Mollinésias qui exige une eau dure et légèrement saumâtre. Pour l'obtenir, vous pouvez mettre à tremper dans l'aquarium un morceau de craie (carbonate de calcium) jusqu'à obtention de la dureté désirée. Vous pratiquez en plus un apport de 2 % d'eau de mer (limite du seuil tolérable par les plantes).

• Vous avez besoin d'élever votre pH sans augmenter la dureté. Ce cas sera résolu par l'utilisation du plus inoffensif des alcalinisants, le bicarbonate de sodium, qui, comme tous les produits chimiques devra être dilué préalablement et incorporé progressivement jusqu'à obtention de la valeur souhaitée. Si les poissons ont été laissés dans le bac, il faudra agir prudemment, par petites doses espacées, la correction ne devant pas dépasser 2/10 toutes les 12 heures.

• Vous disposez d'une eau calcaire très dure à pH nettement alcalin et vous désirez améliorer les conditions de vie ou de reproduction des petits *Characidae* qui sont vos poissons préférés. Il ne faudra pas ajouter d'acidifiants comme le phosphate acide de sodium ainsi qu'on le recommandait autrefois. Il convient seulement de diminuer la minéralité par un siphonage suivi d'une adjonction d'eau chimiquement pure. L'eau de pluie recueillie dans de bonnes conditions dans un récipient neutre en plastique peut suffire pour de petits volumes. Dans tous les autres cas, on aura recours à l'eau déminéralisée par procédé de l'osmose inverse.

À PROSCRIRE

Les adoucisseurs d'eau par résines échangeuses d'ions doivent être formellement proscrits car l'eau qui sort de ces appareils présente une forte concentration en sodium qui la rend tout à fait impropre à l'usage aquariologique.

MODIFIER LES CARACTÉRISTIQUES D'UNE EAU

En cas d'urgence, face à une acidose excessive, on peut alcaliniser l'eau par adjonction de bicarbonate de sodium à partir d'une solution extemporanée de 100 g pour 1 litre d'eau distillée à ajouter progressivement dans l'aquarium (10 ml par 10 ml toutes les 5 minutes environ) jusqu'à la correction désirée. Rappelons que le résultat ne sera que transitoire si la cause du déséquilibre n'est pas trouvée et réglée. La nécessité d'adoucir l'eau se pose plus rarement. Le phosphate acide de sodium était autrefois conseillé. Ce traitement d'acidification n'est pas sans danger car il entraîne une précipitation de sels minéraux. En fait, on considère actuellement qu'il n'est pas indiqué d'abaisser chimiquement le pH d'une eau dure alors que le plus simple est un changement partiel avec apport compensatoire d'eau déminéralisée.

① Thermostat
② Résistance
③ Combiné thermostat-résistance

Le chauffage

Les poissons d'aquarium proviennent en majorité de régions chaudes. La température des eaux dans lesquelles ils vivent descend rarement au-dessous de 20 °C, la moyenne étant de 24 à 26 °C. Cette valeur est nécessaire au maintien en bonne santé de la plupart des poissons.

Les résistances chauffantes

Elles se présentent habillées d'un tube en verre parfaitement étanche. Elles sont donc totalement immergeables. Dans les bacs de bonne dimension, on peut en utiliser deux, une à chaque angle arrière de l'aquarium, pour obtenir une meilleure répartition de la chaleur. Le pouvoir calorique des résistances s'exprime en watts (800 calories par kWh). Les puissances proposées s'échelonnent de 15 à 300 W.

Les thermostats

Une résistance dégage toujours une quantité constante et invariable de calories. Aussi la température variera-t-elle sous l'influence de la chaleur dégagée par l'éclairage, ou en fonction de la température ambiante de la pièce. Le contrôle est donc assuré par un thermostat, soit de système bilame, soit électronique, ce qui est l'idéal. La sonde thermostatique doit être placée loin de la résistance.

Les combinés

Ils présentent l'avantage d'associer résistance et thermostat dans le même tube étanche. Ces appareils sont actuellement les plus utilisés. Leur inconvénient réside dans la trop grande proximité entre les deux constituants, ce qui nécessite leur installation dans une zone à fort courant pour que la climatisation reste bien équilibrée. Le choix de puissance n'est en général pas inférieur à 100 W.

PUISSANCE
La puissance de la résistance chauffante dépendra du volume. En général il faut compter 1 watt par litre d'eau.

SURVEILLANCE
Un thermomètre est indispensable pour déceler les pannes. Il peut être de type flottant à alcool ou à cristaux liquides qui changent de couleur selon la température, ce dernier modèle étant fixé à l'extérieur sur la glace frontale. Un coup d'œil tous les jours est indispensable.

PRÉCAUTION
En règle générale les poissons ne supportent pas une variation brusque de température. Quand on veut introduire dans l'aquarium de nouveaux pensionnaires, le sac de transport doit être plongé un certain temps dans le bac jusqu'à équilibration thermique avant de les libérer.

L'aération

Qu'il soit animal ou végétal, chaque être doit respirer pour conserver la vie. C'est une priorité absolue, il lui faut de l'oxygène (O_2). Celui-ci est contenu dans l'air.

L'oxygène, gaz vital

Pour sa part, le poisson assimile l'oxygène de l'air dissous dans l'eau. L'oxygène n'est pas seulement indispensable aux poissons. Les bactéries intervenant dans la dégradation oxydative des déchets azotés consomment beaucoup d'oxygène. Les végétaux aquatiques consomment également cet oxygène durant la phase nocturne de la photosynthèse.

Il apparaît donc important d'assurer dans l'aquarium la meilleure oxygénation possible tant pour le maintien en vie des poissons que pour le bon métabolisme des plantes et des bactéries du sol et du filtre.

L'OXYGÈNE DANS LA NATURE

Dans les eaux douces de notre planète, la concentration en oxygène dissous est extrêmement variable suivant les milieux. Si les eaux douces des lacs et des cours d'eau à grand débit sont bien oxygénées grâce au brassage permanent de l'eau avec l'air, il n'en est pas de même dans les eaux stagnantes ou les cours d'eaux tropicaux.

SYSTÈME D'AÉRATION

Un compresseur relié à un diffuseur poreux disperse l'air sous forme de microbulles. Une valve antiretour évitera le risque de siphonnage en cas de panne du compresseur.

① *pompe à air*

② *vanne anti-retour*

③ *diffuseur*

Comment oxygéner ?

En aquariophilie, l'oxygénation dépend de l'aération. C'est en effet à partir de l'air que l'oxygène est introduit dans l'eau où il se dissout par simple diffusion physique.

• Soit au niveau de l'interface qui sépare l'eau de l'air. Ce qui explique la nécessité d'une importante surface d'échange. Celle-ci est bonne dans les aquariums présentant un bon brassage de l'eau de façon qu'il n'existe pas de stagnation à la surface. Le courant généré par les pompes des filtres est essentiel. Une petite pompe de circulation immergée quelques centimètres au-dessous de la surface mérite d'être ajoutée dans un angle de l'aquarium.

LES ACCESSOIRES DU DIFFUSEUR

- **La canalisation amenant l'air est constituée d'un tuyau souple en plastique transparent ou vert. Pour ne pas être visible, il doit courir derrière le décor.**
- **Les raccords servent à diriger l'air vers différents accessoires. Ils sont en forme de T, de X ou de Y.**
- **Les robinets à boisseau (peu sensibles) ou à pointeau (plus sensibles) servent à régler et à équilibrer les débits d'air entre différents accessoires selon le besoin.**
- **L'anti-retour. Placé entre la pompe et le robinet, ce petit accessoire est indispensable pour éviter une aspiration accidentelle d'eau dans la pompe en cas de panne de courant.**
- **Les ventouses. En plastique souple, elles permettent de fixer en bonne position contre les parois les tuyaux, diffuseurs et autres petits accessoires.**

L'AIR, FORCE MOTRICE

En dehors du rôle oxygénant, l'air sous pression provenant de la pompe peut alimenter un exhausteur, tuyau vertical où, entre chaque bulle d'air, est entraînée une colonne d'eau. Un tel système est employé pour les filtres sous sable. En plus de l'oxygénation, un bon diffuseur contribue aussi à créer un courant et à brasser l'eau pour une meilleure climatisation.

• Soit par introduction interne de bulles d'air créées à partir d'un diffuseur en pierre ou en bois poreux branché sur un petit compresseur d'air.

Les diffuseurs

Ils ont pour but de fractionner l'air afin, comme leur nom l'indique, de le « diffuser » en une multitude de bulles. Tous sont en matière poreuse.
Les uns, constitués de bois, ont l'avantage de produire des bulles très fines mais ont l'inconvénient de se boucher assez vite. D'autres se présentent sous forme d'une canalisation poreuse souple de 6 mm de diamètre. Les plus courants ont une forme de pierre poreuse tendre cylindrique ou cubique de 3 à 6 cm de long ou sont constitués d'un tube de céramique d'environ 10 cm de long. Tous doivent être placés le plus près du sol, en position centrale et postérieure.

Les pompes

Les petits compresseurs les plus utilisés pour les installations aquariophiles sont ceux à membrane.
Leur principe repose sur un électroaimant qui provoque l'écrasement, puis, grâce à un ressort, le relâchement d'une chambre de compression composée d'une sorte de ventouse en caoutchouc. Le débit dans certains modèles est relativement réglable. La dépense en électricité est négligeable. L'entretien est limité au changement du filtre antipoussières.
Ces compresseurs existent en différentes puissances qui s'échelonnent de 3 à 30 W. Ils ont le double avantage d'être non polluants pour l'eau, car fonctionnant sans graisse, et de pouvoir repartir tout seuls après une panne de courant.
L'inconvénient de ces appareils réside dans le fait que leur rendement tend à diminuer avec le temps et qu'ils sont rarement totalement silencieux du fait du ronronnement du moteur et des vibrations qui peuvent se transmettre au socle de l'aquarium ainsi qu'aux objets environnants. Bien entendu, leur prix augmente avec la puissance, mais, pour certains modèles, c'est surtout le silence que l'on paiera…

Les diffuseurs dans le décor

Certains sont dissimulés de façon fantaisiste dans un petit sujet tel qu'une grenouille d'un vert intense, dont les yeux globuleux au regard éteint contemplent avec mélancolie les bulles qui s'échappent de sa bouche… Que dire des coffres de pirates, petits scaphandriers, épaves de bateaux ou coquillages qui enlèvent à l'aquarium son charme de petit écosystème proche de la nature. Les autres diffuseurs, les vrais, seront dissimulés de la manière la plus naturelle possible dans le décor, derrière une pierre ou à l'intérieur d'une grotte.

L'éclairage

Un bon éclairage est un atout esthétique, en rendant l'aquarium attrayant par le bon rendu des couleurs et des contrastes lumineux. Sur le plan biologique, il est indispensable à la bonne croissance des plantes et au confort des poissons.

PRINCIPES DE BASE

La qualité de la lumière dépend de deux facteurs :
- l'intensité, pour obtenir une bonne répartition et la meilleure pénétration possible jusqu'au fond de l'aquarium ;
- le spectre, pour satisfaire à toutes les formes de vie du bac et particulièrement aux besoins de la photosynthèse des plantes.

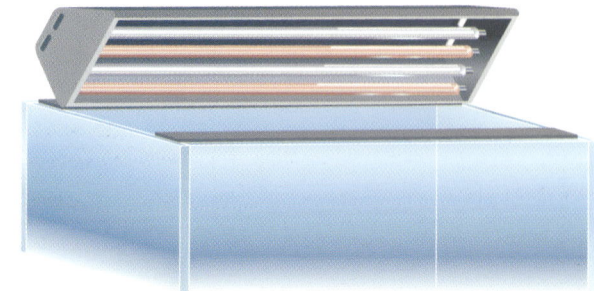

Exemple de galerie d'éclairage à quatre tubes, « lumière du jour » et « horticole » installés en alternance.

La lumière naturelle peut paraître une bonne solution et beaucoup d'aquariophiles débutants ont tendance à placer l'aquarium près d'une fenêtre pour qu'il puisse recevoir la lumière solaire. Cela est à déconseiller formellement car une prolifération rapide et intempestive d'algues ne manque pas de se produire. L'aquarium doit donc être placé dans la zone la plus sombre de la pièce et l'éclairage artificiel s'impose.

Notons que de réels progrès ont été réalisés ces dernières années en ce qui concerne l'éclairage.

L'intensité ou luminosité

Toute source de lumière possède une certaine puissance énergétique ou flux d'énergie qui est exprimé en watts. Elle émet un flux lumineux dont l'intensité s'exprime en lumens.

L'efficacité doit tenir compte de ces deux paramètres. Elle s'exprime en lumens par watt. Ce sont les caractéristiques habituellement mentionnées par les fabricants de lampes.

On exprime surtout la luminosité en lux, qui est le paramètre le plus souvent mesuré. Il correspond au flux lumineux rapporté à 1 m^2 de surface éclairée, cette mesure étant faite à 1 m de distance de la source lumineuse. On peut la mesurer à l'aide d'un luxmètre.

L'eau est un milieu peu propice à la pénétration des rayons lumineux du fait de trois paramètres physiques.

• L'absorption : à 50 cm de profondeur l'intensité du flux lumineux est diminuée de 40 % par rapport à la surface.

• La réflexion de surface qui renvoie une partie du rayonnement lumineux comme cela se produit à la surface d'un miroir. Ce phénomène atteint son degré maximum lorsque l'eau est stagnante, d'où la nécessité de maintenir une certaine agitation de surface pour le réduire.

• La réfraction, liée à la déviation de l'angle d'incidence de direction des rayons lumineux dès qu'ils franchissent la surface de l'eau.

À ces trois paramètres peuvent s'ajouter des phénomènes ponctuels faisant office de filtres comme la turbidité due à des microparticules en suspension et la coloration jaunâtre de l'eau vieillie.

L'intensité lumineuse au sol doit être d'environ 10 000 lux pour une profondeur d'eau de 50 cm.

DURÉE D'ÉCLAIREMENT

Il semble admis que, compte tenu d'une luminosité correcte, la durée d'éclairement doit être, au minimum, de 12 heures par jour.

On peut ainsi allumer à 10 heures et éteindre à 22 heures avec prolongation exceptionnelle certains soirs jusqu'à minuit si l'on reçoit des invités. L'allumage et l'extinction seront régulés par une horloge.

On peut commander chaque source d'éclairage par une horloge individuelle, ce qui permet d'obtenir un allumage et une extinction progressifs proches des conditions naturelles. En fait cela ne semble pas apporter d'avantage particulier.

Signalons qu'il ne faut jamais allumer brutalement la nuit un aquarium « en sommeil » : on risquerait de déclencher chez les animaux un important stress avec réactions de panique.

L'éclairage • 29

Les données seront estimées en prenant pour base une durée minimale d'éclairage de 12 heures par jour, période qui se rapproche le plus de l'alternance jour/nuit de l'éclairage naturel.
En fait, la solution idéale est d'utiliser un luxmètre qui permet de contrôler la luminosité obtenue aux différentes profondeurs de l'aquarium. Des appareils immergeables sont désormais disponibles dans le commerce aquariophile.

BAC EN LUMIÈRE NATURELLE
Les algues prolifèrent, l'eau devient verte et trouble, les plantes se développent mal.

Le spectre

Le spectre lumineux joue un rôle fondamental dans la photosynthèse. En effet, la chlorophylle n'est activée que dans certaines longueurs d'ondes correspondant au rouge et au bleu. Or l'absorption lumineuse de l'eau se manifeste avant tout dans ces deux spectres de couleurs, surtout en ce qui concerne le rouge. C'est un point essentiel dont il faut tenir compte dans le choix de l'éclairage. Une dominante rouge et jaune sera toujours nécessaire. Le choix de tubes de type « horticole » utilisés en alternance avec des tubes « lumière du jour » s'impose donc.

BAC PLACÉ DANS UN ENDROIT SOMBRE
S'il est éclairé en lumière artificielle, l'eau est claire, les plantes croissent correctement.

Quelles lampes utiliser ?

Il n'y a pas de source parfaite de lumière artificielle. Il existe de multiples modèles de lampes qui ont chacune des caractéristiques bien particulières. Faire le choix d'un type précis est absolument impossible. Tout est affaire d'expérience et de goût personnel. Pour obtenir l'éclairage le plus proche possible des exigences biologiques

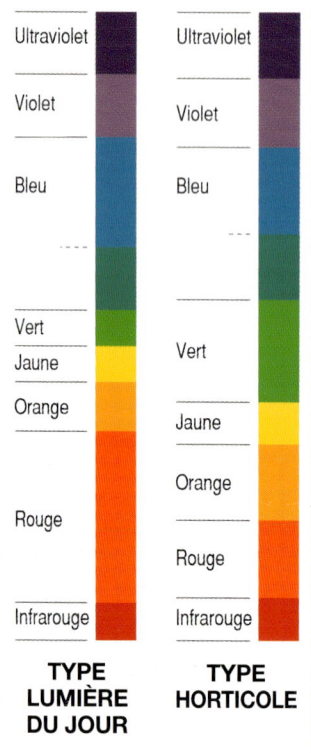

de l'aquarium, on sera amené à associer des sources lumineuses de caractéristiques différentes qui se compléteront. Ce n'est qu'après plusieurs semaines d'observation du développement des plantes que l'on aura une idée, encore que très approximative, de la valeur de l'éclairage et de la nécessité de le modifier en intensité ou en spectre. Il faut insister sur la nécessité d'éviter tout ce qui peut faire office de filtre absorbant entre les sources de lumière et l'eau. Notamment, les couvercles en verre qui, même maintenus transparents par nettoyage régulier, absorbent entre 3 et 5 % du flux lumineux.

En l'absence de couvercle, il faut veiller à l'étanchéité parfaite des lampes, de leurs accessoires ainsi que des branchements si l'on veut éviter les courts-circuits et les risques d'électrocution. Ne pas hésiter à utiliser largement la colle silicone sur tous les joints et tous les contacts pouvant présenter un risque même minime, de pénétration de l'eau. Des kits pour montage étanche existent dans le commerce.

Les tubes fluorescents

Ils sont très employés en aquariophilie. Ils constituent certainement la source de lumière artificielle la plus économique à l'achat et à l'usage. Cependant, ils perdent rapidement une grande partie de leur puissance et doivent être remplacés tous les six mois si l'on veut conserver une luminosité correcte. Les longueurs les plus utilisées sont 0,90 m, 1,20 m et 1,50 m, le choix dépendant de la longueur de la façade du bac. On admet approximativement le nombre de tubes nécessaires à un tous les 10 cm d'avant en arrière.

Les tubes fluorescents blancs

Ces tubes, couramment utilisés pour l'usage domestique ou industriel, ont des caractéristiques lumineuses plus ou moins proches de celles de la lumière du jour (tubes de type « daylight »). La présence des verts et des jaunes est importante, ce qui, associé à un fort pourcentage habituel de bleu, assure une bonne pénétration.

Les tubes dits « horticoles »

Les tubes *Gro-Lux* et *True-Lite* sont bien connus des aquariophiles qui les emploient largement en eau douce pour obtenir une bonne croissance végétale. Ces tubes ont des pics spectraux marqués dans le bleu et le rouge. Ils conviennent donc bien à l'activation chlorophyllienne. Malheureusement, l'absorption des rouges étant importante dans l'eau, le flux lumineux devient donc très faible au-delà de 50 cm de profondeur.

Association

Il est conseillé d'associer les deux sortes de tubes fluorescents (lumière du jour et horticole) dans la proportion de un sur deux d'avant en arrière, ce qui permet d'obtenir une luminosité suffisante et une bonne qualité spectrale.

CHOISIR SES TUBES
Il existe un grand choix de tubes de toutes marques. Il est impossible d'indiquer précisément ceux qu'il faut choisir. Acheter de préférence ceux qui sont en vente dans le commerce aquariophile car ils ont fait la preuve de leur adaptation à l'éclairage de l'aquarium.

Les réflecteurs

Le flux lumineux émis par les tubes fluorescents rayonne de toute la circonférence du tube, ainsi 30 à 40 % seulement de ce flux parvient réellement à la surface de l'eau. Il est donc indispensable d'installer, au-dessus des tubes, un système réflecteur de façon à rentabiliser au mieux l'énergie émise en orientant le maximum de rayons lumineux vers la surface de l'eau.

Plusieurs systèmes réflecteurs peuvent être proposés.

- L'ensemble des tubes inclus dans une galerie commune dont la paroi interne est recouverte d'un matériau réfléchissant comme du Formica blanc ou une feuille d'aluminium. De telles galeries sont disponibles en toutes dimensions et avec un nombre variable de tubes dans le commerce aquariophile.
- Un réflecteur individuel pour chaque tube, le plus simple étant constitué d'un demi-tuyau de PVC coupé dans le sens de la longueur à l'intérieur duquel est collée une feuille d'aluminium brillant.

Il est important de noter que, même avec un bon système réflecteur, la perte de rendement lumineux peut atteindre au moins 10 %. Il faut donc tenir compte de ce facteur de correction dans le calcul du nombre de tubes que l'on doit installer.

Les lampes à halogénures métalliques

Elles donnent un rendu lumineux incomparable et permettent une excellente pousse végétale. En contrepartie, leur prix est élevé et leur installation nécessite une alimentation spéciale comportant un transformateur plus ou moins encombrant. Elles doivent être installées dans des projecteurs spéciaux protégés par une vitre. Ces projecteurs doivent être fixés à au moins 1 m au-dessus de la surface du bac dans un endroit bien ventilé en raison de la très forte chaleur dégagée. Leur emploi ne nous semble pas justifié en aquariophilie d'eau douce, sauf dans les rares installations dont la profondeur d'eau est supérieure à 1 m.

Les lampes halogènes basse tension

Ce sont, en fait, des lampes à incandescence dont le filament baigne dans une vapeur d'halogène.

Elles donnent une luminosité nettement plus importante que celle des lampes à incandescence classiques. Elles sont alimentées en 12 V, ce qui nécessite un transformateur spécial. Ces lampes chauffent énormément, ont un prix de revient élevé et ont le défaut de fournir un faisceau lumineux de faible dispersion. Elles doivent être placées très haut pour que la surface éclairée soit suffisamment large. Elles ne peuvent servir que pour des effets spéciaux de mise en valeur d'un élément du décor. Elles contribueront à imiter sur le décor et sur le fond l'effet naturel d'ombres portées mobiles liées aux variations de réflexion de la lumière solaire sur les ondes de surface de l'eau.

MONTAGE DES TUBES

Le montage d'un éclairage fluorescent comprend trois éléments : le ballast, qui transforme la tension du courant ; le starter, qui est destiné à donner l'impulsion nécessaire à l'allumage ; enfin le tube. Il est préférable de placer le ballast et le starter hors d'atteinte de l'évaporation et de ne placer dans l'aquarium que le tube. Les extrémités de celui-ci peuvent être isolées par des embouts souples étanches, disponibles dans le commerce aquariophile.

Pour le branchement en série des douilles de plusieurs tubes, les dominos seront isolés en les noyant dans la même colle silicone que celle utilisée pour le montage de la cuve en verre.

QUAND CHANGER LES TUBES ?

Les tubes perdent de la puissance en fonction du temps. Il faut les remplacer tous les six mois. Pour ne pas modifier brutalement l'éclairage, ce qui pourrait être nocif pour les plantes, il est conseillé de remplacer par roulement un tube sur deux tous les trois mois.

La filtration

Sans filtration, l'eau de l'aquarium deviendrait trouble et les poissons seraient vite empoisonnés par leurs déchets. Filtrer est donc indispensable pour le maintien du bon équilibre de l'aquarium.

On distingue dans la filtration deux fonctions.
• L'une est mécanique : il s'agit de maintenir la clarté de l'eau en éliminant les particules en suspension ; pour cela, on la fait passer à travers les mailles de certains matériaux poreux.
• L'autre est biologique et a pour but de détoxiquer les nombreux déchets azotés rejetés par les êtres vivant dans l'aquarium en exploitant les bactéries qui colonisent les matériaux filtrants.

La filtration mécanique

C'est la plus simple. Elle consiste à faire passer l'eau au travers d'un tamis de manière à retenir les particules en suspension pour que l'eau reste limpide. Les mailles du tamis filtrant doivent pouvoir retenir des particules de l'ordre de quelques microns, au plus.
Les matériaux les plus couramment utilisés dans un aquarium classique sont la laine de Perlon, les pains de mousse et le sable. Le risque principal est le colmatage. Pour l'éviter, ou du moins le retarder, ces matériaux doivent être changés ou lavés fréquemment. Leur utilisation doit donc être aisée et ne pas nécessiter de démontage fastidieux. Seuls les filtres externes ouverts présentent cette qualité. L'entretien est plus difficile dans les cuves externes fermées qui nécessitent une ouverture fréquente, ce qui bouleverse à chaque fois la colonisation bactérienne indispensable à la filtration biologique. On peut aussi considérer comme mauvais les filtres sous-sable que le colmatage de surface rend assez rapidement inefficaces, voire dangereux du fait de l'apparition de poches anaérobies. Le système de filtre sous sable inversé est certainement meilleur mais ne fait qu'atténuer le processus de colmatage qui se produit inexorablement dans les couches profondes. Changer le sable du sol est une opération lourde. Le remuer pour le décolmater, c'est risquer de remettre en suspension de nombreux déchets. Nous reviendrons sur ces éléments dans le chapitre concernant la conception et la construction des filtres.

La filtration biologique

Des déchets organiques provenant du métabolisme des animaux, des surplus de nourriture, de végétaux en décomposition se forment en permanence dans l'eau de l'aquarium. Il s'agit surtout de composés azotés. Ces déchets empoisonneraient rapidement l'aquarium

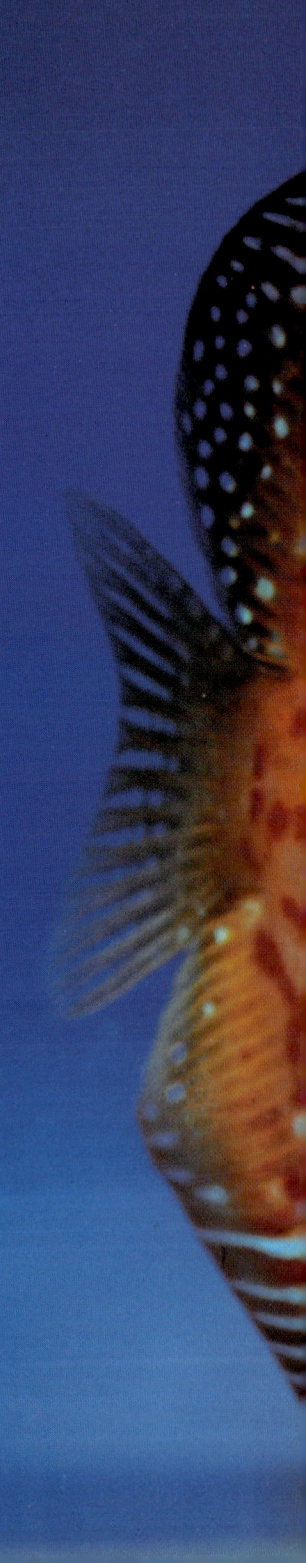

PAGE PRÉCÉDENTE
Ce splendide spécimen de *Symphysodon æquifasciatus* doit en grande partie l'éclat de ses couleurs à la qualité de la filtration de l'eau de son aquarium.

AVANT TOUT

On ne saurait trop répéter la nécessité absolue du renouvellement partiel et régulier de l'eau. C'est le seul moyen simple pour prévenir l'accumulation progressive et inéluctable des nitrates dans l'aquarium.
Enfin, il faut insister sur la sensibilité des bactéries aux différents produits qui peuvent être introduits dans l'aquarium pour des raisons sanitaires. En principe, les bactéries sont sensibles aux antibiotiques, encore qu'il y ait des variations de sensibilité d'espèces. Les *Nitrosomonas* et *Nitrobacter* sont des bactéries GRAM – et donc, de ce fait, plus sensibles aux antibiotiques actifs sur ce groupe.

---

si certaines bactéries présentes dans les substrats n'étaient capables de les détoxiquer au cours de réactions chimiques qui, en plusieurs étapes, les dégradent en substances de moins en moins toxiques pour terminer par l'élimination de l'azote minéral gazeux.
Cette dégradation bactérienne constitue le but de tous les systèmes de filtration. Elle comprend :
• une étape de dégradation oxydative nécessitant un milieu bien oxygéné, c'est la NITRIFICATION ;
• une étape de dégradation réductrice qui ne peut se produire qu'en milieu pauvre en oxygène, c'est la DÉNITRIFICATION.

La nitrification

Elle nécessite une population bactérienne spécifique exigeant une concentration élevée en oxygène dissous. Cette dernière est suffisante dans les conditions habituelles d'un aquarium bien aéré. Cette dégradation se fait en quatre étapes de réactions chimiques qui permettent la détoxication jusqu'au stade de nitrates.

1re étape

Au cours de cette première étape, les gros déchets formés de longues chaînes chimiques protidiques sont brisés en fragments de plus en plus courts par divers micro-organismes hétérotrophes. Il s'agit d'un processus de digestion enzymatique qui aboutit aux protéines chimiquement les plus simples (acides aminés) selon la chaîne :

$$\text{protéines} \rightarrow \text{peptides} \rightarrow \text{acides aminés.}$$

2e étape (désamination)

Elle consiste en la biodégradation des acides aminés selon la chaîne :

$$\text{acides aminés} \rightarrow \text{ammoniac} \rightarrow \text{ions ammonium.}$$

Au cours de cette réaction, les acides aminés vont subir une minéralisation. Cette dernière est effectuée par des bactéries hétérotrophes aérobies qui utilisent les acides aminés comme source d'énergie et rejettent des déchets ammoniaqués (NH_3). Ceux-ci sont toxiques et leur coefficient de solubilité dans l'eau très élevé. Cette toxicité est d'autant plus forte que le pH et le TH sont élevés. Ce sont les plus violents poisons de l'aquarium.
Les concentrations que tolèrent les animaux sont variables. Les tests de dosage colorimétriques utilisés en aquariophilie indiquent toujours la teneur totale en composés ammoniaqués, c'est-à-dire la somme des ions ammonium + ammoniac. Cette concentration peut atteindre 0,1 à 0,5 mg/l dans un aquarium en bon état d'équilibre biologique.
Au-dessus de 1 mg/l apparaissent les signes d'empoisonnement et la mort des animaux sera inéluctable si le problème n'est pas rapidement résolu. C'est dire l'importance d'une détoxication rapide et efficace des dérivés ammoniacaux au fur et à mesure de leur formation dans l'aquarium.

La filtration • 35

3ᵉ étape (nitrosation)
Elle consiste en la dégradation détoxicante des dérivés ammoniaqués selon la chaîne : dérivés ammoniaqués → nitrites.
Cette étape est effectuée par des bactéries oxyphiles autotrophes de l'espèce des *Nitrosomonas* ou des *Nitrococcus*.
Les nitrites (NO_2) sont toxiques, mais à un degré bien moindre que les composés ammoniaqués. L'intoxication est plus lente et n'apparaît que pour des concentrations dépassant 15 mg/l. Le taux moyen en aquarium ne devrait pas dépasser 5 mg/l. Les nitrites ont surtout une toxicité sanguine. Ils oxydent le fer de l'hémoglobine pour donner un composé stable, la méthémoglobine, qui n'assure plus le transport de l'oxygène. Le signe clinique caractéristique est la coloration brunâtre des branchies reflétant celle du sang. Cette méthémoglobinémie est réversible si la concentration en nitrites baisse.

4ᵉ étape (nitratation)
Elle consiste en la dégradation détoxicante : nitrites → nitrates.
Cette nitratation est l'œuvre d'autres espèces bactériennes autotrophes oxyphiles, les *Nitrobacter* et les *Nitrocystis*. Elles ont pour propriété d'oxyder les nitrites en nitrates.
Les nitrates (NO_3) présentent une toxicité nettement plus faible que les nitrites (environ 2 000 fois moindre). Ils ne deviennent alarmants qu'au-dessus de 50 mg/l et vraiment dangereux qu'au-delà de 300 à 500 mg/l. Les animaux anciennement acclimatés peuvent s'adapter à des taux élevés lorsque la progression a été lente. En revanche, tout essai d'introduction de nouveaux pensionnaires se solderait par leur empoisonnement rapide.

DOSER LES DÉCHETS AZOTÉS
On trouve dans le commerce aquariophile des trousses de réactifs permettant la mesure des dérivés ammoniaqués, des nitrites et des nitrates.
Elle repose sur les mêmes principes colorimétriques que pour le pH et le TH.

CYCLE DE L'AZOTE EN AQUARIUM ÉQUILIBRÉ
Ce cycle est important dans tous les écosystèmes aquatiques. Les déjections des poissons, les débris d'aliments, les fragments de végétaux chargent l'eau en composés azotés organiques qui seront biodégradés par des bactéries spécialisées au sein du système de filtration, à condition que l'eau soit bien oxygénée.

36 • Le guide de l'aquarium d'eau douce

> **BON À SAVOIR :**
>
> Les processus de dégradation des déchets azotés impliqués dans ce qu'on nomme « cycle de l'azote » ne sont nullement spécifiques du milieu aquatique. Ils s'appliquent de la même manière dans la biodégradation des déchets terrestres. Sans eux, toute vie serait impossible sur notre planète. L'aquarium peut ainsi être considéré dans ce domaine comme un modèle expérimental de l'ensemble des écosystèmes naturels.

Les nitrates ont un rôle important dans la nature car ils servent d'aliments azotés aux végétaux supérieurs et aux algues. C'est ce qui se passe dans les aquariums d'eau douce bien plantés. Les plantes font office de pompes à nitrates, ralentissant le progrès de leur concentration. Dans les eaux trop riches en nitrates se produit une eutrophisation de l'eau avec prolifération d'algues qui envahissent le sol et les décors. Elles peuvent synthétiser des phytotoxines encore mal connues qui contribuent à l'empoisonnement de l'eau.

La formation de nitrates constitue l'ultime étape de dégradation oxydative des déchets azotés. Leur concentration augmente donc progressivement, même dans l'aquarium le mieux équilibré.

Maîtrise des processus de dégradation oxydative

C'est un des points essentiels de la technique de l'aquarium. Dans une installation neuve, il faut du temps pour que les processus démarrent et qu'ils atteignent leur pleine efficacité. Après une poussée ammoniaquée de courte durée, le taux des nitrites augmente progressivement avant de rebaisser pour ne devenir tolérable qu'au bout de trois à quatre semaines, au moment où apparaissent les nitrates. Tous les aquariophiles chevronnés savent donc qu'on ne peut procéder sans risque au peuplement d'un nouvel aquarium avant ce délai. En effet, pour que le cycle de détoxication oxydative des déchets azotés puisse « tourner », il faut :
- des déchets azotés – or un aquarium neuf en est dépourvu ;
- des enzymes biodégradants que l'eau neuve ne contient pas ;
- des bactéries en abondance.

Un aquarium neuf est stérile…

Un *Pterophyllum scalare* sur un champ de plantes régénératrices de l'eau dans laquelle il évolue et sans lesquelles il s'empoisonnerait rapidement avec ses propres déjections.

La filtration • 37

Pendant longtemps, il était d'usage de faire « vieillir » l'eau pendant quelques semaines. Or, faire vieillir l'eau d'un bac privé de toute forme de vie ne lui apporte aucune qualité particulière.
Pour un bon démarrage, il faut respecter ces quelques points.
• Installer un système de filtration correct équipé des bons matériaux susceptibles d'héberger une riche population bactérienne.
• Introduire des déchets organiques et cela dès le premier jour. Un bon système consiste à broyer finement dans l'aquarium de la chair de moule jusqu'à ce que l'eau se trouble.
• Ensemencer en bactéries aérobies de la nitrification. Le meilleur procédé est l'ensemencement à partir des bactéries provenant d'un aquarium ancien bien équilibré depuis de longs mois. On prélèvera du matériel filtrant provenant du filtre biologique de cet aquarium que l'on essorera dans l'eau de l'aquarium neuf. Lorsqu'on ne peut utiliser ce système, on aura recours aux nombreuses marques de bactéries lyophilisées vendues dans le commerce aquariophile.
• Brasser et aérer l'eau au maximum pour obtenir une bonne oxygénation qui activera le métabolisme bactérien.
Un contrôle quotidien du taux d'ammoniac, de nitrites et de nitrates permet de surveiller l'évolution.
Le peuplement ne commencera, prudemment, que quand le taux de nitrites aura baissé au-dessous de 5 mg/l, en débutant par quelques poissons réputés résistants.
Une surveillance hebdomadaire des concentrations en dérivés ammoniaqués, nitrites et nitrates est absolument indispensable tout au long de la période d'activité d'un aquarium. Certaines putréfactions cadavériques passées inaperçues, certains excès alimentaires peuvent rompre l'équilibre.
Enfin, la concentration en nitrates progresse inexorablement en circuit fermé pour atteindre en quelques mois un taux parfois alarmant si on ne prend pas certaines mesures spécifiques que nous allons maintenant considérer.

La dégradation réductrice ou dénitrification

La formation des nitrates constitue donc la dernière étape de la dégradation oxydative des déchets azotés. Les nitrates sont heureusement nettement moins toxiques que les nitrites et surtout que l'ammoniac, la tolérance des poissons variant selon les espèces. Le risque vital ne commence en général qu'aux concentrations de plus de 40 à 50 mg/l. Il faut souvent plusieurs mois pour atteindre ces valeurs, le délai étant fonction de la densité de la population qui accélère le processus et de la richesse en plantes qui le ralentit du fait de la consommation comme engrais naturel.
Certaines familles de bactéries sont susceptibles de dégrader les nitrates lors de réactions biochimiques réductrices. Ces bactéries sont toutes anaérobies, ne vivant que dans des milieux très pauvres en oxygène dissous.

Certains poissons comme ce *Cichlasoma labiatum* ont un « regard » dont on pourrait presque penser qu'il est complice.

POMPE À NITRATES

En aquarium les plantes et les algues vertes utilisent les nitrates dissous comme engrais azotés. La concentration en nitrates augmente moins dans les aquariums bien plantés. La mousse de Gobor est ici particulièrement intéressante car elle présente une surface développée très importante par rapport à sa masse. On la considère comme une véritable « pompe à nitrates ».

Sable

Coton de Perlon

Mousse synthétique

La plupart sont hétérotrophes comme *Pseudomonas denitrificans*, *Bacillus pyocyanus* ou *Escherichia coli* (Colibacille). Elles ont besoin de composés organiques carbonés, habituellement de sucres, comme source d'énergie. Ceux-ci proviennent des matières en décomposition (surtout d'origine végétale). Pour oxyder ces sucres au cours des processus respiratoires tissulaires, les bactéries anaérobies hétérotrophes extraient l'oxygène des nitrates (NO_3) et des nitrites (NO_2) par réduction en oxyde nitrique (NO) puis en azote moléculaire gazeux (N_2). Ce dernier se dissout dans l'eau et est ensuite tout simplement éliminé dans l'atmosphère.

Cette biodégradation anaérobique est, à l'évidence, peu importante dans un aquarium par définition bien oxygéné dans les conditions normales d'entretien. Elle ne pourrait se produire qu'au sein du sol à condition que ce dernier soit suffisamment épais pour présenter des zones de sous-oxygénation. Or cette épaisseur ne dépasse généralement pas 5 à 6 cm.

C'est pourquoi ont été imaginés et commercialisés plusieurs modèles de filtres biodénitrateurs.

En général, la sous-oxygénation y est obtenue en faisant passer l'eau à très faible débit dans une suite de compartiments non aérés reliés en chicanes et garnis de mousse plastique ou de sable. D'un compartiment à l'autre, les bactéries fixées sur les substrats vont progressivement consommer l'oxygène dissous jusqu'à disparition quasi complète dans le dernier compartiment.

La prédominance des bactéries hétérotrophes est obtenue en faisant un apport d'hydrates de carbone (sous forme de solution sucrée ou alcoolique) nécessaires à leur métabolisme.

Ces appareils sont loin d'être entrés dans la pratique courante. La plupart des aquariums n'en sont pas équipés sans que cela pose de problème. La solution la plus pratique est, tout simplement, le renouvellement partiel de l'eau programmé de façon ponctuelle ou par la méthode du goutte à goutte, en utilisant comme apport compensatoire une eau pauvre en nitrates ou carrément déminéralisée par le procédé de l'osmose inverse.

Les matériaux filtrants

Ils doivent être suffisamment perméables à l'eau tout en présentant une surface développée assez grande pour permettre la croissance et l'entretien d'un bon lit bactérien.

Matériaux d'application mixte (mécanique et biologique)

On peut utiliser le coton de Perlon, neutre et d'emploi facile car très léger. Malheureusement, ce matériau ne forme pas une masse homogène. Il a une fâcheuse tendance à se tasser en bourres irrégulièrement réparties, d'où une mauvaise répartition du courant aqueux.
• Les mousses de polyester sont légères, homogènes, spongieuses, élastiques, lavables et essorables. On peut les tailler de façon à les

adapter à toutes les formes et volumes de filtre. Il faut cependant veiller à n'utiliser que des mousses de qualité alimentaire. Toujours les rincer abondamment avant usage. Lorsqu'elles sont encrassées, elles peuvent être lavées en machine, bien évidemment sans lessive. Préférer les mousses de structure très fine et compacte car elles se délitent moins au lavage en machine et durent ainsi plus longtemps.
• Le sable de granulométrie moyenne (2 à 3 mm) a le mérite d'être le matériau le plus naturel. Sa structure de grains irréguliers à larges surfaces développées anguleuses en fait un support idéal de fixation pour les bactéries. Pour des raisons de manipulation, il sera placé dans des poches de Nylon tressé.

Tubes en céramique

Matériaux exclusivement à usage biologique
C'est dans le but d'optimiser à l'intérieur du filtre la surface de contact entre les bactéries biodégradantes et l'eau qu'ont été mis au point divers matériaux. Les plus courants sont :
• des sphères en plastique hérissées d'ergots dont le nombre, la taille et le positionnement ont été calculés pour réaliser la plus grande surface développée possible. Ces billes biologiques ou « Bio-Balls » (nommées par les Français « hérissons ») constituent un des meilleurs supports bactériens connus actuellement. On trouve aussi dans le commerce aquariophile d'autres matériaux fondés sur le même principe (Bio-Sphères par exemple).
• Le Siporax est constitué de granulés de verre fritté silicaté à pores ouverts. Le verre fritté présente une structure poreuse qui offre une grande surface de fixation aux bactéries. Un seul gramme a une surface développée de plus de 1 m^2.
• Le Bio-Grog est constitué de céramique poreuse. C'est également un excellent matériau pour la filtration biologique.
• Tous ces produits commerciaux souvent onéreux peuvent être remplacés par une large gamme de matériaux non poreux comme des billes de verre, des tubes creux en céramique, du tuyau de PVC de petit calibre coupé en petits morceaux, des anneaux de rideau, à condition d'être certains de la neutralité chimique.

Billes biologiques

Charbon actif

Charbon activé
On sait depuis fort longtemps que le charbon de bois activé adsorbe et retient un grand nombre d'impuretés organiques de l'eau. Le charbon activé est obtenu par calcination de charbon végétal à 900 °C. C'est un matériau finement poreux présentant pour un faible volume une surface développée considérable (plus de 100 m^2 par gramme). Les impuretés se fixent par simple adsorption physique (pénétration superficielle dans la structure du charbon). Il neutralise de nombreuses substances toxiques mais ne joue aucun rôle dans la dégradation des déchets azotés. Son emploi est totalement inutile dans les conditions de fonctionnement habituelles d'un aquarium bien entretenu.

QUALITÉ DU CHARBON
Pour jouer parfaitement son rôle épurateur, le charbon activé doit être parfaitement purifié et de bonne granulométrie. Le charbon préparé à partir de noix de coco calcinée offre la plus grande garantie de qualité adsorbante. Il doit être bouilli avant utilisation pour que tout l'air soit chassé des pores.

Entretien des matériaux filtrants

Il tient en quelques points.
- L'obscurité. Les bactéries biodégradantes ne se développent bien qu'à l'abri de la lumière. Le filtre doit donc être obscurci ou placé dans un endroit sombre.
- L'accès facile aux masses filtrantes pour leur remplacement. C'est un point important pour le maintien de la perméabilité des matériaux du filtre.
- Nettoyage. Il ne faut jamais intervenir sur un filtre qui fonctionne bien et dont le débit reste bon. On n'interviendra qu'en cas d'encrassement, ce qui concerne surtout les masses filtrantes situées en amont. La plupart du temps, elles pourront être réutilisées après simple lavage-essorage à l'eau douce à température ambiante. Dans une installation bien conçue, elles protégeront du risque d'encrassement la partie biologique du filtre qui peut ainsi fonctionner de nombreux mois sans intervention de remplacement.

Modèles de filtres
Les filtres intérieurs
Le filtre sous sable

Il a le mérite de l'extrême simplicité. Le principe est de se servir du sol de l'aquarium comme matériau filtrant, tant sur le plan mécanique que sur le plan biologique, le sable constituant un excellent support pour les lits bactériens.

Il est constitué d'une plaque rectangulaire en plastique, comportant à sa surface des perforations pour le passage de l'eau et, à un angle, deux cheminées parallèles, l'une de faible section pour une arrivée d'air, l'autre plus large pour la sortie de l'eau filtrée entraînée par les bulles (exhausteur à bulles). La partie superficielle du sol sert ainsi de filtre mécanique et la partie profonde de filtre biologique bactérien. Au montage, les plaques sont posées sur le fond de l'aquarium et recouvertes d'une couche de quartzite ou autre gravier de granulométrie moyenne, suffisamment grosse pour ne pas obstruer les perforations.

Avantages : ce modèle peu coûteux et robuste n'occupe pratiquement pas de place et possède des qualités parfaites sur le plan esthétique puisqu'il n'émerge du sol que les cheminées faciles à camoufler. Même avec une seule plaque, dès l'instant qu'elle est recouverte d'au moins 5 cm de sable, le rendement est bon.

Inconvénients : cette technique de filtration serait idéale si le sol n'avait tendance à se colmater à la longue, ce qui aboutit à une dangereuse baisse de rendement pouvant passer inaperçue. Il est alors impossible d'intervenir sans bouleverser le sol et le décor. L'asphyxie progressive du sol liée à ce colmatage crée un milieu très réducteur où peut se former de l'hydrogène sulfuré, voire de l'ammoniac, toutes substances particulièrement toxiques.

DÉCOUPE DES PAINS DE MOUSSE

Pour obtenir une coupe très précise, les mousses sont mouillées puis congelées. Il est ensuite facile de les débiter avec une scie à métaux ou un couteau pour surgelés, ou de les percer avec une mèche à bois.

UTILITÉ DU CHARBON

La filtration sur charbon activé est très discutée. Elle mérite, à notre avis, d'être abandonnée en usage courant. On lui a reproché d'adsorber et de fixer de nombreux oligo-éléments indispensables à l'équilibre de l'aquarium, notamment le fer. On a surtout critiqué son manque d'efficacité, voire sa toxicité. Il perd rapidement son activité et doit être changé au moins tous les mois. Les pores se colmatent rapidement. Il ne supprime en rien la nécessité des autres masses filtrantes. Au total, beaucoup d'arguments en sa défaveur...

FILTRE SOUS SABLE

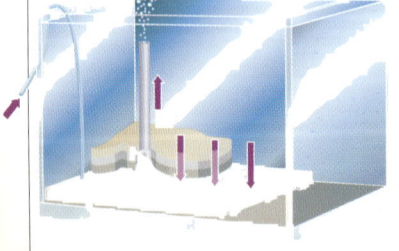

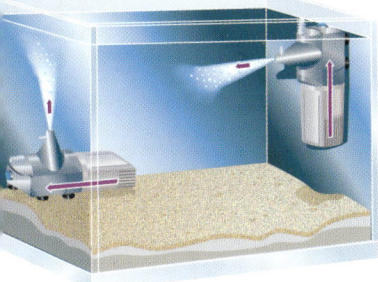

La filtration • 41

FILTRE IMMERGÉ

Le risque de colmatage est moindre avec la technique de la filtration dite « inversée » qui assure la circulation de bas en haut grâce à une pompe à eau. Dans tous les cas il vaut mieux réserver la filtration sous sable aux petites installations ne contenant que peu de poissons comme les bacs de reproduction.

Le filtre immergé
Il est constitué d'une petite pompe électrique couplée avec une cartouche en matière plastique garnie de mousse ou de Perlon, voire de charbon activé. Il en existe de nombreux modèles, tous de taille et de débit relativement modestes. Là encore, ils ne conviennent qu'aux petits bacs comme les bacs d'élevage ou d'infirmerie.

Les filtres extérieurs
Le filtre gouttière
Il est constitué d'un exhausteur, ou d'une petite pompe, qui remonte l'eau à filtrer dans une gouttière dont la base est percée de petites fentes. Cette gouttière est garnie de matériau filtrant, le plus souvent mousse ou Perlon. Ce système a le mérite de la simplicité, mais est encombrant au-dessus de l'aquarium pour un rendement médiocre.

Le filtre en cuve extérieure fermée
C'est le filtre le plus courant. De nombreux modèles existent dans le commerce avec des débits moyens de 100 à 500 l/h.
Il associe dans la même unité cuve de filtration et pompe de circulation. Il doit être placé plus bas que l'aquarium pour éviter tout risque de désamorçage. Il est habituellement garni de coton de Perlon. Nous pensons que ce matériau n'est pas suffisant et qu'il vaut mieux installer d'amont en aval :
• une couche peu tassée de quelques centimètres de Perlon qui fera office de filtre mécanique ;
• une couche épaisse sur les deux tiers de la hauteur de matériaux réputés de bons supports biologiques. C'est dans cette couche que se fixeront les bactéries ;
• une couche peu épaisse de perlon ou de mousse qui protégera la pompe du risque de colmatage.
Les inconvénients de ces filtres sont bien connus. Le montage nécessite un respect parfait de l'étanchéité qui n'est souvent obtenue qu'après plusieurs essais. Le plus grand handicap concerne la surveillance et l'entretien car le contrôle de l'état d'encrassement des masses filtrantes et leur remplacement périodiques nécessitent un démontage complet.

> **ATTENTION !**
> L'épaisseur du sol en cas d'utilisation d'un filtre sous sable ne doit pas dépasser 5 à 6 cm pour éviter la prolifération de bactéries vivant dans des conditions de forte sous-oxygénation. Ces bactéries sont dangereuses car elles vont loin dans la chaîne de réduction, allant jusqu'à synthétiser de l'ammoniac. Dans des conditions encore plus extrêmes, des bactéries désulfurisantes peuvent se développer. Elles extraient l'oxygène nécessaire à leur respiration par réduction des sulfates en hydrogène sulfuré (H_2S). Cette réaction est responsable de la coloration noire du sable et de l'odeur caractéristique d'œuf pourri.

FILTRE EN CUVE EXTÉRIEURE FERMÉE

42 • Le guide de l'aquarium d'eau douce

VOLUME DE FILTRE

Cette notion est difficile à préciser. Il doit être adapté à celui de l'aquarium et au peuplement. En principe, on ne devrait pas descendre au-dessous du trentième du volume d'eau de l'aquarium. En fait, cela dépend de la technique utilisée, la surface de contact des masses filtrantes avec l'eau devant primer sur leur épaisseur.

Le filtre extérieur compartimenté

C'est le modèle le plus utilisé actuellement. La construction est à la portée de tout aquariophile tant soit peu bricoleur. Beaucoup de bacs du commerce en sont équipés.

Les masses filtrantes sont placées dans une cuve ouverte annexée à l'aquarium. Placée sur le même niveau, elle peut être construite en matériaux divers, souvent en verre collé. Elle peut être indépendante de l'aquarium ou collée latéralement à celui-ci.

Le volume n'est limité que par l'emplacement disponible. On compte, en principe, un volume égalant au moins le dixième de celui de l'aquarium. Plus le filtre est volumineux, plus il est efficace.

La surveillance et le changement des masses filtrantes est facile car il n'est pas nécessaire de vider ni de démonter la cuve pour les opérations d'entretien.

Les avis sont partagés entre les adeptes des filtres extérieurs à compartiments verticaux et horizontaux. Chacun présente ses avantages et ses inconvénients.

Le filtre à compartiments verticaux

Placé à côté du bac ou même construit dans celui-ci, c'est ce filtre qu'il faut choisir quand on ne dispose pas de place suffisante pour l'installation sous l'aquarium.

L'eau provenant de l'aquarium circule dans une série de compartiments successifs disposés en chicanes. Chaque compartiment est réservé à une fonction particulière allant de la filtration mécanique en amont à la filtration biologique en aval. La circulation de l'eau est assurée par un exhausteur à bulles d'air ou au mieux par une pompe.

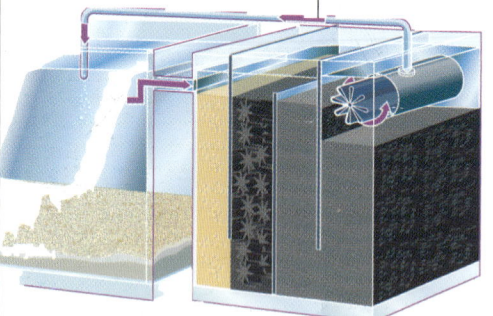

FILTRE EXTERNE OUVERT À COMPARTIMENTS VERTICAUX

Les masses filtrantes sont disposées verticalement. Le plus souvent, il s'agit de pains de mousse pour la filtration mécanique et de matériaux poreux pour la partie biologique. Certains emploient dans ce type de filtre des blocs de mousse verticaux embrochés dans leur grand axe d'un tube en PVC perforé. Le remplacement de ces blocs est très facile : il suffit de tirer sur le tube, ce qui entraîne l'ensemble avec le minimum de manipulation.

Le filtre vertical ménage des compartiments où peuvent être installés des accessoires supplémentaires comme les résistances de chauffage et le thermostat.

Le filtre à compartiments horizontaux

Si l'installation est possible, on utilisera le système horizontal qui permet de combiner divers matériaux filtrants (sable, granulés poreux, billes biologiques). En effet, ces matériaux sont rarement employés dans la filtration verticale car leur contention y est difficile et parce qu'ils ont tendance à couler d'un compartiment à l'autre.

Le filtre horizontal optimise aussi l'emploi de la laine de verre et du Perlon qui y sont tassés de façon homogène par le poids de l'eau. Ce filtre doit être placé sous l'aquarium. Alimenté par simple gravité, une pompe permet le rejet de l'eau filtrée dans l'aquarium. Un système de contrôle du niveau d'eau par ajustement de la hauteur de la crépine de prélèvement prévient les risques de désamorçage et de débordement du filtre.

Le filtre percolateur

Dans les filtres classiques les masses filtrantes sont immergées. Le rendement du lit bactérien y est faible et, surtout, incontrôlable. La concentration en oxygène dissous peut être basse au cœur des matériaux filtrants. Le moindre excès de déchets organiques, une panne de pompe ou d'aération peuvent en altérer le fonctionnement.

Les filtres utilisant la percolation au goutte à goutte préviennent ces risques tout en assurant un rendement maximum du lit bactérien. Ces filtres dits « semi-humides » sont placés sous l'aquarium, l'eau tombant en pluie sur les masses filtrantes par simple gravité. Une poche en tissu synthétique (chaussette en Nylon emmanchée sur le tuyau d'arrivée) et une couche mince de mousse retiendront les grosses particules.

Les couches filtrantes ne sont donc plus immergées, mais simplement arrosées. L'eau va suivre de façon laminaire les contours de tous les obstacles qu'elle rencontre au cours de sa descente par simple gravité.

Cette « percolation » peut se faire sur matériaux filtrants classiques comme la laine de Perlon ou les mousses synthétiques. Ces substances restent cependant trop gorgées d'eau pour obtenir tout l'effet recherché.

En fait, c'est dans ce type de filtre que seront utilisés avec le meilleur rendement les supports biologiques (granulés poreux ou billes biologiques). Les bactéries biodégradantes se fixent en abondance sur l'immense surface développée offerte par ces supports qui ménagent entre eux des couloirs larges et perméables où l'eau et l'air circulent aisément. Le milieu reste ainsi très oxygéné.

L'eau filtrée tombe dans une cuve d'où elle est renvoyée vers l'aquarium par une pompe. Un système de réglage de niveau prévient le risque de désamorçage en cas de chute de débit. Pour le régler, il faut remplir l'aquarium jusqu'au niveau de la crépine du tuyau de sortie reliant l'aquarium au filtre. On remplit ensuite le filtre tiroir jusqu'au niveau d'eau désiré. Un repère de niveau est alors marqué. Il suffit de compenser régulièrement la perte d'eau due à l'évaporation en surveillant ce niveau.

DÉBIT DU FILTRE

Il ne doit être, ni trop rapide, ni trop lent. En fait, il n'y a pas de règle précise. On estime que le volume d'eau filtré par heure doit être voisin de la contenance de l'aquarium (ce qui ne veut pas dire que toute l'eau de l'aquarium passe par le filtre en une heure).

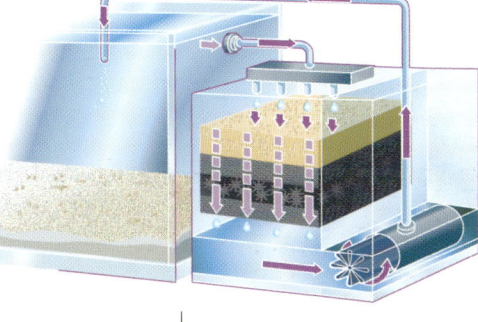

FILTRE PERCOLATEUR EXTERNE

FILTRATIONS COMBINÉES

Les systèmes de filtration peuvent être associés de façon plus ou moins complexe en ce qui concerne le nombre et la disposition des compartiments ainsi que le choix des masses filtrantes. Tout dépend de la place disponible et de l'imagination de l'aquariophile. Gardons cependant à l'esprit que les systèmes les plus simples sont les meilleurs.

La plantation

Entre l'immobilité du décor minéral et le ballet incessant des poissons, la végétation constitue un élément qui équilibre l'aquarium sur le plan esthétique et, plus encore, sur le plan biologique.

> **IDÉE FAUSSE**
>
> Certains ont écrit que l'abus de plantes pouvait provoquer, la nuit, l'intoxication des poissons par excès de gaz carbonique dissous. En réalité, ce genre d'accident n'a jamais été observé dans l'aquarium. D'ailleurs la présence d'une bonne aération et d'un bon courant de brassage constitue un excellent moyen de prévention.

Certes, les poissons peuvent vivre sans plantes, mais, dans tous les cas, la présence de celles-ci contribue à leur confort. Ils y trouvent des zones d'ombre, des refuges et, pour beaucoup, des supports de ponte.

Dans le petit écosystème qu'est l'aquarium, la végétation joue le rôle de véritable station d'épuration. Chaque plante est une petite usine vivante qui contribue à l'équilibre vital :
- en consommant les nitrates dissous comme engrais, ce qui ralentit leur accumulation ;
- en rejetant d'importantes quantités d'oxygène durant la période d'éclairement de l'aquarium (phase diurne de la photosynthèse) ;
- en participant à la régulation de l'équilibre acido-basique de l'eau. Elles consomment de grandes quantités de gaz carbonique (acide carbonique) durant le jour avec pour conséquence l'augmentation du pH. Inversement, elles rejettent de moindres quantités de gaz carbonique durant la nuit avec une baisse plus modérée du pH.

> **CHOIX**
>
> N'acheter que des plantes au feuillage sain, complet et bien coloré. Préférer au départ les jeunes plants, même si l'esthétique peut en souffrir pendant quelques semaines.
> On trouve souvent vendues comme plantes d'aquarium des plantes d'appartement plus ou moins amphibies. Immergées, elles dépérissent rapidement. D'autres comme les *Acorus* tolèrent mal la chaleur. À signaler que certaines plantes comme les *Aponogeton* et les *Nymphea* sont saisonnières et ne devront donc être introduites qu'avec parcimonie.

Principes généraux de la plantation
Le substrat

En dehors des plantes flottantes qui peuvent s'en dispenser, le sable sert surtout à la fixation des racines. Il y a de nombreux débats sur l'utilité des engrais. Le plus souvent, le sable, même lavé, contient suffisamment de sels minéraux pour pallier les risques de carence. Très rapidement, les déchets des poissons et leur dégradation par les bactéries aboutiront à la production de nitrates en quantité suffisante pour servir d'engrais. Cependant, certains conseillent d'incorporer au sable des engrais spéciaux vendus dans le commerce aquariophile. Le résultat obtenu n'est pas forcément meilleur.

Une chose est sûre : il faut absolument prohiber l'adjonction de terreau de feuilles mortes comme on l'a longtemps conseillé. Le risque est de provoquer, à plus ou moins long terme, une prolifération d'algues intempestives et très néfastes. On peut, en revanche, incorporer au sol 100 g/m^2 de poudre d'argile horticole qui, sans jouer directement le rôle d'engrais, a pour mérite de fixer certains oligo-éléments, comme le fer, qui seront libérés au fur et à mesure des besoins.

46 • Le guide de l'aquarium d'eau douce

PLANTES FLOTTANTES

Elles sont à déconseiller dans l'aquarium d'ensemble car elles vont faire obstacle à la pénétration de la lumière et entraver ainsi la croissance des plantes enracinées. Elles seront, en revanche, très utiles dans les bacs réservés à la reproduction.

TAILLE – BOUTURAGE – ÉLAGAGE

Une fois par mois, on procédera au rabattage des plantes à forte croissance, voire à leur élagage. Les fragments de plantes en bon état pourront être bouturés dans d'autres endroits ou mis en jauge dans des bacs réservés à cet effet, dans le but de maintenir « en coulisse » un certain nombre de plantes servant aux replantations ou aux échanges.

La mise en place

Les plantes atteignent des tailles variables selon les espèces. En général, les plantes de petite taille sont réservées aux avant-plans, les plantes de taille moyenne au centre, les plantes de grande taille au fond et aux côtés de l'aquarium. Elles sont plantées par petits groupes pour donner un aspect naturel de buisson. Seules les plus grosses peuvent être plantées par unité comme des vedettes rehaussant la beauté du décor (*Nymphea, Echinodorus,* par exemple).

En dehors de la taille, il faut tenir compte des formes. Les plantes à feuilles élancées comme les Vallisnéries seront utilisées en rideaux sur les côtés. Les plantes très ramifiées à petites feuilles conviendront aux arrière-plans, les plantes à feuilles étalées (Cryptocoryne) aux plans moyens. Il faut aussi penser aux harmonies de couleurs, en évitant de placer côte à côte plusieurs plantes de même teinte. La plantation ne doit donc pas être faite au hasard. Il est conseillé d'établir un plan préalable comme font les jardiniers paysagistes. Les plantes nouvellement achetées doivent être plongées quelques minutes dans de l'eau légèrement vinaigrée pour éliminer les escargots et les parasites indésirables qu'elles pourraient héberger. Ceux-ci se détacheront et tomberont au fond du récipient.

Les plantes sont souvent vendues en petits pots plastiques, les racines entourées d'un manchon en laine de roche. Certaines sont lestées avec du plomb pour rester immergées dans les bacs de vente. Elles doivent être délicatement débarrassées de ces accessoires.

Il existe dans le commerce des pinces étudiées pour servir de plantoirs. Elles peuvent être utiles lorsqu'il s'agit d'introduire ou de retirer une plante dans un aquarium déjà installé. Quand il s'agit d'une nouvelle installation, on donnera la préférence à la plantation manuelle, le bac n'étant rempli qu'au tiers de sa hauteur. La plante sera saisie et solidement maintenue à sa base par la pince formée des premières phalanges du pouce et des deux premiers doigts. Cette pince servira de guide pour l'introduction dans le sol en accompagnant la pénétration d'un léger mouvement de vrille.

Il suffit alors de relâcher la plante et de retirer délicatement les doigts en laissant le sable combler les interstices et en terminant par un léger tassement circulaire. Deux cas sont à considérer :
• pour les plantes vendues en brins sans racines, il faut les planter par petits bouquets en les enfouissant sur une bonne hauteur dans le sol de façon que des racines puissent rapidement se former ;
• pour les pieds qui comportent un bulbe, un rhizome ou des racines, ceux-ci doivent être enfouis dans le sol jusqu'à la limite du collet, c'est-à-dire jusqu'à la démarcation avec le vert de la base des feuilles ou de la tige.

Éléments indispensables à la conservation
Fer et oligo-éléments
Les plantes extraient de l'eau les oligo-éléments qui y sont dissous, en particulier le fer indispensable à la photosynthèse. Plus l'aquarium est planté, plus la consommation en est importante.
Un apport régulier de fer s'impose donc. Il se fera au moment des changements partiels d'eau ou tous les mois lorsqu'on utilise le système du goutte à goutte. On mettra une solution de perchlorure de fer et d'un agent chélateur l'EDTA (10 ml pour 100 litres du mélange d'une solution aqueuse à 1 % d'EDTA et d'une solution aqueuse à 10 % de perchlorure de fer). EDTA et perchlorure de fer peuvent être achetés facilement dans les maisons spécialisées en produits pour laboratoire. On trouve aussi dans le commerce aquariophile des composés tout préparés.

Gaz carbonique
Les plantes ont besoin d'absorber du gaz carbonique durant la phase diurne de la photosynthèse en échange de quoi elles rejettent de l'oxygène (rappelons que le processus s'inverse la nuit). L'aération et le courant de filtration sont suffisants durant la nuit pour compenser la baisse du taux d'oxygène. En revanche, durant la période diurne, la concentration en gaz carbonique peut baisser de telle façon que les plantes souffrent. Cela se produit surtout lorsque la végétation est très abondante. Il peut donc être utile d'assurer un apport externe de gaz carbonique en petite quantité. Il existe dans le commerce aquariophile des appareils destinés à cet usage. Leur emploi est délicat et ne doit être conseillé qu'aux aquariophiles déjà chevronnés. Dans la majorité des cas, l'emploi de CO_2 est facultatif si l'eau est relativement douce. Rappelons en effet que plus l'eau est douce plus elle est riche en acide carbonique, donc en réserve de CO_2 (voir « Notion d'équilibre acido-basique », p. 18).

Éclairage
Le maintien de bonnes conditions d'éclairage est un point fondamental pour l'entretien des plantes et leur bonne croissance (voir chapitre consacré à l'éclairage, p. 27 à 31).

NOMBRE DE PLANTES
Tout est affaire de goût. En règle générale, pour avoir un bel aquarium, il faut compter une plante de taille moyenne pour 2 litres d'eau. Sauf décors spéciaux, aucun aquarium ne sera vraiment beau au-dessous d'une plante pour 5 litres.
En ce qui concerne le nombre d'espèces, 12 pour une surface de sol de 1 m x 0,50 m semble un maximum.

UNE PLANTE ENVAHISSANTE
Les rochers sur lesquels s'est fixée la mousse de Gobor, dite aussi mousse de Java, sont très décoratifs. Malheureusement, elle se fixe aussi sur les plantes, voire sur le sol et les vitres. Très extensive, elle risque de tout envahir. Il vaut donc mieux la réserver à des cas particuliers comme les bacs de reproduction.

TRANSPORT DES PLANTES
Les plantes se transportent emballées dans du papier journal très humide, ou mieux dans un sac plastique sans eau légèrement gonflé à la bouche et fermé hermétiquement par un élastique. Elles peuvent se conserver en vie ainsi une dizaine de jours à température ambiante et sous lumière tamisée.

Les principales plantes

Il existe une foule de plantes aquatiques et nous ne saurions les décrire toutes. Nous ne parlerons ici que des plus connues, couramment présentes dans le commerce aquariophile.

Leur identification est parfois rendue difficile car elles peuvent être vendues sous plusieurs synonymes.

Acorus pusillus

Originaire du japon, cette plante palustre est la seule ayant l'aspect d'une petite touffe d'herbe d'environ 10 cm. Elle convient donc bien pour orner un premier plan. Cependant elle tolère mal la chaleur et dépérit au-dessus de 22 °C. Elle est surtout conseillée dans les aquariums d'eau tempérée.

Acorus gramineus

Elle ressemble à la précédente mais tolère encore moins la chaleur et est nettement plus grande atteignant 30 cm. À réserver aux décors d'angles dans les aquariums d'eau froide pour poissons rouges.

Althernanthera

Ces plantes originaires du Brésil forment des bouquets touffus. L'espèce la plus courante est *Althernanthera reineckii* aux feuilles rougeâtres, décorative en plan moyen. La variété « lilacina » est encore plus colorée.

Ammania

On utilise surtout les bouquets d'*Ammania senegalensis* en raison de leur joli feuillage cuivré qui convient bien aux décors de plans moyens.

Anubias

Les Anubias sont d'origine africaine. L'aquariophile utilise surtout *Anubias nana* dit « Anubias nain », de moins de 8 cm, qui a sa place au premier plan et *Anubias barteri* qui atteint 15 à 30 cm pour les plans moyens. Les feuilles sont vertes, épaisses et charnues. Elles sont appréciées pour leur aspect décoratif et leur croissance lente. La multiplication se fait par division des rhizomes.

Aponogeton

Originaire d'Asie tropicale, le genre *Aponogeton* comprend de nombreuses espèces. Ces plantes

Aponogeton madagascariensis

Aponogeton ulvaceus

Bacopa amplexiaulis

Bacopa caroliniana

Bacopa monnieri

Barclaya

Les feuilles de *Barclaya longifolia* ont une couleur orangée. En bouquet, cette plante contraste harmonieusement avec la verdure ambiante dans les plans moyens ou postérieurs.

Bolbitis heudelotti

Les racines de cette fougère aquatique africaine présentent des crampons qui lui permettent de se fixer et de décorer une souche ou une pierre immergée. Le feuillage fortement découpé est vert foncé. La croissance est très lente.

Cabomba

Ces plantes d'origine américaine tropicale présentent de longues tiges ornées de couronnes de feuilles très découpées. Elles forment de gros bouquets d'un joli vert qui conviennent aux plans

présentent à leur base un bulbe plus ou moins développé. Bien qu'elles soient tropicales elles sont saisonnières et perdent leurs feuilles pendant plusieurs mois. Malgré cet inconvénient, elles sont appréciées des aquariophiles qui, en raison de leur beauté et de leur importante frondaison, les mettent en place d'honneur. Quand elles sont en repos, il faut conserver les bulbes dans un lieu tempéré humide. Ils ne manqueront pas de repartir six mois plus tard. *Aponogeton madagascariensis* doit son surnom de *fenestralis* à l'aspect finement ajouré des feuilles dont on ne voit que les nervures.

Bacopa

Le genre comprend surtout trois espèces figurées ici convenant bien à l'aquarium tropical.

Ces plantes au port un peu raide forment de beaux bouquets de petites feuilles arrondies et charnues qui sont indiquées pour les décors latéraux et les plans moyens. Elles sont exigeantes en lumière.

Cabomba aquatica

postérieurs. Certaines formes sont rougeâtres. Elles croissent rapidement si la lumière est forte et elles nécessitent alors de fréquents élagages et repiquages.

Cabomba caroliniana

Cabomba piauhyensis

Ceratophyllum

Ceratophyllum demersum

Originaires des régions froides ou tempérées, elles sont utilisées surtout dans les bassins extérieurs et dans les aquariums de carassins. Une seule espèce, *Ceratophyllum demersum,* convient à l'aquarium tropical. Le feuillage vert finement découpé ressemble à celui des Myriophylles. Il est dommage que cette superbe plante prenne difficilement racine et ait tendance à flotter, à moins qu'elle ne soit bien lestée. Les feuilles siliceuses sont dures et peu appréciées des poissons phytophages, ce qui présente un avantage avec certaines populations.

Ceratopteris

Ceratopteris cornuta

Ceratopteris thalictroïdes

Ces splendides fougères aquatiques à feuilles très découpées sont extrêmement décoratives. Elles peuvent être plantées dans le sol ou utilisées comme plantes flottantes dans les bacs de reproduction. Leurs bouquets peuvent devenir envahissants. La reproduction se fait par repiquage des exemplaires flottants (bulbilles) issus des tiges de la plante mère. *Ceratopteris cornuta* a des feuilles plus larges et moins ramifiées que *Ceratopteris thalictroïdes*.

Crinum

Crinum natans

Parmi les espèces de ce genre de plantes tropicales à bulbes, *Crinum natans* est la plus utilisée. Avec ses feuilles minces, longues et gaufrées, elle est parfaite pour les décors de côté et d'arrière-plan.

Cryptocoryne

Cryptocoryne affinis

Les Cryptocorynes comportent plus de 50 espèces qui proviennent toutes d'Asie du Sud-Est. Elles sont d'origine marécageuse et, dans la nature, les différences entre formes immer-

Cryptocoryne balansae

Cryptocoryne griffithii

Cryptocoryne lutea

Cryptocoryne minima

Cryptocoryne parva

gées et émergées ont longtemps pu tromper les plus grands botanistes. Il persiste ainsi une certaine confusion qui ne nous a fait retenir ici que les espèces assez bien identifiées.

Cryptocoryne petchii

Cryptocoryne wendtii

La grande majorité ne dépasse pas environ 10 cm de hauteur et convient donc bien aux plans antérieurs pour les plus petites et aux plans moyens pour les plus grandes. La plupart ont des feuilles lancéolées vertes avec des nuances plus ou moins brunâtres surtout à leur face inférieure. Elles se multiplient par stolons et forment à la longue des tapis ou de gros bouquets très décoratifs.

principales plantes • 53

Didiplis

Didiplis diandra est une jolie plante américaine dont les bouquets de fins rameaux garnis de petites feuilles lancéolées sont très décoratifs dans les plans moyens.

Echinodorus

Echinodorus major amazonicus

Echinodorus tenellus

Echinodorus horizontalis

Echinodorus magdalensis

Echinodorus bleheri

Echinodorus cordifolius

Les plantes de cette famille sont originaires d'Amérique tropicale. Elles sont très populaires. Il en existe de toutes tailles depuis les plus petites, *Echino-*

Echinodorus schlueteri

Echinodorus schlueteri léopard

Echinodorus uruguayensis

dorus tenellus ou *magdalensis*, bien adaptées aux décors d'avant-plan, jusqu'aux plus grandes comme *Echinodorus major amazonicus, cordifolius, barthii, bleheri, grisebachii, schlueteri* ou *uruguayensis*, qui seront plantées par unité en position vedette au centre de l'aquarium. L'identification peut être rendue difficile en raison de nombreux hybrides obtenus par aquaculture. Un fort éclairage est nécessaire à leur bonne croissance.

Elodea (Egenia)

Elodea (Egenia) densa, originaire d'Amérique du Sud, est la seule espèce du genre conseillée en aquarium tropical, à condition que la température ne dépasse pas 25 °C.

Hemianthus

Hemianthus micranthemoïdes est une petite plante gracile à petites feuilles arrondies vert pâle qui convient bien aux décors de plans moyens.

Heteranthera

Heteranthera zosterifolia, d'origine sud-américaine, est du plus joli effet par la délicatesse de ses fins rameaux et le vert tendre de ses fines feuilles. Le bouquet en est très décoratif en plan moyen.

Hydrocotyle

Hydrocotyle leucopetala est appréciée pour ses rameaux ornés de feuilles rondes. Exigeante en lumière, elle pousse en hauteur et convient surtout pour décorer les côtés de l'aquarium.

Hygrophila

Ces belles asiatiques deviennent très hautes, ce qui les fait réserver aux décors postérieurs ou latéraux. *Hygrophila corymbosa*

Hygrophila corymbosa

Hygrophila difformis

Hygrophila polysperma
Hygrophila polysperma rosacea

Les principales plantes • 55

a une tige rougeâtre et des feuilles lancéolées d'un vert soutenu. *Hygrophila difformis* a un feuillage découpé. *Hygrophila polysperma* forme des bouquets élancés. Elles demandent toutes beaucoup de lumière.

Lilaeopsis

Lilaeopsis novae-zelandae est une petite plante australienne qui convient très bien aux avant-plans où, sous forme de tapis, elle concurrence *Echinodorus tenellus*. Elle présente des feuilles élancées terminées en spatule d'un joli vert clair.

Limnophila

Les *Limnophila* ressemblent pour la plupart aux *Cabomba* avec leurs feuilles en éventail très finement découpées. Elles forment des bouquets très décoratifs convenant aux arrières plans. Elles sont relativement fragiles et exigent beaucoup de lumière. *Limnophila aquatiqua* et *Limnophila heterophylla* sont les plus connues.

Lobelia

Des quelque 300 espèces de cette famille, seule *Lobelia cardinalis* est couramment plantée en aquarium. De croissance assez lente, elle convient bien en petits massifs aux plans moyens.

Limnophila aquatica

Ludwigia

La plus présente en aquarium est *Ludwigia repens* dont les tiges portent des feuilles alternées arrondies polychromes de vert à rouge violacé. On la plante en bouquets en plan moyen ou postérieur.

Microsorum

Microsorum pteropus est une fougère amphibie asiatique. Très tolérante, elle s'adapte à la plupart des conditions rencontrées en aquarium. Elle se fixe par son rhizome sur une souche ou une racine. De jeunes pousses apparaissent régulièrement sur les feuilles. On peut les détacher pour les replanter ailleurs.

Myriophyllum

Myriophyllum scabratum

Myriophyllum scp.

Myriophyllum matogrossense

Présentes dans le monde entier, seules quelques espèces tropicales conviennent à l'aquarium. Les « Myrio » se présentent sous forme de brins graciles aux feuilles très finement dentelées. Elles forment de beaux et hauts bouquets convenant aux décors latéraux et d'arrière-plan. Elles sont exigeantes en lumière.

Nymphea lotus

Ces plantes à bulbes cosmopolites proches de nos nénuphars comprennent quelques espèces tropicales de petite taille qui conviennent à l'aquarium. Certaines ont des feuilles vertes, d'autres rouges, voire panachées chez certains hybrides. Elles sont très décoratives et le plus souvent placées en vedette au centre de l'aquarium. Les Nymphéas sont malheureusement fragiles et ne durent souvent qu'une saison.

Riccia

De la centaine d'espèces du genre, seule *Riccia fluitans* est couramment utilisée. C'est une plante flottante formée de petites brindilles enchevêtrées d'un vert tendre. Les Labyrinthidés l'apprécient en surface comme support pour leur nid de bulles. On peut aussi la fixer sur une souche qu'elle colonisera progressivement si la lumière est forte.

Rotala

Les Rotalas sont de belles plantes tropicales formant de magnifiques bouquets touffus. *Rotala macrandra* est la plus populaire en raison de son beau feuillage rougeâtre. Elle convient bien aux décors de plans moyens ou postérieurs. Cette plante fragile perd facilement ses feuilles si l'éclairage est insuffisant. Elle nécessite de fréquents reboutages.

Sagittaria

Des plantes de ce genre très cosmopolite présentent des feuilles vertes rubannées larges, parfois très longues, et se propagent par stolons. Sous fort éclairage, elles peuvent envahir l'aquarium en créant d'importantes zones

Sagittaria platyphylla

d'ombre nuisant aux végétaux plus petits. C'est le cas de *Sagittaria subulata* ou *Sagittaria teres*, qui doivent être plantées en rideau uniquement dans des aquariums très hauts. Seule *Sagittaria platyphylla* atteint une hauteur raisonnable.

Saururus

Ces plantes à rhizomes peuvent atteindre une grande taille dans la nature. En aquarium, *Saururus cernuus* est employé jeune pour décorer des plans moyens. Il faut discipliner son expansion par des élagages fréquents de façon à le maintenir à une hauteur acceptable.

Vallisneria

De forme proche des *Sagittaria*, elles n'appartiennent pas à la même famille botanique.

Vallisneria gigantea

Vallisneria spiralis

Saururus cernuus

Ce sont des plantes très populaires qui, plantées en rideau en arrière ou sur les côtés, masquent bien les angles et les accessoires de l'aquarium. Les plus courantes sont *Vallisneria gigantea* et surtout *Vallisneria spiralis*, aux feuilles plus fines. Elles s'étendent par stolons et il faut veiller à ce que ceux-ci n'envahissent pas l'aquarium au détriment de l'ensemble des autres plantes.

Vesicularia

Appelée communément mousse de Gobor, du nom d'une ville d'Indonésie proche de la région où elle a été découverte, *Vesicularia dubyana* est une jolie mousse qui garnit agréablement les rochers et les souches. Elle met souvent un certain temps à se développer, mais quand elle réussit à s'implanter elle devient vite envahissante. Elle libère de nombreux filaments qui vont s'accrocher sur le sol ou les plantes, qui finissent par périr étouffées. Son éradication est alors difficile.

La prolifération des algues filamenteuses (ci-contre) et des algues noires (en bas) doit être contrôlée. L'aquariophile dispose d'alliés efficaces avec les escargots. Il doit pourtant se méfier de ces gastéropodes capables de rendre le remède pire que le mal.

PROLIFÉRATION DES ESCARGOTS
Leur abondance et les dépôts de paquets d'œufs sur les glaces ne sont pas très esthétiques. Certains poissons comme les Tétraodons et les Botias les chassent. On peut placer au fond de l'aquarium une feuille d'épinard ou de salade ébouillantée. Quelques heures plus tard, on enlèvera la feuille sur laquelle se seront fixés de nombreux escargots venus pour festoyer.

PRÉCAUTION
Aucun escargot ne doit être placé dans un bac destiné à la reproduction. Certes, ils participeraient au maintien d'une bonne hygiène, mais les œufs des poissons sont pour eux un régal !

AUXILIAIRES DE LA PLANTATION

La pince à planter
Ce gadget est une sorte de ciseaux terminés par deux bouts plats. Cette pincette, à choisir d'une longueur en rapport avec la hauteur de l'aquarium, permet d'enlever une plante défraîchie et de la remplacer par une nouvelle sans trop bousculer le décor et sans nécessité d'y plonger la main. La plante, selon sa structure, doit être pincée entre les deux bouts plats par sa racine, par son bulbe ou par sa tige. Cette dernière est souvent fragile : il faut donc procéder avec délicatesse et doigté pour se servir correctement de cette pince sans rien abîmer.

Les escargots d'eau
La particularité de l'autre accessoire du jardinier aquariophile est d'être un animal vivant. L'apparition d'algues vertes en quantités modérées sur les vitres, pierres et plantes constitue le résultat normal de l'équilibre naturel d'un aquarium. Pour la netteté du bac en général, et la libre respiration des plantes en particulier, la prolifération de ces algues doit être limitée et contrôlée. Dans ce cas, quelques escargots aquatiques peuvent intervenir comme auxiliaires nettoyeurs. Ces escargots se nourrissent des déchets divers comme les surplus alimentaires des poissons et les algues. Leur présence serait donc souhaitable si leur menu se limitait à cela, mais la plupart, outre le fait qu'ils peuvent être porteurs de parasites, ont la fâcheuse habitude d'améliorer leur ordinaire en broutant allégrement les plantes. Par exception, il y a trois espèces qui peuvent être tolérées, les Planorbes, les Malais et les Ampullaires.

• Les Planorbes (*Planorbis corneus*) présentent une coquille discoïde plate. La plus jolie espèce exotique est très aplatie et présente une belle couleur rouge orangé. Les Planorbes sont inoffensifs pour les plantes

Prolifération d'algues noires

Les auxiliaires de la plantation

Planorbis corneus

en bonne santé. Les seules feuilles pouvant être mangées sont celles qui, étant en mauvais état, étaient de toute façon destinées à disparaître.

• Les Malais (*Melanoïdes tuberculatus*) sont également faciles à distinguer. De petite taille (2 à 3 cm), ils présentent une coquille en forme de cône effilé. Leur utilité est double : durant le jour, ils restent cachés dans le sol qu'ils aèrent, ameublissent et nettoient dans une certaine mesure en consommant une partie des déchets. La nuit, ils sortent et rampent sur les vitres, les roches et les plantes qu'ils débarrassent de leurs algues – moins que les Planorbes, toutefois.

Melanoïdes tuberculatus

• Les Ampullaires (*Ampullaris gigas*). De coquille globuleuse, ils atteignent une grande taille (jusqu'à 6 cm). Ils ont un plus grand penchant que les précédents à brouter les plantes tendres. Mais, ils ont l'avantage de pouvoir être contrôlés quant au nombre car, contrairement à la majorité des Gastéropodes, ils ne sont pas bisexués. Leur reproduction dans l'aquarium est donc rare et limitée. Elle

Ampullaris gigas

nécessite d'avoir un couple et la ponte est déposée sur un support au-dessus de l'eau.

Les poissons alguivores

Si l'action des escargots se révèle insuffisante pour débarrasser votre bac de ses algues vertes en surnombre, certains poissons peuvent intervenir. Citons surtout deux espèces de petite taille : *Otocynclus* et *Ancistrus*. Les *Trichogaster* sont également utiles, surtout en ce qui concerne les algues filamenteuses.

Quant aux *Plecostomus*, il faut se souvenir qu'ils deviennent vite des géants encombrants.

Les *Gyrinocheilus* seraient à conseiller s'ils n'avaient un comportement parfois relativement agressif.

ATTENTION : LIMNÉES

Les Limnées sont des escargots aquatiques communs dans les eaux stagnantes de nos mares et étangs. Ils sont facilement introduits avec des plantes, de la nourriture vivante. Même une inspection soigneuse ne peut éviter l'introduction d'œufs ou de larves. Très robustes, ils s'adaptent aux conditions tropicales de l'aquarium. Leur présence ne serait pas inutile si leur prolifération ne devenait vite difficile à contrôler, les grappes de pontes étant fixées jusque sur les vitres. Le seul moyen de les éliminer est de les piéger en utilisant des feuilles de laitue pochée placées au fond de l'aquarium le soir et retirées le matin avec les escargots dont elles sont envahies.

Les poissons

Zoologie et anatomie

Les écailles (voir 1, schéma p. 63)

Le corps fusiforme plus ou moins hydrodynamique est le plus souvent protégé par des écailles imbriquées – telles les tuiles d'un toit – et recouvertes d'un mucus protecteur sécrété par les glandes de la peau. La variabilité de forme des écailles est utilisée pour la classification zoologique. La plupart sont cténoïdes (bord postérieur dentelé) ou cycloïdes (bord postérieur arrondi).

Le mouvement (voir 5, schéma p. 63)

Il est assuré par des nageoires formées de membranes renforcées par des rayons osseux articulés. Certaines servent à la propulsion, d'autres à la direction. Ces nageoires sont tellement spécifiques qu'elles constituent pour l'ichtyologiste (homme de science spécialisé dans les poissons) un moyen d'identification des espèces. C'est ainsi que l'on trouve dans les livres de portée scientifique des mentions telles que : DV-VI/8-10, ce qui signifie que, chez l'espèce décrite, la nageoire dorsale comporte cinq à six rayons épineux pour huit à dix rayons branchus.

La vessie natatoire (voir 3, schéma p. 63)

La grande majorité des poissons présentent, dans la partie supérieure de la cavité abdominale, une poche gazeuse plus ou moins volumineuse, la vessie natatoire. Cette poche joue le rôle de ballast et permet au poisson de se maintenir entre deux eaux en position horizontale, ventre en bas.

La respiration (voir 4, schéma p. 63)

Le poisson respire l'oxygène dissous dans l'eau à l'aide de lamelles épithéliales spécialisées, les branchies. Celles-ci sont placées de part et d'autre du pharynx avec qui elles sont en communication directe. Elles sont protégées par un volet cutané mobile, l'opercule. Les mouvements de la bouche et des opercules sont coordonnés pour assurer un courant d'eau permanent favorisant les échanges gazeux. Certaines espèces vivant dans des eaux peu oxygénées possèdent un système respiratoire additionnel, le labyrinthe, qui leur permet de respirer l'air atmosphérique qu'ils viennent piper en surface. Certains ont aussi la possibilité d'absorber l'oxygène contenu dans la vessie natatoire, voire au niveau du tube intestinal.

Guppies ou Discus, petits ou moins petits, tous ont leurs particularités ou leur charme propres.

LES SENS

L'odorat très développé des poissons leur permet de déceler et d'identifier la moindre substance dissoute. Ils distinguent les formes et les couleurs et, selon leurs mœurs, ont une acuité visuelle plus grande la nuit ou le jour. En outre, certaines espèces sont dotées d'organes tactiles comme les barbillons. S'ils manquent d'audition, ils possèdent un organe sensoriel original, la ligne latérale, suite de récepteurs nerveux échelonnés de la tête à la queue sur chaque flanc. Ce système très sensible aux vibrations leur permet de s'orienter par rapport aux obstacles, même en cas de vision nulle, ce qui est la règle chez les poissons cavernicoles. Certains poissons, comme les Mormyres, émettent des ondes électriques pulsées qu'ils utilisent comme moyen d'écholocation.

PRÉCAUTION
C'est afin de ne pas altérer le mucus protecteur que l'aquariophile doit toujours manipuler ses poissons à l'épuisette souple et non à la main.

Le système digestif (voir 2, schéma p. 63)

La dentition est très variable. Les dents sont petites chez les herbivores et râpeuses chez les brouteurs d'algues. Elles sont pointues chez les carnassiers. Leur nombre et leur emplacement constituent un moyen d'identification zoologique. Le tube digestif comporte un estomac suivi d'un intestin dont la longueur est en rapport avec les habitudes alimentaires : long chez les herbivores, court chez les carnassiers. L'originalité du poisson est de pouvoir supporter de longs jeûnes, ce qui en fait un animal très accommodant…

La thermorégulation

Les poissons sont des animaux « à sang froid », c'est-à-dire incapables de réguler leur température interne qui se trouve donc être la même que celle du milieu qui les entoure. De ce fait, ils tolèrent très mal les variations thermiques excessives et un changement brusque de 3 à 5 °C peut leur être fatal. L'aquariophile devra donc toujours déplacer ses pensionnaires dans des eaux de température comparable. Cependant, un changement de température progressif est souvent bien toléré et parfois bénéfique. N'oublions pas qu'il existe dans la nature des variations saisonnières et souvent d'importantes différences entre le milieu du jour et celui de la nuit.

Facultés et comportements
Les facultés

Ce domaine est aussi complexe chez les poissons que chez les autres animaux. Leurs facultés obéissent à des instincts dont certains aspects nous surprennent. Ainsi, tous les aquariophiles constatent que, sitôt une épuisette dans l'eau, le poisson convoité se cache, tandis que ses compagnons continuent de vaquer à leurs occupations…
À l'inverse de cette prémonition du danger, un poisson n'a pas l'instinct de reculer pour se dégager d'une épuisette ou d'une nasse. Inlassablement il ira de l'avant, cherchant toujours à percer l'obstacle…

Le comportement

Il est en partie fonction des exigences alimentaires. Les poissons carnassiers ressemblent aux fauves terrestres ; ils vivent généralement en solitaires. S'ils doivent tuer pour manger, ce sont souvent de bons parents. En revanche, d'autres poissons apparemment inoffensifs et vivant en groupe mangent leurs alevins.

Le sentiment, au sens où nous l'entendons, semble absent du comportement de la plupart des poissons, avec toutefois des exceptions troublantes. Ainsi quelques Cichlidés sont capables de reconnaître la personne qui les nourrit. Certains couples se forment par un libre choix au sein du groupe et chaque partenaire reste souvent sexuellement fidèle. Il arrive même qu'après la mort de l'un, le survivant refuse tout nouveau compagnon et, même, se laisse mourir…

Les poissons • 63

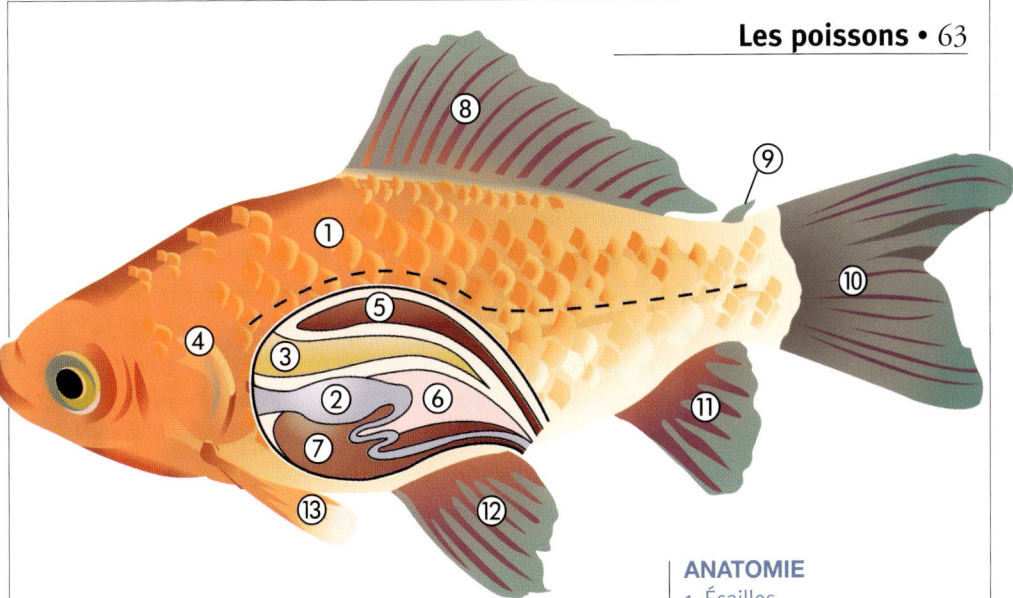

Enfin, les espèces les plus évoluées prennent volontiers des habitudes comme celle de recevoir la nourriture à un endroit précis ou de dormir dans un emplacement choisi. La notion de territoire est parfois très développée ; tout intrus se voit chassé de l'aire que l'occupant considère comme sa propriété. Il n'empêche que, excepté chez les espèces très agressives, l'arrivée d'un nouveau sujet, après quelques manifestations de curiosité, est généralement bien tolérée s'il ne fait pas figure de concurrent.

Le choix des poissons

La plupart des aquariophiles débutants ont tendance à mélanger de nombreuses espèces sans tenir compte des comportements spécifiques, des origines géographiques, de la taille à l'âge adulte, le poisson étant uniquement choisi en fonction de sa beauté.
Or, la plupart des poissons vendus chez les détaillants sont des juvéniles. Le charmant petit poisson choisi pour ses belles couleurs peut devenir un monstre ravageur.
Dans les bacs de vente sans plantes et sans décor beaucoup de poissons ne rencontrent aucun succès car ils paraissent ternes, alors qu'ils deviendront de véritables bijoux dès qu'ils seront installés dans l'aquarium du salon.
La plupart des débutants ont également tendance à acheter leurs poissons par unité dans chaque espèce. Or, sauf exception pour quelques solitaires comme les Bettas, beaucoup de poissons ne seront mis en valeur qu'en couples ou par petits groupes de cinq à six.
De plus, il ne faut pas surpeupler un aquarium. En règle générale, on conseille un poisson de taille moyenne pour 10 litres d'eau et un poisson de petite taille pour 5 litres.

ANATOMIE
1. Écailles.
2. Système digestif.
3. Vessie natatoire.
4. Branchies.
5. Reins
6. Organe génital (gonade).
7. Foie.

LES NAGEOIRES
La disposition, la taille et le nombre des nageoires varient selon les espèces.
8. Nageoire dorsale.
9. Nageoire adipeuse.
10. Nageoire caudale.
11. Nageoire anale.
12. Nageoire pelvienne.
13. Nageoire pectorale.

64 • Le guide de l'aquarium d'eau douce

LES POISSONS CONNUS

Selon l'étude des divers caractères morphologiques (complétée récemment par les données génétiques), les scientifiques ont classé, au même titre que tous les autres êtres vivants, les quelque 30 000 poissons connus en classes et sous-classes, familles, genres et sous-genres, et enfin espèces avec indication du nom de l'auteur de la première description et la date de celle-ci.

Il est très important de trouver le bon détaillant aquariophile, homme de bon conseil, voire d'adhérer à une association aquariophile qui vous fera profiter de l'expérience de ses membres. Il ne faut jamais acheter si les bacs de vente présentent des poissons suspects (poissons inactifs, points blancs, nageoires en mauvais état), voire des poissons morts.

Enfin, sauf lors du premier peuplement, tout nouveau pensionnaire doit impérativement subir une quarantaine avant d'être introduit dans l'aquarium. Celle-ci se fait dans un petit bac d'une vingtaine de litres équipé simplement d'un filtre sous sable. Les poissons y seront observés quotidiennement et ne seront introduits dans le bac d'ensemble qu'après une dizaine de jours s'ils ne présentent aucun signe suspect de mauvaise santé.

Le milieu idéal

Si les zones géographiques d'où sont originaires les poissons d'aquarium se trouvent parfois étroitement délimitées, elles sont le plus souvent immenses. Dans le premier cas, il est logique de supposer que les exigences des espèces sont strictes. Dans le second, le milieu étant si diversifié en fonction de l'étendue, les exigences deviennent beaucoup plus lâches. Nous nous trouvons alors en présence de poissons ayant une plus grande adaptabilité. En parlant d'eux, l'aquariophile pourra dire qu'ils ne sont pas fragiles.

Outre ces variations liées aux facteurs géographiques, il y a celles liées aux conditions climatiques. À titre d'exemple, en saison

humide tropical, l'apport massif d'eau de pluie peut acidifier les milieux aquatiques. Il paraît donc présomptueux de vouloir indiquer à l'amateur le milieu habituel ou normal d'une espèce alors que, de toute évidence, celui-ci est rarement immuable dans la nature. De plus, bon nombre de poissons proposés dans le commerce sont issus d'élevages parfois fort éloignés de leurs lieux d'origine.

Les données techniques fournies pour chacun des poissons du mémento, lorsque les connaissances le permettent, possèdent donc rarement un caractère impératif strict. Elles n'indiquent en fait qu'un milieu optimal conseillé. Elles peuvent surtout avoir une importance quand on veut tenter la reproduction.

Le transport

Il a été révolutionné par l'usage de poches transparentes en matière plastique souple, d'oxygène et d'emballages en polystyrène qui permettent des transports par voies aériennes sur de longues distances à partir des lieux de pêche ou d'élevage.

Pour le transport depuis le magasin jusqu'à leur aquarium, les petits poissons peuvent être placés dans le sac par lots de quelques individus. Les poissons de plus grande taille doivent être placés par unité. Il ne faut pas mettre trop d'eau (un tiers suffit) et réserver les deux tiers restants au gonflage par de l'oxygène, voire simplement de l'air quand le temps de transport est inférieur à une heure. En effet, contrairement à ce qu'on pourrait penser, ce n'est pas l'eau qui est l'élément primordial mais la quantité de gaz, air ou oxygène, qui permet l'oxygénation par diffusion. Le sac sera hermétiquement fermé par un élastique ou un nœud solide.

Les déperditions de chaleur seront évitées par l'usage d'une boîte en polystyrène ou par l'enveloppement dans du papier journal.

Pour éviter le stress lors de l'introduction dans le nouveau milieu, il convient de faire flotter le sac jusqu'à ce que la température de l'eau de transport s'équilibre avec celle de l'aquarium. Le sac est ensuite ouvert en effectuant plusieurs fois un certain mélange des deux eaux. Ce n'est qu'après d'une dizaine de minutes de ces manœuvres que les poissons pourront être délicatement libérés.

La reproduction

Elle constitue pour beaucoup un aboutissement. Les procédés que nous indiquons sont le reflet d'expériences personnelles ou d'autres amateurs souvent membres d'associations aquariophiles, plus rarement de la synthèse de méthodes préconisées dans les livres.

La meilleure garantie de succès réside dans l'observation d'une hiérarchie des difficultés qui semble correspondre à l'ordre suivant.
• D'abord les « vivipares » (voir famille des *Poeciliidae*) car l'alevin naît « tout fait » et déjà assez gros et vigoureux. Il n'y a ainsi de problème ni de ponte, ni d'éclosion d'œufs, ni de nécessité d'aliments microscopiques.

LE MÉMENTO DES POISSONS

LA CARTE D'IDENTITÉ
Dans le mémento qui suit, afin d'allier la simplicité et la précision, la carte d'identité de chaque poisson mentionné a été rédigée ainsi :
• famille, avec mention d'une « sous-famille » aussi peu souvent que possible ;
• nom scientifique composé du nom de genre suivi du nom d'espèce (ces appellations n'ont été doublées d'un synonyme qu'en cas d'absolue nécessité) ;
• noms communs (ou vernaculaires) aussi souvent que l'usage est habituel.

Malgré ce compartimentage universellement admis et respecté, des problèmes subsistent. Certains poissons n'entrent pas dans les catégories prévues ; d'autres sont l'objet de désaccord entre ichtyologistes, désaccords comparables à ceux des botanistes pour les plantes. Enfin, leur fiche signalétique latine se voit concurrencée chez les amateurs par des surnoms populaires...

66 • Le guide de l'aquarium d'eau douce

Le milieu idéal n'est pas le même pour chaque poisson. Certaines espèces sont très tolérantes, d'autres nécessitent la plus grande attention, tant pour la nature de l'eau fournie que pour sa température, pour les plantes incorporées que pour le décor lui-même. Cet aquarium reconstitue un biotope rocheux du Tanganyka.

• Ensuite un *Cichlidae* parmi ceux signalés comme absorbant, dès l'éclosion, une nourriture assez grosse ou ceux qui pratiquent l'incubation buccale.
• Enfin, un *Danio,* robuste et facile « à faire pondre », donnant des alevins minuscules qui permettent de se familiariser à la manipulation des petites proies vivantes comme infusoires et nauplies d'artémias. Parvenu à ce stade, l'amateur intéressé pourra continuer sa progression jusqu'aux reproductions « pour aquariophiles chevronnés ». Pour chaque « famille », les caractéristiques générales relatives à sa reproduction seront ici décrites de façon détaillée pour une espèce choisie comme témoin. Les différences éventuelles en fonction des autres espèces de la famille seront indiquées au cas par cas.

LA NURSERY

Il est illusoire d'espérer un résultat valable sans le respect d'un minimum de conditions. Pour certains vivipares auxquels nous venons de faire allusion, il est possible d'installer dans l'aquarium un petit pondoir flottant où la femelle gravide sera placée. Les alevins pourront y survivre et atteindre une taille suffisante avant d'être libérés. Dans tous les autres cas, la réussite dépend de l'installation de petits bacs spécifiques servant de nursery. Le minimum idéal consiste en deux ou trois petits bacs de 50 cm x 25 cm x 25 cm installés en parallèle, garnis chacun d'un petit filtre sous sable et éclairés par un seul tube fluo de 90 cm. Le premier sert à l'accouplement, à la ponte et à l'éclosion. Les deux autres permettent d'opérer parmi les jeunes un tri salutaire des tailles trop disparates, puis un tri des sexes qu'il est souvent prématuré de laisser réunis.
Ce laboratoire miniature tient peu de place mais est apte à fournir le confort suffisant à de nombreuses espèces.

Les différentes familles

LES *ANABANTIDAE*

Vous devez au simple hasard de l'ordre alphabétique d'ouvrir le mémento des poissons avec l'une des familles les plus chères aux aquariophiles, tant pour la beauté de certaines espèces que pour les aspects captivants du mode de reproduction.

L'originalité anatomique des *Anabantidae* (souvent mieux connus sous l'ancienne dénomination de *Labyrinthidae* par les aquariophiles) consiste en leur système respiratoire qui comporte l'adjonction aux branchies d'un organe situé dans le crâne : le labyrinthe. Il est formé de cavités tapissées d'une membrane très vascularisée. Cet appareil respiratoire auxiliaire permet la respiration complémentaire d'air atmosphérique quand la concentration d'oxygène dissous dans l'eau devient insuffisante. De ce fait, ces poissons peuvent vivre dans des eaux stagnantes, parfois boueuses, comme celles des marigots et des rizières.

Un autre caractère fréquemment présent consiste en l'allongement filamenteux des nageoires pelviennes. Les opinions divergent sur le point de savoir avec quel membre de la famille la reproduction est la plus facile : du Betta, du macropode ou du gourami bleu. Nous sommes enclins à considérer, en fonction de notre expérience, que celle du *Betta* (populairement nommé « combattant ») peut être choisie comme témoin.

Pour son habitat, le combattant est peu exigeant : il peut vivre plusieurs semaines dans un simple pot de yaourt. Pour la reproduction, un bac de 30 x 20 x 20 cm suffit. Le sol sera garni de quelques centimètres de sable dans lequel on fixera quelques végétaux pour servir de lieux de refuge avec en plus des plantes flottantes du type *Riccia fluitans*. On remplira ce petit bac jusqu'à une hauteur de 15 cm avec de l'eau relativement dure à pH proche de la neutralité.

Le filtrage est facultatif. Il est indispensable que la surface soit parfaitement propre, sans film gras ou poussiéreux ; un diffuseur faiblement alimenté sera donc le bienvenu. La séparation du bac à l'aide d'une cloison de verre complètera le logis nuptial. Enfin, une autre plaque de verre devra couvrir l'aquarium pour que l'air sous-jacent reste saturé en vapeur d'eau.

Les conjoints sont introduits, le mâle côté eau libre, la femelle côté plantes et diffuseur. N'ignorant rien de son charme, le séducteur, nageoires déployées, frétille tout le long de la vitre de séparation. Dès qu'il cesse de nager, c'est pour se muer en bâtisseur ; il monte à la surface et construit de sa bouche au sein d'une touffe de *Riccia* un nid de bulles d'air agglomérées de mucus salivaire. Cette nacelle flottante peut atteindre un diamètre de 5 cm sur une hauteur de 2 cm.

AVERTISSEMENT

Le mémento des poissons d'aquarium présenté ici est loin d'être exhaustif. À l'évidence, nous n'avons pu mentionner qu'un nombre très limité de familles, de genres et d'espèces dans cet ouvrage consacré essentiellement à l'initiation aquariophile. Ce sont ceux et celles qui se trouvent couramment dans le commerce et qui peuvent être adaptés sans trop de difficulté à la vie en aquarium. Bon nombre de poissons-vedettes ne sont donc pas cités car ils font l'objet d'une aquariophilie spécialisée en raison de leur taille, de leurs mœurs ou de leurs exigences écologiques spécifiques...
La consultation des ouvrages spécialisés et des revues aquariophiles, sans oublier la vie associative où l'amateur peut trouver une foule d'informations permettront de poursuivre l'aventure au-delà de l'aquariophilie de salon.

Un petit aquarium organisé pour la reproduction de combattants.

Betta femelle.

Le nid achevé, la parade ayant repris toutes voiles déployées, vous pouvez enlever la glace de séparation. Le mâle va droit au fait et si la femelle consent à recevoir les hommages de son soupirant, tout est parfait. Mais il arrive qu'elle refuse : les opercules dressés par la colère, le mâle engage un combat au terme duquel la femelle sort souvent en piteux état, le mâle étant plus rarement dominé. Que s'est-il passé ? On a dit : il faut que le couple se plaise ! C'est sentimental, émouvant, mais la réalité est plus prosaïque. Pour obtenir un résultat, il faut réunir plusieurs conditions : que la température de l'eau atteigne 28 °C, que le mâle soit au moins âgé de 10 mois et de taille suffisante (le double de celle de la femelle) et, surtout, que celle-ci soit prête à pondre, ce qui se traduit par un abdomen bien rebondi avec une paille anale blanche en saillie ; en un mot qu'elle soit désireuse de l'étreinte du mâle afin de soulager ses ovaires gonflés d'œufs. Alors vous verrez, par l'intérêt qu'elle porte à la parade du mâle et par sa propre parade de coquette, qu'elle souhaite, autant que son partenaire, la suppression de la glace de séparation.

Sitôt l'obstacle levé, le couple se rend sous le nid et vous assistez à un spectacle sans égal dans la vie aquatique. Le mâle s'incurve sur toute la longueur de son corps, queue comprise, afin d'enlacer la femelle. L'ayant alors basculée ventre en l'air, il lui presse les flancs par étreintes successives. Bientôt ces pressions sont suivies d'émission d'œufs accompagnés d'éjaculation de sperme. Entre chaque accouplement, tandis que la femelle se laisse retomber sur le sol pour reprendre des forces, le mâle se précipite, happe les œufs et les remonte un par un dans le nid où il les amarre solidement, au besoin d'un coup de museau. Sous votre regard justement admiratif, cette scène va se répéter jusqu'à épuisement du chapelet ovarien (ce qui demande parfois plusieurs heures). La ponte terminée, la femelle se sentirait volontiers un appétit particulier pour ses œufs ! Sitôt que le mâle s'en aperçoit, il s'empresse de la chasser hors de la zone du nid.

C'est à ce moment qu'il vous faut, à l'aide de l'épuisette, enlever la femelle qui n'est plus utile jusqu'à une prochaine ponte. Celle-ci redeviendra possible quand les conditions de température et l'alimentation seront de nouveau satisfaisantes dans un délai d'un mois (le maximum de pontes successives étant d'une dizaine).

Pendant ce temps, le mâle veille seul sur sa progéniture. Il répare le nid, colmatant une brèche d'un côté, soufflant quelques bulles de l'autre. Après une trentaine d'heures d'incubation, les œufs éclosent et l'on peut voir les alevins nouveau-nés qui pendent du nid, telles de minuscules virgules. D'abord calmement occupés à résorber le sac vitellin qui constitue leur première nourriture, ils ne tardent pas à commencer leurs espiègleries, sans aucune considération pour leur géniteur. Celui-ci doit inlassablement se précipiter sur eux, les happer, et remonter les effrontés pour les recracher dans le nid. Deux jours après l'éclosion, parfois moins, il risque de se sentir en appétit et de manger ses petits. Il convient alors de le retirer à son tour.

Sitôt que leur vésicule a été résorbée, les alevins partent à la recherche de leur première nourriture. Celle-ci est d'abord constituée des infusoires présents dans le bac grâce à la présence des plantes et notamment du *Riccia*. La quantité disponible risque cependant d'être rapidement insuffisante. L'apport d'infusoires à partir d'une culture de paramécies est indispensable au moins deux fois par jour. Les nauplies d'artémias et des microvers seront distribués dès le 5e jour. Bien nourris, les alevins croissent rapidement jusqu'à leur troisième semaine, celle de la formation du labyrinthe. Pour tous les membres de la famille des *Anabanthidae*, c'est l'âge ingrat, celui où ils commencent à gober en surface la bulle d'air utilisée pour leur respiration labyrinthique. Le moindre coup de froid et le moindre courant d'air sont alors mortels. Grâce à votre couvercle, la couche d'air comprise entre celui-ci et la surface de l'eau reste bien climatisée.

Les poissons • 69

Il importe donc que, pendant cette période, vous ne fassiez glisser brièvement ce verre protecteur que de ce qui est nécessaire pour distribuer la nourriture.

Ce cap difficile franchi, les très nombreux survivants que vous pouvez espérer grossiront très vite et accepteront rapidement les aliments pour adultes.

Betta splendens

Nom commun : Combattant.
Origine : Malaisie, Thaïlande.
Taille : jusqu'à 6 cm pour les mâles; femelle beaucoup plus petite.
Différences sexuelles : le mâle a des nageoires très développées et sa coloration est plus intense.
Comportement social : spécial (consulter le texte).
Température : de 20 à 32 °C.
Nourriture : pratiquement carnivore (vers de vase, enchytrées, etc.). Accepte parfois la nourriture sèche mais on admet qu'il l'absorbe mal.

Ce somptueux poisson n'usurpe pas son nom commun de combattant. Les mâles doivent être séparés sous peine de combats dont les Orientaux ont fait prétexte à paris et à spectacle au même titre que les combats de coqs. Leur coloration exacerbée par l'excitation, les nageoires déployées, les opercules écartés, utilisant leur tête comme bélier, les adversaires, en passes rapides, se déchiquettent les nageoires jusqu'à ce que l'un des antagonistes renonce au combat. Le vaincu, s'il n'est pas tué, peut voir ses nageoires, momentanément réduites en lambeaux, se régénérer en quelques semaines. Les femelles, quant à elles, se supportent beaucoup mieux entre elles.

Les aquariophiles conservent les mâles dans des aquariums cloisonnés en plusieurs cases mettant en valeur la beauté de ces poissons qui cherchent à s'affronter en se voyant mutuellement au travers des vitres de séparation. En ce qui concerne l'introduction dans un bac d'ensemble, elle se fera impérativement par unité. À souligner que, dans ce cas, on note une bonne cohabitation avec les autres espèces. La vie des *Bettas* en aquarium ne dépasse pas deux ans. Par suite de sélections patientes à partir de la forme sauvage (reçue par Carbonnier dès 1868 avec un lot de Macropodes), les éleveurs ont obtenu une grande palette de coloris, de formes et de longueurs des nageoires. Des clubs spécialisés organisent régulièrement des concours où l'on peut observer de nouvelles évolutions.

Il existe de nombreuses autres espèces de *Betta* mais, le plus souvent, elles sont absentes du commerce aquariophile et ne sont recherchées et élevées que par des amateurs passionnés du genre.

Colisa lalia

Nom commun : Colisa lalia; Gourami arc-en-ciel.
Origine : Inde du Sud.
Taille : 6 cm.
Différences sexuelles : mâle plus coloré.
Comportement social : très bon. Espèce calme et timide; aime vivre en couple.
Température : de 23 à 30 °C.
Nourriture : ce poisson omnivore accepte tous les aliments qu'il peut absorber avec sa bouche très petite.

C'est le plus beau des *Colisas* et l'un des plus colorés des poissons d'aquarium. La robe du mâle est somptueuse avec ses striures alternées rouge vif et bleu turquoise aux reflets métalliques. Il s'agit d'un poisson timide qui ne convient qu'à un aquarium peuplé de petites espèces tranquilles. Il affectionne une eau relativement douce et une bonne plantation qui lui sert de refuge. La reproduction est possible. Elle est semblable à celle des combattants mais la femelle participe à la construction du nid.

Colisa labiosa

Cette espèce, très voisine de la précédente, possède une coloration plus terne. Dans le processus de la reproduction, la femelle ne participe pas à la construction du nid et, d'après Sterba, les œufs sont plus légers que l'eau.

Colisa sota

Plus connu sous le synonyme de *Colisa chuna* c'est le plus petit des Colisas. Le mâle est brillamment coloré en rouge, jaune et bleu. Malheureusement, cette brillante livrée n'apparaît qu'au bout de 9 à 12 mois. C'est pourquoi les jeunes sujets ne sont guère remarqués en boutique.

Helostoma temmincki

Nom commun : Gourami embrasseur; Kissing.
Origine : Indonésie, Malaisie, Thaïlande.

Taille : jusqu'à 30 cm dans la nature, 15 cm en aquarium.
Différences sexuelles : difficiles à reconnaître, mais la femelle a souvent un abdomen plus rebondi.
Comportement social : satisfaisant.
Température : de 23 à 30 °C.
Nourriture : accepte toutes les nourritures usuelles. Relativement végétarien, il apprécie un complément d'épinards cuits.

Ces poissons curieux n'ont pas de nageoires pelviennes filamenteuses. La forme sauvage est grisâtre. On trouve surtout dans le commerce la variété rose. Leur popularité est due à la particularité qu'ont les mâles de se confronter face à face, lèvres contre lèvres, d'où leur nom commun. Leur reproduction, au cours de laquelle il n'est pratiquement pas construit de nid de bulles, est très aléatoire.

Macropodus opercularis

Synonyme : Macropodus viridis auratus.
Nom commun : Macropode; poisson de paradis.
Origine : Chine du Sud, Formose, Viêt-nam.
Taille : 8 cm.
Différences sexuelles : mâle plus coloré et aux nageoires plus développées.
Comportement social : mauvais, surtout s'il n'est pas en couple.
Température : de 14 à 30 °C.
Nourriture : malgré une nette préférence pour les proies vivantes, il accepte certaines nourritures sèches.

C'est un des premiers poissons exotiques introduits en Europe il y a plus d'un siècle. Il possède un corps brun orangé sur lequel se détachent des bandes verticales brunes à reflets verts. Sensible aux brusques écarts de température comme tous les poissons, il est en revanche capable de résister à des températures très basses. Si l'on ajoute qu'il n'est pas très exigeant quant au volume du bac et à la nature de l'eau, que de plus sa reproduction est facile et aussi spectaculaire que celle du Betta, ce devrait être l'un des poissons exotiques les plus spectaculaires. Ce n'est pourtant pas le cas, à cause de sa sociabilité souvent trop mauvaise pour qu'on puisse lui adjoindre des compagnons plus petits que lui. Il existe d'autres espèces moins courantes de Macropodes qui intéressent surtout les amateurs d'Anabanthidae.

Trichogaster leeri

Synonyme : Trichopodus leeri.
Nom commun : Gourami perlé ; Léri.
Origine : Thaïlande, Malaisie, Indonésie.
Taille : 10 à 12 cm.
Différences sexuelles : mâle plus coloré et aux nageoires plus développées et plus effilées.
Comportement social : très satisfaisant. Aime vivre en couple.
Température : de 23 à 30 °C.
Nourriture : c'est un poisson omnivore mais il n'accepte que les aliments de petite taille car sa bouche est petite, comme chez tous les membres de la famille.

Le *leeri* est aux *Trichogaster* ce que le *lalia* est aux *Colisa* : la plus belle espèce du genre. Ce poisson magnifique, aux perles multicolores scintillant sur le corps et les nageoires, est très apprécié dans un aquarium peuplé d'espèces assez grandes mais pacifiques. Comme tous les Trichogasters, sa présence permet de lutter contre les algues vertes qu'il broute avec plaisir. Cependant il lui arrive aussi de s'attaquer aux plantes tendres.
Cette espèce, tout en appréciant une eau relativement douce, vit bien en aquarium d'ensemble normal, à condition que lui soient épargnés les brusques écarts de nature d'eau, surtout pendant sa croissance. C'est pourquoi il ne faut acheter que des sujets bien ronds et d'une taille d'au moins 5 cm.
Sa reproduction (moins facile que pour *Trichogaster trichopterus*) se déroule selon le processus du nid de bulles avec les correctifs suivants : le mâle est plus doux avec sa femelle ; des débris végétaux et des algues sont utilisés pour la construction du nid ; les œufs, plus légers que l'eau, montent seuls vers la surface.

Trichogaster microlepis

Synonyme : Osphronemus microlepis.
Nom commun :
Gourami clair de lune.
Origine : Thaïlande ; Cambodge.
Taille : 12 à 15 cm.

Différences sexuelles : nageoires filamenteuses rouges chez le mâle.
Comportement social : satisfaisant. Aime vivre en couple.
Température : de 22 à 30 °C.
Nourriture : c'est un poisson omnivore qui a la fâcheuse tendance de s'attaquer aux plantes.

Ce poisson argenté est moins apprécié que le précédent car sa robe est uniforme. Sa reproduction est facile et répond aux mêmes règles.

Trichogaster trichopterus

Synonyme : Osphronemus trichopterus
Nom commun : Gourami bleu.
Origine : Inde, Birmanie, Viêtnam.
Taille : 12 à 15 cm.
Différences sexuelles : nageoires impaires plus développées et plus effilées chez le mâle.
Comportement social : satisfaisant, sauf quand il atteint une grande taille. Aime vivre en couple.
Température : de 22 à 30 °C.
Nourriture : c'est un poisson omnivore.

Avec ses points sombres sur un corps bleu ardoise, ce gourami est, avec sa variété « Crosby », très populaire pour deux raisons : sa résistance plus grande que celle des autres membres du groupe ; sa plus grande facilité de reproduction semblable à celle du *leeri,* sauf qu'il est conseillé d'enlever le père dès l'éclosion des œufs, la femelle devant être enlevée dès la fin de la ponte.

LES *ATHERINIIDAE*

Peu de poissons de cette grande famille intéressent l'aquariophilie d'eau douce car ils sont presque tous exclusivement marins. Les quelques espèces d'aquarium peuvent se reconnaître à la double nageoire dorsale dont la première est épineuse. De leurs ascendants marins, ils gardent, sinon un besoin d'eau saumâtre, du moins une préférence pour les eaux dures.

Bedotia geayi

Nom commun : Bédotia.
Origine : Madagascar.
Taille : 9 cm.
Différences sexuelles : nageoires impaires bordées de rouge chez le mâle.
Comportement social : satisfaisant.
Température : de 22 à 28 °C.
Nourriture : omnivore.

Hormis les nageoires qui ont de jolis lisérés rouges, la couleur dominante est brun verdâtre avec une raie sombre de la tête à la queue rendue très chatoyante par les écailles argentées. Les *Bedotia* aiment vivre en bancs et il paraît indiqué d'en mettre au moins quatre dans un bac d'ensemble. Ces poissons aiment se tenir face au courant de sortie du filtre. Ils apprécient les eaux douces, étant originaires des cours d'eau vive des hauts plateaux malgaches.

La reproduction ne présente pas de grosses difficultés. Elle est analogue à celle des *Melanotaenia* (voir pages 111-112), la seule différence étant qu'elle nécessite une eau assez douce. La ponte dure de huit à dix jours, voire plus. Les parents, bien nourris afin qu'ils soient moins tentés de dévorer œufs et alevins, sont enlevés au bout de trois à quatre jours quand le nombre d'œufs est jugé suffisant. Dès la résorption de la vésicule vitelline, les alevins sont en général assez gros pour accepter de petites proies comme des microvers et des nauplies d'artémias sans passer par le stade des infusoires.

Telmatherina ladigesi

Nom commun : Telmatérina ;
Voilier des Célèbes.
Origine : îles Slawesi (Célèbes) ;
Asie du Sud-Est.
Taille : 7 cm.
Différences sexuelles : rayons de la deuxième nageoire dorsale plus longs chez le mâle.
Comportement social : satisfaisant ; aime vivre en groupe.
Température : de 23 à 30 °C.
Nourriture : omnivore.

Avec ses nageoires jaune citron sur un corps semi-transparent à tonalité jaune, ce magnifique poisson présente une silhouette qui ne laisse pas indifférent.
Les « voiliers des Célèbes » vivent bien en aquarium à condition de disposer de place pour nager dans une eau de pH supérieur à 7 et TH supérieur à 25 avec un pourcentage d'eau de mer de 2 %. C'est dire qu'on ne peut l'associer à des poissons qui aiment l'eau très douce comme les *Characidae.* En outre, un renouvellement hebdomadaire de 10 % d'eau est apprécié.
Malgré le goût des parents pour leurs œufs, la reproduction est possible. Elle est la même que pour *Bedotia,* mais la ponte peut s'étaler sur plusieurs semaines. La différence tient aussi dans la nécessité d'utiliser une eau très dure et relativement saumâtre. Les jeunes sont minuscules et doivent être nourris au début avec des infusoires.

LES *CALLICHTHYDAE*

Proche des Silures, cette famille comporte ses propres caractéristiques : tête massive avec une ou plusieurs paires de doubles barbillons, corps à base plate beaucoup mieux conçu pour errer sur le sol que pour nager en pleine eau ; la protection de la peau est assurée par de véritables plaques osseuses.
Les *Corydoras* sont les vedettes de la famille. On a beaucoup

écrit à leur sujet, des choses justes, d'autres moins...
Par exemple qu'ils consomment les déchets : c'est relativement exact en période de disette, mais habituellement ils préfèrent les repas « gastronomiques » tels que les vers de vase. Ils n'ont d'ailleurs pas leur pareil pour aller les chercher dans le sol, en y enfonçant toute la tête si nécessaire. L'ennui, c'est qu'ils troublent l'eau du battement de leur queue pendant qu'ils fouillent le sable. Cela a fait dire que ce sont des poissons qui nettoient « dans les livres » mais salissent dans les aquariums ! Ils présentent également un autre défaut majeur : ils nivellent les reliefs du décor que vous avez patiemment créés. Sous l'effet de leurs longues promenades exploratoires au niveau du sol, vos belles pentes escarpées vont rapidement devenir une morne plaine !
N'en concluez pas que nous n'aimons pas les *Corydoras* ou qu'ils ne présentent aucune utilité. S'ils n'ont rien de séduisant au premier abord sous leur air bourru, ils deviennent vite sympathiques, mettant de l'animation au niveau du sol. Quand, perchés sur une feuille, ils vous regardent de leur petit œil rond mobile (caractère exceptionnel chez les poissons), on ne peut que les trouver drôles. Ils ont par ailleurs l'avantage d'éponger sur le sol les excédents d'aliments que certains possesseurs d'aquarium ne peuvent s'empêcher de distribuer avec une trop grande prodigalité.

Corydoras « léopard »

C'est à ce titre seulement que le terme de nettoyeurs peut leur être octroyé.
Les *Corydoras* sont doués d'un caractère paisible. Ils ignorent totalement les autres occupants de leur bac qui, de leur côté, ne les attaquent jamais. Sans doute savent-ils qu'outre leur cuirasse, ils portent à leur nageoire dorsale et à leurs pectorales trois piquants redoutables. Il faut donc éviter de les manipuler à mains nues et doubler le sac en plastique pour le transport.
En général, ils préfèrent une eau neutre à alcaline. Dans la nature, quand les eaux deviennent sous-oxygénées, ils peuvent respirer l'air contenu dans leur intestin.
La reproduction curieuse est possible par un aquariophile expérimenté, notamment avec l'espèce *paleatus*. On utilise un bac d'une vingtaine de litres muni d'un filtre sous sable et garni de plantes à feuilles dures telles que des *Anubias*. Ce petit aquarium est rempli sur une hauteur de 25 cm d'une eau de pH 7 à 7,6 pour un TH assez indifférent et une température de 26 °C.
Il convient d'introduire soit un couple, soit deux mâles pour une femelle. À noter qu'en plus des signes distinctifs du sexe, une femelle prête à pondre se reconnaît aux taches rougeâtres observables sous son ventre. Nourrissez-la abondamment de vers de vases vivants.

De légers écarts de température et de faibles apports d'eau neuve aident à provoquer la ponte. Celle-ci n'est proche que quand survient une grande agitation s'échelonnant sur deux jours ou plus, au cours de laquelle ont lieu des poursuites, suivies de caresses des barbillons du mâle sur le dos de la femelle. L'accouplement se fait ventre à ventre.
La femelle recueille de ses nageoires pelviennes les quelques œufs pondus lors de chaque étreinte et les dépose sur les feuilles des plantes, voire sur les parois du bac. Chose étrange, la femelle paraît transporter dans sa gueule le sperme fécondant et il semble bien qu'elle le dépose sur les supports choisis avant d'y appliquer les œufs très adhésifs, blancs et assez gros. L'éclosion ayant lieu après un délai d'incubation minimum de trois jours, la naissance (on a signalé jusqu'à 250 alevins) sera suivie de distributions d'infusoires, de microvers ou même de nauplics d'artémias dès le lendemain.
À un certain stade de leur croissance, lorsqu'ils atteignent 1 à 3 cm, les *Corydoras* sont très

SOL POUR CORYDORAS

Souvenons-nous que les *Callichthydae* ne sont pas à leur aise quand le sol est constitué de grains abrasifs ou coupants qui blessent leur bouche et usent leurs barbillons.

sensibles aux changements de milieu. Mais s'ils s'adaptent bien, ces fouisseurs ont une grande résistance et peuvent vivre jusqu'à sept ans !
Nous ne pouvons mentionner ici les 180 espèces connues. Nous ne citerons donc que les plus présentes en aquariophilie.

Corydoras aeneus

Nom commun : Corydoras, fouilleur, poisson chat nettoyeur.
Origine : est de l'Amérique du Sud tropicale.
Taille : jusqu'à 10 cm.
Différences sexuelles : nageoire dorsale plus pointue chez le mâle.
Comportement social : très bon.
Température : de 22 à 28 °C.
Nourriture : omnivore.
De coloration générale verdâtre, l'*aeneus* est l'espèce qui possède la robe la plus modeste. La reproduction de cette espèce très robuste se déroule selon un processus proche de celui observé chez le *paleatus*, mais elle est considérée comme plus difficile.

Corydoras trilineatus (julii)
Nom commun : Corydoras léopard.
Origine : est du Brésil.

Taille : jusqu'à 6 cm.
Différences sexuelles : nageoire dorsale plus pointue chez le mâle.
Comportement social : très bon.
Température : de 22 à 28 °C.
Nourriture : omnivore.
Avec sa robe tachetée comme celle d'une panthère, ce *Corydoras* est très attractif. La reproduction est très aléatoire.

Corydoras melanistius
Nom commun : Corydoras masqué; Corydoras tacheté.
Origine : Venezuela.
Taille : 6 cm.

Différences sexuelles : inconnues.
Comportement social : très bon.
Aime vivre en groupe.
Température : de 22 à 28 °C.
Nourriture : omnivore.
Excepté les taches noires au-dessus des yeux et à la base de la dorsale, la robe de ce sujet est tachetée comme celle du précédent. Il existe une espèce très proche sous le nom de *Corydoras punctatus*.

Corydoras paleatus

Nom commun : Corydoras marbré.
Origine : sud du Brésil; Paraguay; nord de l'Argentine.
Taille : 7 cm.

Différences sexuelles : nageoires dorsale et pectorales du mâle plus effilées et terminées en pointe.
Comportement social : très bon.
Aime vivre en groupe.
Température : de 18 à 28 °C.
Nourriture : omnivore.
Des marbrures foncées parsèment la robe de tonalité brune (il existe une variété albinos). Ce *Corydoras* est le seul à accepter des températures inférieures à 20 °C. Reproduction comme tous les poissons du genre.

LES CENTROPOMIDAE

Seules les espèces du genre *Chanda* peuvent intéresser l'aquariophile, à condition de pouvoir disposer d'un aquarium empli d'eau dure (pH 7 à 8 et TH au-dessus de 20°) avec adjonction d'eau de mer de 5 % car il s'agit de poissons vivant en eaux saumâtres dans les mangroves.

Chanda ranga
Synonyme : Chanda lala; Ambassis lala.
Nom commun : Perche de verre.
Origine : Indes.
Taille : 5 cm.
Différences sexuelles : reflets plus marqués chez le mâle.
Comportement social : bon; aime vivre en groupe.
Température : de 20 à 27 °C.
Nourriture : petits flocons acceptés mais dépérit en l'absence de petites proies vivantes.
Ce poisson est totalement transparent, seuls la tête, les arêtes et les viscères abdominaux restent bien visibles par contraste.

Il est robuste quand la qualité de l'eau est adaptée à ses exigences de poisson côtier.

La reproduction est possible pour un amateur chevronné dans un bac d'une vingtaine de litres orienté aux premiers rayons du soleil et empli d'eau de pH au moins 7,5, équipé d'un petit filtre sous sable, d'un diffuseur de touffes de plantes fines et de *Riccia*. Il convient d'y mettre plusieurs couples âgés ayant déjà quelques mois de vie en aquarium. Les œufs très adhésifs sont pondus et fertilisés dans les plantes par séries de 4 à 6 jusqu'à concurrence de 200 par femelle. À la température de 26 à 27 °C, l'éclosion a lieu après 24 heures. Les jeunes alevins, d'abord suspendus aux plantes, commencent à nager au bout de 3 à 4 jours et il convient alors d'enlever les parents.

Pour l'éleveur parvenu à ce stade, il reste à résoudre une double difficulté :

• d'abord fournir aux alevins minuscules des proies qu'ils acceptent, les microvers étant ici utiles ainsi que les infusoires produits dans les mangeoires de riz paddy ;

• ensuite en mettre suffisamment car ils ne happent que les proies qui passent à portée de leur bouche.

Les éleveurs professionnels ont introduit sur le marché des formes dont les muscles ont été colorés artificiellement par injection. On voit ainsi, par transparence, des spécimens jaune, rose ou vert luminescent. De telles manipulations doivent être rejetées par les aquariophiles dignes de ce nom.

LES *CHARACIDAE*

Cette famille comporte plus de 1 000 espèces. On en compte plus de 100 identifiées pour l'Afrique et plus de 800 pour l'Amérique centrale et du Sud. Une bouche garnie d'une dentition solide et la présence d'une petite nageoire molle, dite adipeuse (absence de rayons rigides) entre les nageoires dorsale et caudale constituent des caractères propres à la famille. Certains genres de la famille ne comportant qu'un seul de ces deux signes distinctifs, la classification systématique distingue des sous-familles et des sous-genres, mais ces distinctions ne présentent pas d'intérêt direct pour les aquariophiles. À l'exception des terribles piranhas, les nombreux membres de la famille que nous plaçons avec joie dans nos aquariums, possèdent en général des dents qui ne sont redoutables que pour leurs petits : en effet, les plus inoffensifs de ces poissons s'empressent de gober leurs œufs et de dévorer leurs alevins.

Ce regrettable comportement ne facilite pas leur reproduction qui, en général, est difficile et ne comporte pas l'attrait spectaculaire de mœurs curieuses. Elle est intéressante pour des amateurs déjà rompus aux reproductions faciles, non seulement parce qu'elle demande du doigté, mais parce qu'elle procure des alevins minuscules posant des problèmes délicats d'alimentation au démarrage. Le plus souvent, ces poissons exigent en outre pour se reproduire une eau très douce, d'un pH stable et acide, voire une eau presque déminéralisée.

À mi-chemin des différents degrés de difficulté, on peut citer comme méthode celle qui s'applique avec succès au très beau *Hemigrammus erythrozonus*.

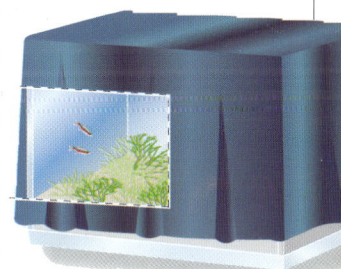

De la mousse de Gobor pour tapisser le fond ; un cache pour obscurcir le milieu ambiant : tout est prêt pour entreprendre la difficile reproduction de ces Characidae.

Dans un petit bac d'une vingtaine de litres, non garni de sable, empli aux deux tiers d'une eau très douce, on place dans un angle un filtre constitué d'un petit pot en plastique dont le fond est remplacé par un entonnoir renversé percé de petits trous, dont l'un est plus grand pour le passage d'un tuyau à air alimentant un petit diffuseur servant d'exhausteur. Le pot est rempli de tourbe bouillie surmontée d'une petite couche de laine de Perlon puis d'un peu de sable servant de lest.

L'eau utilisée résulte d'un mélange d'eau très faiblement minéralisée (chimiquement presque neutre) et d'eau déminéralisée par osmose inverse afin d'obtenir après filtrage sur tourbe pendant 24 heures un pH de 5,5 à 6,5 pour un TH inférieur à 4°. La température est maintenue à 24 °C.

Le substrat de ponte consiste en un gros écheveau de mousse de Gobor (*Vesicularia dubyana*) préalablement bien lavée à l'eau bouillie tiède garnissant toute la hauteur du bac jusqu'à 5 cm de la surface afin de réserver une zone suffisamment dégagée pour permettre aux poissons de nager librement. Ces *Characidae* étant des pondeurs lucifuges (les alevins craignant la lumière), les glaces du fond et des côtés sont obscurcies par du papier noir et le bac placé dans un endroit sombre. On introduit alors une femelle et deux mâles dans le bac, les poissons ayant été préalablement suralimentés pendant quelques jours avec de petites proies vivantes comme des nauplies d'artémias. La femelle se reconnaît à son abdomen nettement plus rebondi.

Au bout de quelques heures, la ponte et la fécondation s'effectuent en pleine eau, les œufs tombant dans les mailles de la mousse de Bogor où les géniteurs ne peuvent suffisamment pénétrer pour les gober tous. Les géniteurs sont enlevés après 24 heures.

Il faut alors obscurcir à leur tour la glace frontale et le dessus du bac et ajouter une petite dose de bleu de méthylène (2 gouttes pour 10 litres) pour prévenir le risque de moisissure des œufs. Un coup d'œil furtif, trois jours plus tard, permet de découvrir les premiers nouveau-nés fixés sur les glaces ou se déplaçant avec maladresse sur le fond ; à partir de ce moment, et à raison d'un par 24 heures, on enlève les papiers obscurcissants en commençant par celui du dessus. Quarante-huit heures après l'éclosion des œufs, on nourrit les minuscules alevins avec des infusoires obtenus selon le système du riz paddy placé dans une ou deux mangeoires flottantes. Au 5ᵉ jour la bouche est généralement assez grande pour avaler des microvers. Les nauplies d'artémias ne prendront le relais qu'au 10ᵉ jour.

Anoptichthys jordani

Synonyme : *Astyanax jordani*.
Nom commun : *poisson aveugle*.
Origine : Mexique, grotte et lacs souterrains.
Taille : 8 cm.
Différences sexuelles : abdomen plus rebondi chez la femelle.
Comportement social : satisfaisant chez les jeunes ; plus douteux chez les adultes.
Température : de 20 à 26 °C.
Nourriture : omnivore.

De coloration rosée, ce poisson paraît ne pas posséder d'yeux, ceux-ci étant recouverts d'une membrane opaque. Le sentiment de pitié qu'il peut inspirer s'efface devant son agilité à contourner les obstacles ou à saisir les aliments. C'est un extraordinaire exemple d'adaptation naturelle aux conditions d'obscurité des grottes où il vit. La reproduction peut être tentée en apportant certaines modifications aux règles indiquées pour *Hemigrammus erythrozonus*. L'eau doit être légèrement alcaline (pH environ 7,2) et la température plus fraîche (23 °C). Aussi, il ne faut-il pas filtrer sur tourbe mais utiliser la plupart du temps l'eau de conduite. L'obscurcissement du bac de ponte est inutile.

Anostomus anostomus

Nom commun : *poisson crayon*.
Origine : Guyanes, nord de l'Amazonie.
Taille : jusqu'à 15 cm.
Différences sexuelles : non visibles.

Comportement social : généralement satisfaisant avec les autres poissons mais attaque les plantes.
Température : de 22 à 30 °C.
Nourriture : omnivore.

Sa silhouette est élégante avec son corps fuselé brun-rouge rayé longitudinalement de noir et or. Malheureusement, il atteint une taille trop grande pour être conservé dans de petits aquariums. Sa reproduction ne semble pas avoir été réussie.

Aphyocharax anisitsi

Synonyme : *Aphyocharax rubripinnis.*
Nom commun : *Aphyocharax.*
Origine : *Argentine tropicale.*
Taille : *5 cm.*
Différences sexuelles : *abdomen plus rebondi chez la femelle.*
Comportement social : *bon ; aime vivre en groupe.*
Température : *de 18 à 26 °C.*
Nourriture : *omnivore.*

Avec son corps vert dégradé en vert clair sur les flancs et ses nageoires rouges, ce petit poisson vif aime vivre en groupe. Il convient aux aquariums tempérés en raison de sa tolérance pour les basses températures. Sa reproduction est possible en suivant les recommandations indiquées pour *H. erythrozonus,* sauf modifications suivantes : l'eau doit être proche de la neutralité et la température de 25 °C. Le nombre d'œufs peut dépasser 300. Il est inutile d'obscurcir le bac de ponte.

Carnegiella strigata

Nom commun : poisson-hachette marbré.
Origine : Guyanes et nord du bassin amazonien.
Taille : 5 cm.
Différences sexuelles : néant.
Comportement social : très bon ; aime vivre en groupe.
Température : de 24 à 30 °C.
Nourriture : omnivore ; dans la nature, friand de petits insectes volants qu'il chasse à la surface.

Ce poisson-hachette est le plus joli du genre avec sa robe beige striée de marbrures marron foncé à violacé. Les nageoires pectorales allongées le font ressembler à un petit poisson volant. Il vit en surface. Il apprécie les eaux douces faiblement acides. C'est un poisson à mettre par groupe dans un aquarium peuplé uniquement de petites espèces car il est très timide. Sa reproduction en aquarium a été signalée par certains auteurs.

Chilodus punctatus

Synonyme : *Citharinus chilodus.*
Nom commun : *Chilodus ; tête en bas.*
Origine : *Guyanes ; nord du bassin amazonien.*
Taille : *9 cm.*
Différences sexuelles : *inapparentes.*
Comportement social : *bon ; aime vivre en groupe.*
Température : *de 22 à 28 °C.*
Nourriture : *omnivore avec préférence végétarienne.*

Ce très beau poisson aux reflets argentés, aux flancs ornés de plusieurs lignes de petits points sombres, affectionne une position inclinée tête en bas. Malgré sa taille, il est très sociable mais apprécie les aquariums assez spacieux. Ses habitudes alimentaires le rendent susceptible de s'attaquer aux plantes. Il convient de lui donner au moins une fois par semaine un morceau de feuille d'épinard pochée ou de laitue. Sa reproduction est très aléatoire. Ses préférences vont à une eau douce, de neutre à faiblement acide.

Copella arnoldi

Synonyme : *Copeina arnoldi.*
Nom commun : *Charassin sauteur ; Charassin arroseur.*
Origine : *bassin amazonien.*
Taille : *8 cm pour le mâle ; 6 cm pour la femelle.*
Différences sexuelles : *dorsale plus longue et pointue chez le mâle.*
Comportement social : *satisfaisant.*
Température : *de 22 à 28 °C.*
Nourriture : *omnivore avec une préférence pour les petites proies vivantes.*

Ce joli petit poisson est un bon sauteur et le couvercle de l'aquarium doit rester bien fermé. Ses mœurs de reproduction ont de quoi tenter les amateurs chevronnés. Il faut de 15 à 20 cm de hauteur d'eau, au pH de 6,8 pour un TH de 5 à 10 dans un bac d'une trentaine de litres faiblement éclairé.

On placera une ardoise (ou tout autre support plat) disposée en biais de telle sorte que la moitié émerge de l'eau. Quelques plantes compléteront l'installation du bac bien couvert où un couple sera introduit.

Dans la nature, ces poissons sautent ensemble en se tenant par les nageoires avant d'aller pondre sous une feuille surplombant la surface de l'eau. Dans le bac de reproduction, ils le feront sous la partie émergée de l'ardoise, voire sur la face inférieure du couvercle. Le couple recommence cette performance une dizaine de fois. Les œufs ne pourront incuber que hors de l'eau. Lorsque au bout d'une heure la ponte est terminée, il faut enlever la femelle. Le mâle va venir, de temps à autre, asperger les œufs à coups de queue afin qu'ils ne dessèchent pas. À l'éclosion (2 jours environ), les alevins se laissent glisser dans l'eau. Si vous avez réussi, sautez sur les infusoires, puis les nauplies d'artémias.

Gasteropelecus sternicla

Synonyme : *Clupea sternicla*.
Nom commun : poisson-hachette argenté.
Origine : Guyanes ; bassin amazonien.
Taille : 5 à 6 cm.
Différences sexuelles : non apparentes.
Comportement social : bon ; aime vivre en groupe.
Température : de 24 à 28 °C.
Nourriture : omnivore ; friand de petits insectes volants dans la nature.

Il ressemble à *Carnegiella* mais son corps est uniformément argenté. Sa méthode de reproduction n'a pas été observée.

Gymnocorymbus ternetzi

Synonyme : *Mohenkausia ternetzi*.
Nom commun : Tétra noir ; Veuve.
Origine : Paraguay.
Taille : 5 à 6 cm.
Différences sexuelles : non visibles.
Comportement social : bon ; aime vivre en groupe.
Température : de 20 à 28 °C.
Nourriture : omnivore.

Ce poisson noir vire au gris avec l'âge. Il est robuste et se plaît dans une eau neutre à légèrement alcaline.

La reproduction est facile et ne nécessite pas d'obscurcissement du bac de ponte. Cette facilité de reproduction a permis aux éleveurs de créer des variétés dont la plus connue présente de très longues nageoires (tétravoile).

Hassemania nana

Nom commun : Tétra cuivré.
Origine : bassin amazonien.
Taille : 5 cm.
Différences sexuelles : abdomen plus rebondi chez la femelle prête à pondre.
Comportement social : très bon ; aime vivre en groupe.
Température : de 22 à 28 °C.
Nourriture : omnivore.

Charmant poisson orangé présentant un court trait noir avant la caudale qui est ourlée de blanc. Il apprécie les aquariums bien plantés. Robuste, il tolère des eaux neutres à légèrement acides.

La reproduction repose sur les mêmes règles que pour *H. erythrozonus*.

Hemigrammus bleheri

Synonyme : *Hemigrammus rhodostomus*.
Nom commun : Nez rouge.
Origine : sud du bassin amazonien.
Taille : 5 cm.
Différences sexuelles : abdomen plus rebondi chez la femelle prête à pondre.
Comportement social : très bon ; aime vivre en groupe.
Température : de 23 à 28 °C.
Nourriture : omnivore.

La coloration est argentée avec des raies noires et blanches sur la caudale et un museau rouge jusqu'à l'œil.

Il apprécie un aquarium bien planté avec une eau douce à légèrement acide. Ce poisson est

plus présent en aquariophilie que *H. rhodostomus*, nettement moins coloré, avec qui il a longtemps été confondu. Sa reproduction rarement réussie peut être tentée sur la base stricte de celle de *H. erythrozonus*.
Une espèce proche porte le nom de *Petitella georgiae*.

Hemigrammus erythrozonus

Synonyme : *Hemigrammus gracilis*.
Nom commun : Tétra à bande rouge ; Gracilis.
Origine : Guyanes ; nord du bassin amazonien.
Taille : 4 cm.
Différences sexuelles : *peu apparentes si ce n'est l'embonpoint d'une femelle gravide.*
Comportement social : *bon ; aime vivre en groupe.*
Température : *de 23 à 27 °C.*
Nourriture : *omnivore.*
Le corps est presque incolore. La partie supérieure de l'œil et la ligne latérale sont d'un rouge luminescent.
Il s'agit d'un de ces poissons qui sont pâles et dénués d'intérêt dans les bacs nus des marchands alors qu'ils deviennent de véritables joyaux lorsqu'ils vivent en groupe dans un aquarium bien planté.
Représentant le petit *Characidae* type, c'est ce poisson en particulier que nous avons pris plus haut (voir pp. 75 et 76) comme modèle du mode de reproduction des poissons de la famille.

Hemigrammus ocellifer

Synonyme : *Holopristis ocellifer*.
Nom commun : Feux de position.
Origine : bassin amazonien.
Taille : 4 cm.
Différences sexuelles : *peu visibles si ce n'est l'embonpoint d'une femelle gravide.*
Comportement social : *bon ; aime vivre en groupe.*
Température : *de 23 à 27 °C.*
Nourriture : *omnivore.*
Les taches lumineuses, rouge au-dessus de l'œil et jaune orangé de la caudale, justifient le nom commun de « feux de position ». Le reste du corps est argenté.
La reproduction est possible pour l'aquariophile expérimenté. Elle s'effectue sur les bases données pour *H. erythrozonus*. Cependant, la tolérance pour la qualité de l'eau est assez large, ce qui permet d'utiliser celle du robinet diluée pour 25 % avec de l'eau déminéralisée et filtrée sur tourbe. Les œufs éclosent à 26 °C dans un délai de 48 à 60 heures. La ponte a souvent lieu le lendemain matin de l'installation des géniteurs et l'obscurcissement du bac peut être moins strict.

Hemigrammus pulcher

Nom commun : Tétra pulcher.
Origine : ouest du bassin amazonien.
Taille : 5 cm.
Différences sexuelles : *abdomen plus rebondi chez la femelle prête à pondre.*
Comportement social : *bon ; aime vivre en groupe.*
Température : *de 23 à 28 °C.*
Nourriture : *omnivore.*
Il ressemble à *H. ocellifer*. Sa reproduction est considérée comme très difficile.

Hemiodopsis gracilis

Nom commun : Hémiode ; poisson-plume.
Origine : Guyanes et nord du bassin amazonien.
Taille : 12 cm.
Différences sexuelles : *non apparentes.*
Comportement social : *très bon.*
Température : *de 23 à 28 °C.*
Nourriture : *omnivore, en partie végétarien. Distribuer de temps à autre un peu d'épinards ou de laitue pochés.*
Corps allongé, gris blanc à reflets argentés avec une bande noire longitudinale. Apprécie les eaux très douces. Sa reproduction n'a jamais été réussie.

Hyphessobrycon bentosi bentosi

Synonyme : Hyphessobrycon ornatus.
Nom commun : *Bentosi.*
Origine : *Guyanes, bassin inférieur de l'Amazone.*
Taille : *4 cm.*
Différences sexuelles : *le mâle diffère de la femelle par sa plus longue dorsale en étendard. La femelle présente une nageoire dorsale arrondie noire ourlée de blanc.*
Comportement social : *bon ; aime vivre en groupe.*
Température : *de 25 à 26 °C.*
Nourriture : *omnivore.*
Ce joli poisson rose apprécie les bacs bien plantés avec une eau douce à légèrement acide.
La reproduction est semblable à celle de *H. erythrozonus.*

L'espèce *Hyphessobrycon bentosi rosaceus*, figurée ci-dessus, est morphologiquement et biologiquement très proche. La couleur est nettement plus rose.

Hyphessobrycon callistus

Synonyme :
Hemigrammus melanopterus.
Nom commun : *Tétra sang.*
Origine : *sud du bassin amazonien.*
Taille : *4 cm.*
Différences sexuelles : *peu marquées, la femelle ayant un ventre plus rebondi quand elle est gravide.*
Comportement social : *douteux.*
Température : *de 22 à 26 °C.*
Nourriture : *omnivore.*
Joli poisson rouge orangé avec des nageoires dorsale et anale largement ourlées de noir. Tache noire en arrière de l'opercule. Apprécie les eaux neutres à légèrement acides. Il est réputé pour être bagarreur et peut s'attaquer aux poissons plus faible dont il déchire les nageoires. Reproduction analogue au précédent.
Il est difficile de le différencier anatomiquement de l'espèce *Hyphessobrycon serpae* dont il partage les particularités biologiques et les mœurs.

Hyphessobrycon erythrostigma

Synonyme :
Hyphessobrycon rubrostigma.
Nom commun : *Cœur saignant.*
Origine : *Colombie.*
Taille : *6 à 7 cm.*
Différences sexuelles : *le mâle diffère de la femelle par ses très longues nageoires dorsale et anale. La femelle a un ventre plus rebondi quand elle est gravide.*
Comportement social : *bon ; aime vivre en groupe.*
Température : *de 23 à 26 °C.*
Nourriture : *omnivore.*
Cette magnifique espèce, qui doit son nom commun à la tache rouge qui orne chaque flanc, est recommandée aux possesseurs de grands aquariums peuplés de poissons de taille moyenne. Ce poisson préfère les eaux douces légèrement acides. La reproduction délicate repose sur les mêmes principes que *H. erythrozonus.* Les œufs et les jeunes alevins sont très petits. Les nouveau-nés doivent être nourris aux infusoires jusqu'au 10e jour.

Hyphessobrycon flammeus

Synonyme :
Hyphessobrycon bifasciatus.
Nom commun : *Tétra rouge ; Tétra de Rio.*
Origine : *est du Brésil.*
Taille : *4 cm.*
Différences sexuelles : *abdomen plus rebondi chez la femelle gravide.*
Comportement social : *très bon ; aime vivre en groupe.*
Température : *de 22 à 28 °C.*
Nourriture : *omnivore.*
Ce petit poisson rose pâle présente deux bandes verticales sombres en arrière de l'opercule. Robuste, il supporte toutes les eaux à condition qu'elles ne soient pas trop dures.
La reproduction est relativement facile selon la méthode appliquée à *H. erythrozonus* et décrite pages 75 et 76.

Hyphessobrycon herbertaxelrodi

Nom commun : Néon noir.
Origine : Río Paraguay,
Matto Grosso brésilien.
Taille : 4 cm.
Différences sexuelles : abdomen plus rebondi chez la femelle gravide.
Comportement social : très bon ; aime vivre en groupe.
Température : de 24 à 26 °C.
Nourriture : omnivore.
Le corps vert olive présente une bande noire longitudinale doublée d'une bande jaune luminescente. Son nom commun est pleinement justifié.
Le mode de reproduction est analogue à celui de *H. erythrozonus*, mais la tolérance pour la qualité de l'eau est plus grande du moment que le pH est inférieur à 7 et le TH inférieur à 10°.

Hyphessobrycon pulchripinnis

Nom commun : Tétra citron.
Origine : bassin amazonien.
Taille : 5 cm.
Différences sexuelles : la nageoire anale du mâle est bordée de noir.
Comportement social : très bon ; aime vivre en groupe.
Température : de 22 à 27 °C.
Nourriture : omnivore.
Corps à reflets jaune-vert, tandis qu'une bande jaune citron borde la base de la nageoire anale et orne la pointe de la dorsale. Les préférences de l'espèce vont à une eau de pH légèrement acide et de TH autour de 10°.

La reproduction répond aux mêmes critères que celle de *Paracheirodon axelrodi*.

Leporinus fasciatus

Synonyme : Salmo fasciatus.
Nom commun : Léporinus ; poisson-chaussette.
Origine : bassin amazonien.
Taille : jusqu'à 30 cm.
Différences sexuelles : non visibles.
Comportement social : satisfaisant.
Température : de 22 à 30 °C.
Nourriture : omnivore, plutôt végétarien. Une distribution régulière d'épinards ou de laitue pochés ralentira la détérioration des plantes sans l'empêcher vraiment.
Cette magnifique torpille présente une robe striée de bandes verticales alternativement jaune et noir. Très rapide, c'est un excellent sauteur. Il est à réserver aux très grands aquariums car il atteint une grande taille qui devient vite gênante. Les besoins sont les mêmes que pour *Anostomus anostomus* et la reproduction n'a jamais été réalisée en aquarium à notre connaissance. Une espèce très proche, *Leporinus affinis*, se distingue par sa couleur verdâtre et est encore plus destructrice de la plantation.

Megalamphodus megalopterus

Nom commun : Tétra fantôme.
Origine : bassin amazonien.
Taille : 5 cm.
Différences sexuelles : nageoire dorsale du mâle plus haute et développée en étendard. Chez la femelle, du rouge rehausse le bord des nageoires pectorales et anale ainsi que l'adipeuse.
Comportement social : très bon ; aime vivre en groupe.
Température : de 22 à 28 °C.
Nourriture : omnivore.
Bien qu'il appartienne à un genre différent, ce poisson a une silhouette proche de celle de *Hyphessobrycon bentosi* ; la robe est ici gris-noir agréablement dégradée et ponctuée d'une tache ovale noire en arrière de l'opercule.
Ce magnifique poisson fraie difficilement en eau très douce filtrée sur tourbe. À 26 °C les œufs éclosent en 24 heures. L'alimentation commence avec des infusoires.

Megalamphodus sweglesi

Nom commun :
Tétra fantôme rouge.
Origine : bassin supérieur de l'Orénoque ; Colombie.
Taille : 4 cm.
Différences sexuelles : nageoire dorsale du mâle plus haute et uniformément rouge, celle de la femelle présentant une large tache noire ourlée de blanc.

Comportement social : bon ; aime vivre en groupe.
Température : de 21 à 25 °C.
Nourriture : omnivore.
En dehors de la couleur rouge et de la taille plus petite, il présente les mêmes caractères que le précédent.

Metynis roosevelti

Synonyme :
Metynis lippincotianus.
Nom commun : Metynis tacheté.
Origine : bassin de l'Amazone.
Taille : jusqu'à 12 cm.
Différences sexuelles : la nageoire anale du mâle est bordée de rouge.
Comportement social : bon avec tous les poissons supérieurs à 5 cm.
Température : de 22 à 30 °C.
Nourriture : omnivore, plutôt végétarien. Distribuer épinards ou salade pochés.
Le corps est blanc argenté avec un semis de points plus foncés. C'est le plus petit des *Metynis* qui sont tous de gros poissons argentés ressemblant aux Piranhas. Citons *Metynis argenteus* surnommé « dollar d'argent ». Malheureusement, ils atteignent une grande taille et mangent les plantes tendres. Très robustes, ils préfèrent une eau douce à légèrement acide.

Quelques cas de reproduction en aquarium ont été signalés.

Moenkhausia sanctaefilomenae

Synonyme : Moenkhausia oligolepis.
Nom commun : Moenkhausia.
Origine : Guyanes ; est du bassin de l'Amazone.
Taille : jusqu'à 10 cm (rarement en aquarium).
Différences sexuelles : non visibles.
Comportement social : très bon jusqu'à 5 cm ; bon ensuite avec tous les poissons supérieurs à 4 cm.
Température : de 20 à 30 °C.
Nourriture : omnivore.
Avec sa tache noire à la caudale, le dessus de son œil rouge et ses belles écailles argent, c'est un charmant et robuste petit poisson. Malheureusement, sa livrée devient terne au fur et à mesure qu'il grandit. D'autre part, son solide appétit le pousse à s'attaquer aux plantes. Ses eaux préférées sont douces, modérément acides, mais ce qu'il aime avant tout c'est avoir de l'espace. Sa reproduction couramment pratiquée par les éleveurs professionnels a rarement tenté les amateurs.

Nannobrycon eques

Synonyme :
Nannostomus eques.
Nom commun : Eques.
Origine : bassin de l'Amazone.
Taille : 5 cm.
Différences sexuelles : peu visibles ; abdomen plus rebondi chez la femelle gravide.
Comportement social : bon, plutôt timide ; aime vivre en groupe.
Température : de 23 à 28 °C.
Nourriture : omnivore, les aliments doivent être composés de petits fragments car sa bouche est minuscule.
Avec leur proche parent, *Nannobrycon unifasciatus,* ils ressemblent aux *Nannostomus* par leur allure fusiforme, leur préférence d'eau (neutre à légèrement acide) et leur difficulté de reproduction. Leur originalité réside dans la position toujours en biais, tête vers le haut. Ils seront mis en valeur en groupe de 5 individus au minimum, au sein d'une riche végétation.

Nannostomus beckfordi

Synonyme :
Nannostomus anomalus.
Nom commun : poisson-crayon.
Origine : Guyanes et nord du bassin de l'Amazone.
Taille : 5 cm.
Différences sexuelles : les lobes inférieurs de la caudale et de l'anale sont rouges chez le mâle.
Comportement social : très bon, timide ; aime vivre en groupe.
Température : de 23 à 28 °C.
Nourriture : omnivore, les aliments doivent être composés de petits fragments car sa bouche est minuscule.
Le corps est brun rougeoyant avec une ligne noire et or du

Les poissons • 83

museau à la queue. Le ventre est blanc. Tous les *Nannostomus* sont élégants de forme. Ce sont des hôtes convenant aux aquariums bien plantés peuplés de toutes petites espèces. C'est à cette condition, d'ailleurs couplée avec un respect relatif de leur préférence d'eau (neutre à légèrement acide), qu'on peut les conserver.

La reproduction est délicate. La recette est semblable à celle indiquée pour *H. erythrozonus*, mais la ponte se fait au sein de plantes flottantes, ici un radeau de *Riccia*. Il n'est pondu que 1 à 4 œufs par étreinte et le total dépasse rarement la trentaine. L'éclosion a lieu en 24 heures à une température de 27 °C et la résorption de la vésicule vitelline se fait en 4 jours.

Nannostomus marginatus

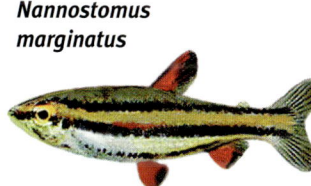

Nom commun : poisson-crayon nain.
Origine : Guyane et nord du bassin de l'Amazone.
Taille : 3 cm.
Différences sexuelles : taches rouges sur les nageoires plus marquées chez le mâle.
Comportement social : très bon avec ceux de son espèce, plutôt timide avec les autres ; aime vivre en groupe.
Température : de 23 à 28 °C.
C'est un des plus petits, des plus colorés et des plus timides poissons d'aquarium. Ses caractères biologiques sont analogues à ceux du précédent.

Nannostomus trifasciatus

Synonyme :
Nannostomus trilineatus.
Nom commun : poisson-crayon à trois bandes.
Origine : bassin de l'Amazone.
Taille : 5 cm.
Différences sexuelles : couleurs moins prononcées et abdomen plus rebondi chez la femelle.
Comportement social : très bon, timide ; aime vivre en groupe.
Température : de 23 à 28 °C.
Nourriture : omnivore, les aliments doivent être composés de petits fragments car sa bouche est minuscule.
Cette espèce joint à l'élégance de la ligne sombre une large bande dorée et des nageoires écarlates. Sa reproduction délicate est la même que pour *Nannostomus beckfordi*.

Nematobrycon palmeri

Nom commun : Tétra empereur.
Origine : Colombie.
Taille : 5 cm.
Différences sexuelles : premiers rayons de la dorsale et de la caudale plus développés chez le mâle qui dans l'ensemble est plus coloré. Œil bleu chez le mâle, jaune chez la femelle.
Comportement social : bon ; aime vivre en groupe.
Température : de 23 à 28 °C.
Nourriture : omnivore.

De corps gris fumé avec des nageoires jaunes lisérées de noir, ce poisson est extrêmement racé. Il apprécie une eau légèrement acide et de dureté modérée à faible.
La reproduction de cette espèce peu prolifique (la femelle ne pond qu'un œuf à la fois) s'effectue en isolant un couple mature dans un bac très planté et en essayant de prélever régulièrement les jeunes rescapés.

Paracheirodon innesi

Synonyme : *Hyphessobrycon innesi*.
Nom commun : Tétra néon ; Néon.
Origine : partie péruvienne du bassin amazonien.
Taille : jusqu'à 4 cm.
Différences sexuelles : abdomen plus rebondi chez la femelle prête à pondre.
Comportement social : bon ; aime vivre en groupe.
Température : de 22 à 28 °C (la marge 21 à 23 °C étant préférable à celle de 25 à 28 °C).
Nourriture : omnivore.
C'est un vrai petit bijou. Excepté le ventre blanc, sa livrée ne comporte que deux couleurs, mais quel éclat ! Un rouge vif orne les flancs et une ligne bleu-vert brillante se termine au niveau de la nageoire adipeuse. Le nom usuel de « Néon » est justifié.
Robuste, il vit très bien dans une eau de qualité moyenne mais sa préférence va aux eaux douces, légèrement acides.

Sa reproduction peut être réussie comme pour *H. erythrozonus*, mais il lui faut une eau plus fraîche (22 °C). La nage libre intervient 5 jours après l'éclosion des œufs qui sont semi-adhésifs.

Paracheirodon axelrodi

Synonyme : *Hyphessobrycon cardinalis*.
Nom commun : Tétra cardinal ; Néon cardinal.
Origine : région du Río Negro du bassin amazonien.
Taille : près de 5 cm.
Différences sexuelles : peu apparentes si ce n'est l'embonpoint d'une femelle gravide.
Comportement social : bon ; aime vivre en groupe.
Température : de 23 à 28 °C.
Nourriture : omnivore.

Cette espèce représente la perle de la couronne ou, si vous préférez, le plus séduisant des petits princes de l'aquarium. Contrairement à *P. innesi*, il n'y a pas de ventre blanc, la ligne bleu-vert se prolongeant jusqu'à la caudale et la bande rouge occupant toute la longueur. Les conditions optimales de maintien sont les mêmes que pour les autres Tétras.

Quant à sa reproduction, elle s'effectue entre 25 et 26 °C avec une fourchette de pH entre 6,1 et 6,5 et TH de 1 à 5°. L'éclosion a lieu après 24 heures et la nage libre au début du 5e jour. Les infusoires constituent la première alimentation.

Phenacogrammus interruptus

Synonyme : *Micralestes interruptus*.
Nom commun : Phénaco ; Tétra du Congo.
Origine : Afrique, bassin du Congo.
Taille : 7 à 8 cm.
Différences sexuelles : les nageoires dorsale et caudale sont développées en panache chez le mâle.
Comportement social : bon ; aime vivre en groupe.
Température : de 22 à 29 °C.
Nourriture : omnivore.

C'est un des rares *Characidae* africains couramment proposé dans le commerce aquariophile. Une description précise des couleurs de ce magnifique poisson est quasiment impossible car il s'agit plutôt de reflets violets, jaunes, émeraude qui animent les écailles sur toute la surface, principalement chez le mâle. Cette espèce d'instinct grégaire aime disposer d'un aquarium spacieux et bien planté avec une eau légèrement acide et douce. Depuis quelques années, de nombreuses reproductions ont été réussies dans des eaux ayant pour caractéristiques : pH 6 à 6,5 et TH 3 à 6°. La ponte a lieu dans une ambiance sombre et s'échelonne sur plusieurs jours. Les œufs non adhésifs et transparents éclosent au bout de 4 à 6 jours. La vésicule vitelline est résorbée en 24 heures et la première nourriture consiste en infusoires pendant quelques jours avant de passer aux nauplies d'artémias.

Pristella maxillaris

Synonyme : *Pristella riddlei*.
Nom commun : Pristella.
Origine : bassin de l'Amazone.
Taille : 4 cm.
Différences sexuelles : peu visibles si ce n'est l'embonpoint de la femelle gravide.
Comportement social : très bon, aime vivre en groupe.
Température : de 22 à 28 °C.
Nourriture : omnivore.

Le corps assez translucide présente une tonalité jaunâtre. La nageoire caudale est rouge, les taches noires de l'anale et de la caudale sont ourlées de jaune. Ce petit poisson compense sa modeste livrée par sa robustesse et sa facilité d'adaptation.

La reproduction, couramment réalisée par les éleveurs professionnels, n'est pas si facile à mener à terme, bien que les parents ne se comportent pas en ogres avec leur progéniture. La ponte est parfois difficile à provoquer. C'est pourquoi, afin de la faciliter, certains proposent de mettre deux mâles pour une femelle. Les minuscules alevins sont très fragiles. Il convient de prendre les bases indiquées pour *H. ocellifer* en tenant compte du fait que les œufs sont adhésifs et que le délai d'éclosion s'étend sur plus de 3 jours à 17 °C.

Serrasalmus nattereri

Synonyme :
Serrasalmo pirhana.
Nom commun : Pirhana.
Origine : bassin de l'Amazone.
Taille : jusqu'à 12 cm en aquarium ; 30 cm dans la nature.
Différences sexuelles : peu apparentes si ce n'est le corps plus rond et plus court de la femelle moins colorée.
Comportement social : désastreux.
Température : de 22 à 30 °C.
Nourriture : carnassier exclusif.

C'est le seul Pirhana vraiment proposé dans le commerce. Il faut être avide de curiosité sensationnelle pour posséder ce poisson dont la réputation de fauve d'eau douce n'est plus à faire. En général, les jeunes paraissent sympathiques avec leur robe argentée ornée de points rouges et leurs nageoires rouge orangé. Mais ils grandissent vite et vont dévorer tout ce qui les entoure, à commencer parfois par leurs propres congénères. C'est dire qu'ils nécessitent un aquarium spécifique et doivent être bien nourris de chair de poisson et de moules pour calmer leur boulimie agressive.
Attention aux doigts quand on les manipule !

Quelques reproductions ont été réussies par des aquariophiles patients. Dans ce cas, les jeunes doivent être triés par tailles car un sujet de 25 mm va vite dévorer son frère de 10 mm !

Thayeria boehlkei

*Nom commun :
poisson-pingouin.
Origine : bassin amazonien.
Taille : 7 cm.
Différences sexuelles : peu visibles si ce n'est l'embonpoint de la femelle gravide.
Comportement social : satisfaisant à douteux avec des poissons plus petits ; aime vivre en groupe.
Température : de 22 à 28 °C.
Nourriture : omnivore.*

Le nom commun est justifié par le contraste entre le blanc du corps et la raie noire courant de l'opercule à la branche inférieure de la nageoire caudale ainsi que par l'attitude favorite inclinée tête vers le haut.
Il est souvent confondu avec *Thayeria obliqua* qui, pour la même silhouette, présente une ligne noire nettement plus courte.
Ces deux espèces apprécient de vivre en bancs dans des eaux douces et légèrement acides. Leur reproduction est envisageable sur les bases fixées pour *H. ocellifer*. Les œufs, de couleur marron, éclosent après 12 heures.

LES *CICHLIDAE*

Cette grande famille ne comporte que des poissons d'eau douce vivant exceptionnellement en Amérique du Nord, mais surtout en Amérique du Sud, en Afrique et à Madagascar. Il s'agit le plus souvent de poissons d'assez grande taille, dotés d'un solide appétit, d'une santé robuste et d'une déplorable réputation. Ils sont accusés de déplacer les pierres, de creuser des trous, d'arracher les plantes et, pour couronner le tout, d'être de fieffés bagarreurs ! Cette triste renommée doit être nuancée. Entièrement justifiée pour certaines espèces, elle est totalement mensongère pour d'autres. De nombreuses espèces de cette famille, surtout celles de grande taille, ne conviennent absolument pas à l'aquarium décoratif d'ensemble de salon. Il est nécessaire de leur réserver des bacs aménagés pour leur usage spécifique dont le décor se limitera à de gros éboulis rocheux.

Le substrat de type pot de fleur conviendra parfaitement pour la ponte des petites espèces de la famille des Cichlidae.

Il existe cependant quelques exceptions limitées aux très petites espèces et, parmi les grandes tailles, aux Scalaires et aux Discus.

Ces problèmes spécifiques expliquent que l'acclimatation, le maintien et la reproduction de la plupart des poissons de cette famille fassent l'objet d'une spécialisation aquariophile très à la mode, la cichlidophilie, avec ses revues, ses congrès, ses sites Internet, ses bourses d'échange et ses concours.

Un fait demeure certain : les *Cichlidae* possèdent de la personnalité. Si le mot intelligence devait être attribué à des poissons, c'est à leur endroit qu'il faudrait l'employer. En outre, leurs mœurs ne peuvent laisser indifférent. Chez certains d'entre eux, les couples se forment librement, restent ensemble, s'occupent avec dévouement de leur progéniture, et même parfois se suivent dans la mort.

Les modes de reproduction sont variables suivant les genres. Beaucoup construisent un nid plus ou moins grossier dans le sable. D'autres pondent sur des substrats divers tels que roches et larges feuilles de plantes aquatiques. Enfin, la grande majorité des *Cichlidae* africains pratiquent l'incubation buccale des œufs.

Nous ne pouvons décrire ici les centaines d'espèces qui intéressent l'aquariophilie. Nous ne décrirons que les plus courantes au sein du commerce aquariophile.

AMÉRIQUE TROPICALE
Aequidens maroni

Synonyme : Acara maroni.
Nom commun : Acara maroni.
Origine : Guyanes.
Taille : 10 cm.
Différences sexuelles : nageoires dorsale et anale plus allongées et plus effilées chez le mâle.
Comportement social : bon ; espèce plutôt timide.
Température : de 25 à 30 °C.
Nourriture : omnivore.

Ce petit *Cichlidae* est tout à fait recommandable dans l'aquarium d'ensemble car il reste de taille raisonnable et respecte les plantes et le décor.

La reproduction assez facile est proche de celle du Scalaire. Il convient de placer un couple dans un bac bien planté et doté de quelques cachettes rocheuses. L'eau doit avoir un pH autour de 6,8 et un TH entre 10 et 20°. Plus de 200 œufs sont pondus sur une pierre plate. On peut laisser les parents jusqu'à l'éclosion qui a lieu au bout de 3 jours. Sitôt la nage libre, soit après une semaine environ, nourrir avec des nauplies d'artémias.

Aequidens pulcher

Synonyme : Acara latifrons.
Nom commun : Acara bleu.
Origine : nord du Brésil ; Amérique centrale.
Taille : jusqu'à 15 cm.
Différences sexuelles : nageoires dorsale et anale effilées chez le mâle et arrondies chez la femelle.
Comportement social : assez bon, mais mâle adulte territorial.
Température : de 20 à 30 °C.
Nourriture : omnivore ; apprécie un complément des proies vivantes à sa taille.

La couleur de base est gris-vert agrémentée de taches brunes avec des écailles largement irisées de bleu. Pour un *Cichlidae* de cette taille, il s'agit d'une espèce sage qui creuse peu le sol et qui respecte les plantes à condition qu'elles ne soient pas trop tendres. En raison de sa taille, il faut cependant le réserver à des aquariums contenant d'assez gros poissons.

Robuste, il se satisfait de toutes les qualités d'eau et pond dans toutes les conditions sur une pierre plate, voire une glace de l'aquarium. L'éclosion a lieu au 3ᵉ jour. Les parents prennent soin des jeunes alevins qu'ils cachent dans des trous pendant les 10 premiers jours. Sitôt la nage libre ceux-ci acceptent les nauplies d'artémias.

Apistogramma agassizi

Nom commun : Apisto agassizi.

*Origine : bassin amazonien.
Taille : 7 cm.
Différences sexuelles : nageoires dorsale et anale effilées chez le mâle et arrondies chez la femelle. La femelle est plus terne.
Comportement social : bon, mais le mâle défend son territoire.
Température : de 20 à 28 °C.
Nourriture : omnivore; apprécie un complément de petites proies vivantes.*

Corps jaunâtre, virant à l'orangé avec des reflets violets, une bande longitudinale sombre et un piqueté de points diversement colorés. Ce petit *Cichlidae* nain apprécie les aquariums bien plantés, une eau de pH neutre à légèrement acide et un TH autour de 10°.

La reproduction est possible dans un petit aquarium d'une vingtaine de litres. La femelle dépose ses œufs sous la voûte d'un substrat rocheux; on peut utiliser comme substitut une coque évidée de noix de coco bien sèche. Le mâle doit être retiré dès la ponte terminée. L'éclosion se produit au bout de 4 jours et la femelle prend soin de sa progéniture dont la première alimentation consistera en infusoires.

Apistogramma bitaeniata

*Synonyme : Apistogramma pertense.
Nom commun : Apisto à deux bandes.*

*Origine : bassin amazonien.
Taille : 6 cm.
Différences sexuelles : nageoires dorsale et anale effilées chez le mâle et arrondies chez la femelle. La femelle est plus terne.
Comportement social : bon, mais le mâle défend son territoire.
Température : de 20 à 28 °C.
Nourriture : nette préférence, voire goût exclusif, pour les petites proies vivantes.*

Les caractéristiques biologiques sont très voisines du précédent. De même pour la reproduction.

Apistogramma borelli

*Synonymes : Apistogramma aequipinnis; Apistogramma reitzigi.
Nom commun : Apisto borelli.
Origine : Matto Grosso; Río Paraguay.
Taille : 7 à 8 cm.
Différences sexuelles : nageoires dorsale et anale effilées chez le mâle et arrondies chez la femelle. La femelle est plus terne.
Comportement social : bon; aime vivre en groupe.
Température : de 20 à 28 °C.
Nourriture : n'accepte le plus souvent que de petites proies vivantes.*

L'acclimatation est rendue difficile par les exigences alimentaires en proies vivantes comme daphnies et vers de vase.

La reproduction répond aux mêmes critères que pour les précédents.

Il existe plusieurs autres espèces d'*Apistogramma* de toute beauté pouvant intéresser l'aquariophile à condition qu'il puisse disposer en permanence de petites proies vivantes récoltées dans la nature. Cela limite leur élevage aux amateurs très expérimentés et spécialisés. Citons notamment *A. Cacatuoïdes* et *A. trifasciata*.

Astronotus ocellatus

*Synonyme : Acara ocellatus.
Nom commun : Astronotus; Oscar.
Origine : bassin amazonien.
Taille : 20 cm en aquarium, plus dans la nature.
Différences sexuelles : pratiquement inexistantes.
Comportement social : très agressif envers les poissons plus petits.
Température : de 22 à 28 °C.
Nourriture : vorace; omnivore.*

Les caprices de l'ordre alphabétique placent, après les plus inoffensifs des *Cichlidae,* un bulldozer doublé d'un ogre car tel est bien ce triste sire. Mais quel sire ! Robe de velours, marbrures jaunes, ocelles rouges en font une bête magnifique, et s'il est totalement contre-indiqué dans tout aquarium de salon, il représente un hôte de marque, familier et intelligent, pour des aquariums d'au moins 500 litres, pauvres en décoration.

Son maintien n'intéresse donc que des amateurs de gros *Cichlidae* qui les récupèrent souvent chez des aquariophiles peu avertis qui se sont laissés tenter par l'achat d'un ravissant jeune spécimen devenu encombrant. Sa reproduction nécessite de grands bacs emplis d'eau légèrement acide avec TH inférieur à 20° pourvus de pierres plates où est déposée la ponte. Les parents s'occupent généralement très bien des alevins.
Les éleveurs ont sélectionné plusieurs variétés (robe entièrement cuivrée ; variété albinos ; etc.).

Cichlasoma nigrofasciatum

Synonyme : Heros nigrofasciatum.
Nom commun : Nigro.
Origine : Amérique centrale.
Taille : 12 cm.
Différences sexuelles : nageoires dorsale et anale effilées chez le mâle et arrondies chez la femelle.
Comportement social : satisfaisant mais seulement avec des poissons dépassant la moitié de sa taille.
Température : de 19 à 27 °C.
Nourriture : omnivore.
La robe de ce poisson est d'un gris ardoise zébré de bandes sombres. Le comportement représente celui du *Cichlidae* par excellence. Très robuste, terrassier à grand rendement, défricheur exceptionnel, sa reproduction est facile, même en bac d'ensemble, et dans à peu près n'importe quelle qualité d'eau. La ponte s'effectue sur des pierres plates. Les deux parents s'occupent de la ponte, les alevins naissant au bout de 48 heures à 25 °C. Les distributions d'infusoires sont inutiles comme première nourriture. D'ailleurs les alevins en trouvent sans doute dans le sol, ce qui expliquerait que les parents les déplacent, ces déplacements n'ayant peut-être pas pour seul but de soustraire les petits à un ennemi éventuel...
On trouve dans le commerce de nombreuses variétés d'élevage (forme xanthique ; albinos).

Heros severus

Synonyme : Cichlasoma severum.
Nom commun : Severum.
Origine : bassin amazonien.
Taille : 18 cm.
Différences sexuelles : nageoire dorsale plus effilée chez le mâle.
Comportement social : satisfaisant ; calme et paisible sauf en période de frai où il devient très territorial.
Température : de 20 à 25 °C.
Nourriture : omnivore.
Ce gros poisson convient bien dans un grand aquarium peuplé de Scalaires ou de Discus. Il apprécie les eaux neutres à légèrement acides. Sa reproduction analogue à celle du Scalaire est rendue délicate par la difficulté de constituer un couple.

Mesonauta festiva

Synonyme : Cichlasoma festivum.
Nom commun : Festivum.
Origine : bassin amazonien.
Taille : 15 cm.
Différences sexuelles : peu visibles ; nageoires dorsale et anale un peu plus effilées chez le mâle.
Comportement social : satisfaisant.
Température : de 20 à 28 °C.
Nourriture : omnivore ; peut s'attaquer aux plantes tendres.
Sa robe est gris argenté avec de légères marbrures verticales et une large raie noire oblique allant de la bouche à la base de la nageoire dorsale. Son œil est de couleur orange. Son comportement ressemble à celui du Scalaire ; sa reproduction aussi, mais elle est plus délicate et suppose qu'un couple se soit choisi.

Nannacara anomala

Synonyme : Nanacarra taenia.
Nom commun : Cichlidé nain brillant.
Origine : ouest des Guyanes.
Taille : 6 cm.
Différences sexuelles : nageoires plus effilées chez le mâle.
Comportement social : satisfaisant.
Température : de 22 à 30 °C.
Nourriture : omnivore.

Assimilé aux *Cichlidae* nains, ce poisson présente une robe brillante en perpétuel changement. La reproduction est aisée à condition qu'un couple soit formé. La ponte a lieu sur une pierre plate. Il convient ensuite d'enlever le mâle car il peut être malmené par la femelle qui s'occupe seule de la surveillance.

Papiliochromis ramirezi

Synonyme :
Apistogramma ramirezi.
Nom commun : Ramirezi.
Origine : Venezuela.
Taille : 5 cm.
Différences sexuelles : peu visibles ; le 3ᵉ rayon de la nageoire dorsale est plus développé chez le mâle. Un petit tube de ponte apparaît sous l'abdomen de la femelle au moment du frai.
Comportement social : très timide.
Température : de 24 à 29 °C.
Nourriture : omnivore ; apprécie les petites proies vivantes.

De tonalité générale verte avec des raies noires et les yeux rouges, ce sympathique petit poisson est, hélas, fragile. Souvent, alors qu'il semble bien adapté depuis quelques mois dans l'aquarium, il dépérit et meurt sans que l'on sache vraiment pourquoi. Sans nul doute cette espèce est très sensible à la moindre pollution et tolère mal les nitrates : un changement d'eau de 30 % chaque semaine avec de l'eau osmosée est donc indispensable à sa maintenance. Compte tenu de sa timidité et des eaux dans lesquelles sa reproduction réussit, nous le conseillons dans les aquariums d'ensemble très bien plantés, à eau limpide neutre à légèrement acide avec TH inférieur à 15°, peuplés uniquement de petits *Characidae* pacifiques. Pour sa reproduction, placez de un à trois couples dans un petit bac d'une vingtaine de litres garni de plantes et de roches plates inclinées et empli d'une eau de pH 6,5, TH 10° et température 26 °C. La ponte a lieu sur la roche. Le couple surveille la ponte et les alevins qui éclosent au bout de 48 heures. Des petits infusoires sont obligatoires comme première nourriture (mangeoire de riz paddy, culture de paramécies).

Pterophyllum scalare

Synonyme :
Pterophyllum eimekei ; Platax scalaris.
Nom commun : Scalaire.
Origine : bassin amazonien.
Taille : 15 cm.
Différences sexuelles : peu visibles, sauf en période de frai où la papille génitale qui saillit sous l'abdomen apparaît pointue chez le mâle et arrondie chez la femelle.

Variétés de Scalaires.

Comportement social : très bon ; parfois timide. Éviter cependant de le faire cohabiter avec de trop petits poissons qu'il pourrait trouver à son goût.
Température : de 24 à 28 °C.
Nourriture : omnivore ; apprécie les proies vivantes.

Ces magnifiques poissons sont longtemps restés les rois de l'aquarium avant la commercialisation des Discus.

Capables de vivre sept ans, ils sont d'un naturel paisible et même peureux. Ils apprécient d'être en petits groupes dans des aquariums spacieux et bien plantés. Leur préférence va à des eaux très claires et légèrement acides (pH 5 ou 6 et TH autour de 10°), mais ils sont devenus très tolérants après de nombreuses générations d'élevage. On ne trouve dans le commerce que des spécimens d'élevage souvent bien éloignés morphologiquement de la forme sauvage. Les déformations, voire les monstruosités, sont fréquentes. Certaines sont appréciées des aquariophiles comme les formes noires, fumées, marbrées, albinos, argentées, jaune, bicolores. Certains spécimens présentent des nageoires plus ou moins allongées et flottantes en forme de voile. Trouver un Scalaire s'approchant de l'élégance naturelle de la forme sauvage devient une rareté.

La reproduction, jugée autrefois difficile, est désormais à la portée de tout amateur. Il est intéressant de la décrire en détail. Bien entendu, la première condition est de posséder un couple. Or, d'une part il est impossible d'identifier les sexes en dehors de la période des amours, d'autre part ces poissons ont la prétention de choisir leur partenaire. Dans ces conditions, la meilleure solution consiste à attendre qu'un vrai couple se forme à partir de six individus que vous laisserez dans un aquarium d'une centaine de litres. Il est préférable que les Scalaires s'y trouvent seuls mais ce n'est pas indispensable dans un aquarium bien planté et non surpeuplé.

Un jour, souvent à la suite d'un changement partiel d'eau, vous verrez une paire de poissons se tenir près d'une grosse plante comme un *Echinodorus* et en nettoyer une feuille afin qu'elle soit débarrassée de toute impureté. À ce stade, il faut faire un choix : soit – ce qui est préférable – transporter le couple dans un bac de ponte d'une cinquantaine de litres prévu à cet effet ; soit laisser la reproduction s'effectuer dans le bac d'ensemble. Optons plutôt pour cette dernière solution en prenant pour hypothèse que vous ne disposez d'aucun bac libre équipé quand l'événement se produit.

Vous allez d'abord constater que les autres habitants de l'aquarium ne s'approchent plus (sous menace de sanction) du territoire que le couple a choisi pour ses ébats. Ceux-ci consistent pour les deux partenaires à se tenir l'un près de l'autre, flanc à flanc, nageoires frémissantes, et à exécuter, pendant plusieurs heures parfois, des figures d'une danse nuptiale.

Si vous observez à distance en évitant tout mouvement pouvant effrayer les amants, vous verrez ensuite la femelle, nageoires pelviennes filamenteuses plaquées le long du corps, frotter son abdomen sur la feuille et pondre à chaque passage une ligne d'œufs adhésifs aussitôt fécondés par le mâle. La ponte achevée (de 50 à 300 œufs), le mâle et la femelle, à tour de rôle, éventent les œufs à l'aide de leurs nageoires pectorales. De la bouche ils enlèvent de-ci, de-là, un œuf non fécondé susceptible de moisir. Pendant ce temps, le partenaire inoccupé maintient vigoureusement à distance tous les intrus. Le soir venu, il est prudent d'intervenir pour que les parents ne mangent pas leurs œufs, ce qui risque de se produire pendant la nuit. Prenez alors une petite cuve en plastique que vous ferez flotter à la surface de l'aquarium. Vous y installerez un petit diffuseur d'air. Vous couperez délicatement la feuille portant la ponte et l'y placerez en la coinçant avec une petite

Comme le Scalaire, le Discus dépose sa ponte sur un large substrat en terre cuite.

pierre de façon qu'elle ne puisse tourner sur elle-même et ne soit que modérément aérée. Cette astuce a pour but de remplacer la ventilation des œufs assurée par les parents. Autre astuce : teintez l'eau avec une ou deux gouttes de bleu de méthylène en solution à 2 % afin d'éviter les risques de propagation de moisissures à toute la ponte à partir d'un œuf non fécondé. Pendant l'incubation, vous préparerez un petit bac d'élevage d'une vingtaine de litres empli d'eau de l'aquarium et muni d'un filtre sous sable.

Les premières éclosions auront lieu au bout de 3 jours, toujours à température optimale de 27 °C. Les alevins se laissent choir sur le sol, commençant à agiter la queue mais sont encore incapables de nager. Ce n'est que lorsque leur vésicule vitelline est résorbée, vers le 5e jour, qu'ils se mettront à nager puis, à leur 6e ou 7e jour, qu'ils commenceront à se nourrir. Il faut contrôler à la loupe que les petits ventres deviennent gonflés et roses après la distribution de nauplies d'artémias qu'ils acceptent d'emblée.

Si c'est le cas, vous verserez délicatement le petit bac de ponte dans l'aquarium d'élevage. Bien nourris de nauplies d'artémias, au moins trois fois par jour, ils quitteront progressivement la forme allongée initiale pour se muer en enfants scalaires triangulaires et vous pourrez contempler le ravissant nuage d'une centaine de Scalaires de 1 cm se déplaçant en banc dans l'aquarium.

Cette méthode montre comment, sans grand bac spécifique, vous pouvez réussir la reproduction de ce roi des poissons. Elle n'exclut pas la méthode plus rationnelle qui consiste à placer dans un bac d'une cinquantaine de litres le couple candidat dans une eau optimale pour la reproduction, à savoir de pH 6,5 et de TH autour de 10°. Elle permet aussi de jouir de l'intégralité du spectacle de la reproduction. Cependant, on peut tomber sur des parents qui n'hésiteront pas à dévorer leur ponte. Si cela se produit, il faut enlever le couple après la ponte suivante et placer un diffuseur sous la feuille de ponte pour remplacer la ventilation parentale.

Proche de *Pteroyphyllum scalare*, *Pterophyllum altum* est encore plus élégant par sa forme verticale plus élancée due aux nageoires hautes et pointues et ses bandes sombres bien marquées sur fond argenté. L'*Altum* est un poisson rare dans le commerce. On peut le trouver à des prix très élevés au hasard de certaines importations, son origine géographique étant limitée au bassin brésilien de l'Orénoque. Ici, pas de formes bizarres de sélections d'élevage, mais toute la pureté naturelle à admirer par les heureux possesseurs qui doivent lui réserver un aquarium bien planté empli d'une eau douce légèrement acide. Le comportement est analogue à celui du Scalaire en plus timide encore.

Symphysodon aequifasciatus aequifasciatus

Nom commun : Discus vert.
Origine : bassin de l'Amazone (région de Santarem et Tefé).
Taille : 15 cm.
Différences sexuelles : non apparentes sauf en période de frai où la papille génitale est pointue chez le mâle et arrondie chez la femelle.
Comportement social : satisfaisant sauf en période de frai où il défend son territoire de ponte.
Température : de 26 à 32 °C (meurt au-dessous de 22 °C).
Nourriture : omnivore; apprécie les petites proies vivantes.

Les Discus sont les rois des poissons d'aquarium d'eau douce grâce à leur silhouette de disque presque parfait et la richesse colorée de leurs nombreuses striures.

Symphysodon discus

Nom commun : Discus de Heckel ; Discus brun ; Discus Pompadour.
Origine : bassin du Río Negro.
Taille : jusqu'à 20 cm.
Autres caractères : semblables au précédent.

Les deux espèces de *Symphysodon* présentent d'importantes ressemblances, tant sur le plan anatomique que comportemental. Certains auteurs ont même considéré qu'il s'agissait d'une seule espèce avec des sous-espèces locales. L'acclimatation nécessite de grands aquariums bien plantés, présentant des zones d'ombre. L'eau doit être chaude (au-dessus de 26 °C), légèrement acide avec pH 6,5 et TH autour de 10°.

Variétés de Symphysodons æquifasciatus.

Symphysodon discus se distingue par ses trois bandes verticales sombres dont la médiane est nettement plus marquée. *Symphysodon aequifasciatus* présente neuf bandes verticales minces plus ou moins nettes.

Sa reproduction, longtemps considérée comme impossible, est désormais praticable par un aquariophile chevronné.

Le bac de reproduction doit avoir une contenance d'une centaine de litres. L'eau doit être légèrement acide (pH 6,5 et TH 10°). La température compte beaucoup et doit être réglée entre 29 et 30 °C. Pas de sol, pas de décor. Une bonne filtration est nécessaire, la crépine du filtre devant être protégée par un grillage très fin pour éviter l'aspiration des alevins.

Ces poissons ne se reproduisent pas avant l'âge d'un an. Le plus difficile est de repérer un couple car le dimorphisme sexuel est loin d'être évident (les papilles génitales au niveau de l'anus sont plus marquées et plus arrondies chez les femelles). En fait, le comportement compte beaucoup et il faut repérer deux poissons qui nagent toujours ensemble en vibrant. Le couple, préalablement bien nourri, sera placé dans le bac. Il faut souvent attendre plusieurs jours pour que le frai se produise.

Les Discus préfèrent pondre sur des supports rigides. On utilise couramment de gros pots de fleurs posés sur le fond, l'ouverture tournée vers le sol. La ponte ressemble à celle du Scalaire. La femelle pond une centaine d'œufs adhésifs en lignes successives fécondées une à une par le mâle. Les parents surveillent la ponte et la ventilent de leurs nageoires.

L'incubation dure de 2 à 3 jours. À l'éclosion, les jeunes alevins se fixent pendant plusieurs jours sur les parents dont les téguments sécrètent un mucus nutritif. Le spectacle alors offert compte parmi les plus curieux que l'on puisse observer dans un aquarium. Au bout d'une quinzaine, de jours de ce traitement, les jeunes deviennent suffisamment gros et robustes pour qu'on leur enlève leurs parents et qu'on les nourrisse avec des nauplies d'artémias.

Posséder de beaux Discus est un luxe car certains de ces poissons peuvent atteindre des prix très élevés pour certaines variétés exceptionnelles obtenues par sélection génétique (vertes, bleues, turquoise, rouges, gorge-de-pigeon, albinos, etc.). Il existe des clubs d'amateurs hautement spécialisés et des concours internationaux célèbres.

Cependant, comme toujours, nous pensons que les formes les plus proches des espèces vivant librement dans la nature sont les plus belles.

Les Discus sont réputés sensibles aux maladies et sont fréquemment porteurs de parasites intestinaux qui les fragilisent.

Thorichthys meeki

Synonyme : Cichlasoma meeki.
Nom commun : Méki.
Origine : Amérique centrale.
Taille : 12 cm.
Différences sexuelles : peu visibles ; nageoires dorsale et anale plus effilées chez le mâle.
Comportement social : satisfaisant avec des poissons dépassant la moitié de sa taille.
Température : de 20 à 30 °C.
Nourriture : omnivore ; apprécie les proies vivantes.

La nuance dominante de ce joli poisson est grise avec des taches sombres peu visibles, tandis que la gueule et l'abdomen sont d'un rouge incandescent. En dehors de la période de frai, il manifeste un respect relatif pour les plantes et le décor. Sociabilité, taille… tout concourt à faire de ce *Cichlidae* un représentant typique moyen de la famille.

AFRIQUE TROPICALE

Plusieurs centaines d'espèces de *Cichlidae* peuplent les cours d'eau et les grands lacs africains. Beaucoup d'aquariophiles ayant acquis une certaine expérience deviennent des passionnés quasi exclusifs de ces poissons et, en particulier, de ceux provenant des grands lacs de l'Afrique orientale (Victoria, Malawi et Tanganyika). Ces grands lacs sont de véritables mers intérieures aux eaux dures, fortement minéralisées en calcium et magnésium.

La technique de l'aquarium se rapproche alors plus de celle d'un bac marin que de celle de l'aquarium d'eau douce. En outre, ces poissons ont souvent une grande taille et sont de gros mangeurs, donc de gros pollueurs. Beaucoup d'entre eux sont aussi agressifs ou, tout au moins, très territoriaux en période de reproduction. Ils creusent souvent le sol pour pondre. Tout cela suppose donc pour l'amateur de pouvoir disposer de grands volumes, de renoncer aux plantes et d'installer des systèmes de filtration de grande puissance. C'est pourquoi nous ne parlerons ici que de quelques espèces de petite taille non lacustres ne posant pas trop de problèmes de maintenance pour l'aquariophile de base.

Nous recommandons à ceux qui voudraient se lancer dans l'aventure de « la grande passion cichlidophile africaine » de consulter les nombreux ouvrages consacrés au sujet et les membres expérimentés des associations aquariophiles qui en ont fait leur spécialité.

Aulonocara baenschi

Nom commun : Paon jaune.
Origine : Lac Malawi.
Taille : 10 cm.
Différences sexuelles : couleurs du mâle plus vives.
Comportement social : pacifique.
Température : de 22 à 26 °C.
Nourriture : omnivore.

Parmi les petits *Cichlidae* des grands lacs africains désignés

Aulonocara maylandi

Aulonocara stuartgranti

souvent par le nom de *Mbumas*, seules quelques espèces ne s'attaquant pas aux plantes peuvent convenir à l'aquarium communautaire. C'est le cas de ce poisson et aussi de quelques autres du genre comme *Aulonocara maylandi* et *Aulonocara stuartgranti*.

De couleur tirant sur le jaune ou bleu métallique, avec d'importantes variations suivant les sites de provenance, ils aiment les aquariums spacieux, riches en cachettes et des eaux dures (pH 7,5 à 8 et TH aux alentours de 20°).

La reproduction est facile et spectaculaire. Il suffit d'installer un couple dans un petit bac d'une vingtaine de litres empli d'eau assez dure et garni de quelques pierres et plantes. Une petite plage de sable est soigneusement nettoyée par le mâle. Dans cette cuvette, les œufs sont pondus, fécondés et aussitôt pris par la femelle qui les place en sécurité dans sa bouche. Le mâle peut alors être enlevé.

C'est dans la cavité bucco-pharyngienne de la femelle que va se dérouler l'incubation. L'éclosion a lieu au bout de 15 jours. Pendant quelques jours encore elle conserve les alevins dans sa gueule, ne les lâchant que pour de courtes escapades. À la première alerte, toute la marmaille se précipite dans l'abri maternel. Ce n'est que lorsqu'ils sont relativement armés pour la vie que la mère amaigrie les abandonne pour reprendre une alimentation bien méritée. Cet étrange procédé est commun à de nombreuses espèces endémiques des grands lacs africains.

Pelvicachromis pulcher

Synonyme : Pelmatochromis pulcher.
Nom commun : Pelmato.
Origine : delta du Niger.
Taille : 10 cm.
Différences sexuelles : nageoires dorsale et anale plus effilées chez le mâle; nageoire caudale épointée chez le mâle. Couleurs de la femelle plus vives.
Comportement social : satisfaisant avec des poissons de sa taille, sauf en période de frai où il défend farouchement son nid contre tout intrus.
Température : de 24 à 25 °C.
Nourriture : omnivore; apprécie les proies vivantes.

Ce poisson est attrayant par la richesse colorée de sa robe alliant le jaune olivâtre à des nuances orangées avec une large tache abdominale lilacée particulièrement marquée chez la femelle. Robuste, il s'adapte à toutes les qualités d'eau à condition qu'elle ne soit pas trop dure.

La reproduction est très facile et tous les spécimens présents dans le commerce proviennent d'élevages. Cette facilité en fait un poisson de base pour l'initiation des jeunes à l'aquariophilie. C'est un pondeur sur substrat caché. La femelle pond 200 à 300 œufs sous la voûte d'une grotte rocheuse ou sous une souche. Elle ventile la ponte et enlève les œufs non fécondés pendant que le mâle défend le nid. L'éclosion a lieu au bout de 3 jours et les jeunes alevins nagent au bout du 6ᵉ jour. Les parents peuvent alors en avaler quelques-uns mais il reste en général assez de survivants robustes pour se débrouiller seuls et accepter tous les aliments, même en paillettes, pouvant être avalés par leur petite bouche. La croissance rapide et les pontes fréquentes peuvent poser rapidement des problèmes de surpeuplement.

Pelvicachromis subocellatus

Synonyme : Pelmatochromis subocellatus.
Nom commun : Pelmato violet.
Origine : Afrique occidentale jusqu'au bassin du Zaïre.

Les poissons • 95

Taille : 10 cm.
Différences sexuelles : nageoires dorsale et anale plus effilées chez le mâle. Couleurs de la femelle plus vives.
Comportement social : satisfaisant avec des poissons de sa taille, sauf en période de frai où il défend farouchement son nid contre tout intrus.
Température : de 22 à 26 °C.
Nourriture : omnivore ; apprécie les proies vivantes.
Les caractéristiques biologiques et la reproduction sont analogues à celles du précédent.

Pelvicachromis taeniatus

Synonyme :
Pelmatochromis taeniatus.
Nom commun : Pelmato émeraude ; Taeniatus.
Origine : bassin du Niger ; Cameroun.
Taille : 9 cm.
Différences sexuelles : nageoires dorsale et anale plus effilées chez le mâle. Caudale anguleuse chez le mâle, arrondie chez la femelle qui est ici moins colorée.
Comportement social : satisfaisant, sauf en période de frai où il défend farouchement son nid contre tout intrus.
Température : de 22 à 26 °C.
Nourriture : omnivore ; apprécie les proies vivantes.
Les caractéristiques biologiques et la méthode de reproduction sont analogues à celles des autres *Pelvicachromis*.

LES *COBITIDAE*

Ils ont des caractéristiques proches de celles des *Cyprinidae* mais les barbillons sont plus nombreux, les écailles petites et ce sont tous des poissons de fond. On leur donne le nom commun de Loches.
Certaines espèces peuvent compléter leur respiration branchiale par des aspirations d'air atmosphérique, les échanges gazeux se faisant au niveau de l'intestin. Cela leur permet de survivre dans des eaux boueuses pauvres en oxygène. Ils possèdent presque tous une épine escamotable sous l'œil qui sert aussi bien à la défense qu'au bêchage du fond.

Botia macracanthus

Synonyme : Botia macracantha.
Nom commun : Botia ; Loche-clown.
Origine : Indonésie.
Taille : 15 cm (jusqu'à 30 cm dans la nature).
Différences sexuelles : non visibles.
Comportement social : de satisfaisant à douteux selon la taille.
Température : de 22 à 28 °C.
Nourriture : omnivore ; apprécie également les proies vivantes, les épinards et les escargots aquatiques.
Ce *Botia* est une bête magnifique, racée avec ses raies d'un noir velouté sur un corps orangé, aux nageoires franchement rouges.

Il met souvent en pratique l'axiome « pour vivre heureux, vivons cachés ». Il convient donc de lui fournir des retraites ombragées. L'introduction d'un petit groupe de quatre individus stimule les évolutions à découvert. Ils raffolent d'épinards cuits, cet apport végétarien étant nécessaire à leur santé. Le milieu préférentiel est une eau légèrement douce à tendance acide, bien aérée et régulièrement renouvelée de façon partielle.
La reproduction en aquarium a rarement été signalée.

Botia modesta

Synonyme : Botia rubripinnis.
Nom commun : Loche verte.
Origine : Thaïlande, Viêt-nam, Malaisie.
Taille : 15 cm (jusqu'à 20 cm dans la nature).
Différences sexuelles : non visibles.
Comportement social : satisfaisant à douteux selon la taille.
Température : de 26 à 30 °C.
Nourriture : omnivore ; apprécie également les proies vivantes, les épinards et les escargots aquatiques.
Le corps est uniformément jaune verdâtre avec des nageoires orangées. Les caractéristiques biologiques sont identiques à celles des autres membres de la famille des *Cobitidae*.
La reproduction en aquarium a rarement été signalée.

Botia sidhimunki

Nom commun : Loche naine.
Origine : Thaïlande.
Taille : 5,5 cm.
Différences sexuelles : non visibles.
Comportement social : excellent.
Température : de 26 à 28 °C.
Nourriture : omnivore ; apprécie également les épinards pochés et les petits mollusques.

Cette petite espèce à la robe en damier anime en petit groupe le fond de l'aquarium. Ses caractères biologiques sont semblables à ceux des autres *Botia* et la reproduction n'a jamais été réussie en aquarium. Très friand de petits escargots aquatiques, ce poisson est recommandé pour leur éradication.

Pangio kuhlii

Synonyme : Acanthophtalmus kuhlii.
Nom commun : Kuhlii.
Origine : péninsule Malaise et Indonésie.
Taille : 8 cm.
Différences sexuelles : non visibles.
Comportement social : très bon.
Température : de 18 à 30 °C.
Nourriture : omnivore.

Sous le nom de *Kuhlii,* l'aquariophile englobe en fait de nombreuses autres espèces qui se présentent toutes comme de minuscules anguilles au corps jaune orange orné de barres noires variables quant à leur nombre et leur forme.

Ces petits animaux, avec leurs barbillons et leurs petits yeux protégés par une membrane épaisse, n'hésitent pas, pour chercher leur nourriture, à enfouir leur tête dans le sable qui doit donc être très fin.
Ces poissons ne supportent pas une lumière vive. L'aquariophile ne les voit couramment que s'ils adoptent pour habitat une petite grotte très ombragée.
Des reproductions sont parfois signalées dans des eaux de TH de moins de 20° pour un pH de 6,9 et une température de 28 °C. La ponte, qui dure 2 heures environ, s'effectue au cours d'ébats très vifs qui conduisent ces poissons de fond jusqu'en surface. Les œufs adhèrent aux plantes et aux racines.

LES *CYPRINIDAE*

Cette famille nombreuse, riche d'environ 2 000 espèces d'eau douce, toutes ovipares, se répartit en Europe, en Afrique, en Asie et en Amérique de Nord.
Ses caractères généraux sont la présence d'écailles, l'absence de nageoire adipeuse, l'absence de dents buccales mais la présence de dents broyeuses implantées sur les os du pharynx.
La majorité de ces poissons portent des barbillons, d'ailleurs à l'origine du nom de *Barbus* donné communément à l'un des genres principaux de la famille. Les petits représentants tropicaux sont très appréciés par les aquariophiles qui les trouvent couramment dans le commerce. Ils proviennent quasiment tous d'élevages professionnels du Sud-Est asiatique. En effet, la reproduction est facilement maîtrisable et peut être réalisée par les aquariophiles même débutants pour la grande majorité de ces espèces tropicales d'aquarium.

Barbus conchonius

Synonyme : Puntius conchonius.
Nom commun : Conchonius.
Origine : Inde.
Taille : 7 cm.
Différences sexuelles : nageoire dorsale bordée de noir chez le mâle.
Comportement social : satisfaisant ; aime vivre en groupe.
Température : de 17 à 28 °C.
Nourriture : omnivore.

Ce poisson, aux grandes écailles gris clair chez la femelle et rosées chez le mâle, est le premier représentant du groupe des *Barbus* indiens ou malais que les auteurs modernes désignent plus volontiers sous le nom de genre *Puntius.* Nous avons cependant conservé dans ce livre celui de *Barbus* car il fait désormais partie intégrante du vocabulaire aquariophile. Il s'agit d'une espèce très robuste qui s'adapte à toutes les qualités et températures d'eau. Il est très remuant et gourmand en nourriture comme en oxygène. C'est un poisson assez salissant, qui aime disposer à la fois d'espaces bien plantés et d'étendues d'eau libre dans lesquelles il peut nager à son aise.

Il existe une variété d'élevage aux nageoires développées en voiles. Sa reproduction facile peut servir d'exemple pour celle des autres espèces du genre. Les reproducteurs doivent être choisis de préférence âgés de 8 à 12 mois (les détaillants les vendent à environ 3 mois). Pour les amener à pondre, bien qu'ils soient omnivores, on leur offrira pendant quelques décades plusieurs repas de petites proies vivantes par semaine (daphnies, vers de vase).

Le moment venu, la femelle, présentant un abdomen rebondi de bon aloi, est placée dans un bac d'une cinquantaine de litres empli d'eau du robinet laissée reposée quelques jours. L'agencement du bac comporte, outre le chauffage, un fond de gravier avec filtre sous sable et un substrat de ponte formé d'une grosse touffe de plantes de type myriophylle ou mousse de Bogor, voire d'un écheveau de Nylon. Une bonne partie du bac doit rester libre pour la nage. Une dizaine de jours après l'installation de la femelle, le mâle est introduit à son tour et la température de l'eau est portée à 27 °C. La ponte a souvent lieu dès le lendemain matin, surtout si l'aquarium reçoit les premiers rayons solaires.

Pour faire sa cour, le mâle revêt une livrée beaucoup plus brillante que sa tenue habituelle. Le sommet du dos reste vert mais toute la partie argentée fonce et vire au rouge. Les nageoires prennent la même couleur.

Après une série d'arabesques suivies de poursuites ardentes, les partenaires se suivent dans les plantes. Lors des ébats, diverses attitudes sont adoptées : tamponnement des flancs de la femelle par le mâle, essais d'enlacement du partenaire à l'aide du corps et des nageoires arquées.

La ponte a lieu lors de pressions flanc à flanc, par grappes d'une dizaine d'œufs semi-adhésifs aussitôt fécondés.

Tout au long d'une période d'environ deux heures, 100 à 400 œufs ont été pondus. Les parents doivent être enlevés de toute urgence avant qu'ils se mettent à dévorer la ponte.

L'éclosion a lieu au bout de 30 à 40 heures. Les jeunes alevins s'accrochent aux plantes et aux glaces de l'aquarium Une journée plus tard, la vésicule vitelline est résorbée. On leur distribue alors des infusoires en abondance, puis, quand ils ont 4 à 5 jours, des nauplies d'artémias. Leur croissance est rapide et l'alimentation peut donc vite être élargie aux paillettes finement fractionnées.

Pour le Barbus, *un peu de végétation suffira pour déposer les œufs semi-adhésifs.*

Barbus cumingi

Synonyme : Puntius cumingi.
Nom commun : Barbus de Ceylan.
Origine : Sri-Lanka.
Taille : 5 cm.
Différences sexuelles : mâle plus svelte et plus coloré; abdomen rebondi chez la femelle.
Comportement social : satisfaisant; aime vivre en groupe.
Température : de 22 à 27 °C.
Nourriture : omnivore.

Comportement analogue à celui du précédent en plus petit. La reproduction est rendue plus délicate par la difficulté de constitution d'un couple.

Barbus everetti

Synonyme : Puntius everetti.
Nom commun : Barbus clown; everetti.
Origine : Sud-Est asiatique; Bornéo.
Taille : 13 cm.
Différences sexuelles : peu visibles; mâle légèrement plus coloré.
Comportement social : assez satisfaisant, sauf avec les poisons trop petits.
Température : de 22 à 28 °C.
Nourriture : omnivore.

Avec son corps rose aux marques bleu foncé et ses reflets

mauves, c'est l'un des plus beaux *Barbus*. Cette espèce devrait donc être très populaire, n'était-ce sa taille trop grande pour la plupart des aquariums. En outre, ce poisson ne dédaigne pas d'améliorer son ordinaire avec quelques plantes.
L'eau préférentielle doit être neutre à légèrement acide. La reproduction délicate nécessite un grand bac qui reçoive les rayons solaires matinaux. Les reproducteurs ne doivent être réunis qu'après une séparation de 2 à 3 semaines pendant lesquelles il convient de les suralimenter avec adjonction de proies vivantes.

Barbus lateristriga

Synonyme : Puntius lateristriga.
Nom commun : Barbus clé.
Origine : Thaïlande, Malaisie, Indonésie.
Taille : 15 cm.
Différences sexuelles : peu visibles ; mâle légèrement plus coloré ; ventre plus rebondi chez la femelle.
Comportement social : assez satisfaisant sauf avec les poisons trop petits.
Température : de 22 à 28 °C.
Nourriture : omnivore.

Le corps est jaune à reflets vert olive avec quelques marques sombres. Les nageoires sont légèrement rosées. Bien qu'il préfère une eau relativement acide, ce poisson robuste s'acclimate facilement.

Sa reproduction difficile est rarement tentée car, même s'il est paisible pour un *Barbus*, il est trop grand pour la majorité des aquariums de salon.

Barbus nigrofasciatus

Synonyme : Puntius nigrofasciatus.
Nom commun : Barbus nigro.
Origine : Sri Lanka.
Taille : 5 à 6 cm.
Différences sexuelles : le mâle, infiniment plus coloré, présente une dorsale noire dès qu'il est mature.
Comportement social : satisfaisant ; aime vivre en groupe.
Température : de 22 à 28 °C.
Nourriture : omnivore.

Encore une espèce où la beauté est l'apanage du sexe fort. Brun foncé, presque noir, avec la tête écarlate, le mâle adulte est une splendeur dès qu'il est un tant soit peu excité.
Quand il est calme, ses raies noires le font ressembler à un Sumatra avec un corps moins rosé et des bandes moins nettement délimitées.
Il s'agit d'un poisson vif dont le tempérament correspond à celui des autres *Barbus* de sa taille. Il aime une eau claire bien filtrée et se montre très tolérant quant à sa composition tant qu'il s'agit de la vie normale. À l'inverse, pour la reproduction, l'eau devra être de pH neutre à légèrement acide et d'une dureté (TH) inférieure à 20°.

Pour le reste, le processus est conforme à celui indiqué plus haut pour *Barbus conchonius*, mais il est rendu plus délicat par la difficulté de trouver un couple prêt à frayer.

Barbus oligolepis

Synonyme : Puntius oligolepis.
Nom commun : Barbus oligolepis.
Origine : Indonésie ; Sumatra.
Taille : 4 cm.
Différences sexuelles : le mâle présente une dorsale rouge bordée de noir.
Comportement social : très bon ; aime vivre en groupe.
Température : de 20 à 28 °C.
Nourriture : omnivore.

Par les différences de reflets de ses larges écailles qui forment une mosaïque en damier sur fond orangé ainsi que par ses nageoires rouge orangé lisérées de noir, ce petit poisson a une livrée brillante. Pacifique, il est à recommander en petit groupe dans un aquarium peuplé de petites espèces.
Originaire de ruisseaux à courant rapide, il aime un bac bien filtré et bien aéré.
Sa reproduction, possible pour un amateur expérimenté, s'effectue dans les mêmes conditions que *Barbus conchonius*, mais avec les corrections suivantes : bac d'une vingtaine de litres, eau neutre à légèrement acide avec TH inférieur à 20°.

Les poissons • 99

Le délai d'incubation est d'environ 60 heures toujours à une température de 27 °C. Les alevins commencent à s'alimenter 2 à 3 jours après leur naissance et la réussite tient en grande partie aux conditions offertes durant leur première semaine d'existence, les jeunes alevins étant très petits. Nous recommandons les infusoires variés fournis par le riz paddy. Au bout d'une semaine on peut passer aux nauplies d'artémias.

Barbus pentazona pentazona

Synonyme : *Puntius pentazona*.
Nom commun : Sumatra à cinq bandes.
Origine : Malaisie; Bornéo.
Taille : 5 cm.
Différences sexuelles : *peu visibles; couleurs plus vives chez le mâle.*
Comportement social : *très bon; aime vivre en groupe.*
Température : de 22 à 26 °C.
Nourriture : *omnivore.*

Ce joli poisson présente un corps rose avec cinq bandes verticales noires. Il apprécie les eaux neutres à légèrement acides. Dans le commerce, on trouve souvent des spécimens plus ou moins hybridés avec les autres *Barbus* à bandes comme *Barbus tetrazona*.
Le processus de reproduction est quasi identique à celui de *Barbus oligolepis*.

Barbus semifasciolatus

Synonyme : *Puntius semifasciolatus.*
Nom commun : Barbus de Hongkong.
Origine : sud de la Chine.
Taille : 7 cm.
Différences sexuelles : *peu visibles; mâle légèrement plus coloré.*
Comportement social : *satisfaisant.*
Température : de 18 à 25 °C.
Nourriture : *omnivore.*

Uniformément jaune avec quelques marques sombres, ce poisson est très robuste et s'adapte à toutes les qualités d'eau.
La reproduction, analogue à celle de *Barbus oligolepis,* ne pose pas de difficulté particulière. Une sous-espèce nettement plus colorée est bien connue des aquariophiles sous le nom de *Barbus schuberti.*

Barbus tetrazona

Synonyme : *Puntius tetrazona.*
Nom commun : Barbus de Sumatra.
Origine : Sumatra; Bornéo.
Taille : 7 cm.
Différences sexuelles : *peu visibles; couleurs plus vives chez le mâle et abdomen plus rebondi chez la femelle.*
Comportement social : *assez bon; aime vivre en groupe. Parfois il peut importuner et blesser les autres poissons.*
Température : de 22 à 26 °C.
Nourriture : *omnivore.*

Splendide poisson très populaire avec son corps rose barré de larges bandes noires verticales et ses nageoires rouges. Il est couramment vendu sous le nom de Sumatra. C'est le *Barbus* type, gourmand et remuant. Un groupe de cette espèce excelle à donner à l'aquarium une animation qui n'est pas toujours prisée des petites espèces calmes. Il est rarement méchant mais taquin, capable de mordiller les nageoires de ses compagnons de bac. Quand il veut bien rester immobile, il affectionne souvent la position en biais, tête vers le bas. Il se montre très accommodant sur la nature de l'eau.
Sa reproduction, courante chez les professionnels, est délicate pour l'amateur. Elle peut être tentée sur les bases fixées pour *Barbus conchonius* avec les correctifs suivants : eau de pH 6,8 assez douce, soit un TH autour de 10°, température entre 17 et 18 °C. La ponte se fait dans les plantes. L'éclosion a lieu au bout de 24 heures. Les jeunes alevins sont minuscules et doivent être nourris au départ avec des infusoires.

Barbus titteya

100 • Le guide de l'aquarium d'eau douce

Synonyme : Puntius titteya.
Nom commun : Titteya.
Origine : Sri Lanka.
Taille : 4 à 5 cm.
Différences sexuelles : couleurs plus vives chez le mâle.
Comportement social : bon ; aime vivre en groupe.
Température : de 22 à 28 °C.
Nourriture : omnivore.

Il existe plusieurs variétés, hélas impossibles à différencier pour des individus jeunes. Chez la plus belle, le mâle est rouge bordeaux. Il apprécie un aquarium bien planté peuplé de petits poissons.
La reproduction demande une eau neutre à légèrement acide de dureté modérée inférieure à 20° TH. Les jeux amoureux sont assez violents avec des sauts fréquents, ce qui nécessite de bien couvrir l'aquarium. Le petit bac d'élevage sera encore plus planté que pour les autres espèces de *Barbus,* tant les parents se montrent friands de leurs œufs. L'éclosion a lieu au bout d'une trentaine d'heures à 17 °C. Les alevins sont minuscules et la première nourriture consistera en infusoires produits en mangeoires de riz paddy.

Brachydanio rerio

Synonyme : Danio rerio.
Nom commun : Danio rério.
Origine : Inde.
Taille : 4 cm.
Différences sexuelles : peu visibles ; abdomen plus rebondi chez la femelle.
Comportement social : bon ; aime vivre en groupe.
Température : de 18 à 28 °C.
Nourriture : omnivore.

Ce charmant petit poisson présente des raies longitudinales bleu cobalt alternant avec des lignes blanches qui prennent parfois des reflets dorés. De ce fait, il se trouve affublé de surnoms un peu ridicules tels que « poisson pyjama », « zèbre » ou « bagnard ». Ce poisson très robuste et toujours en mouvement a une durée de vie qui n'excède pas 3 ans.
La reproduction est l'une des plus faciles à obtenir parmi les poissons ovipares. Elle a souvent donné ses premières joies au débutant en ce domaine.
La méthode décrite pour les *Barbus* ne peut être strictement utilisée ici parce que les œufs ne sont pas adhésifs et ne se fixent pas aux plantes. Ils s'éparpillent au hasard durant la ponte en pleine eau et doivent être protégés de la voracité des parents. C'est pourquoi on utilise l'astuce du lit de billes – de verre ou d'argile – réparti au fond du bac de ponte ainsi que cela a été déjà signalé précédemment pour *H. erythrozonus*. Il est facultatif d'installer dans un angle un petit filtre sous sable. Quant à l'eau, la meilleure formule consiste à mélanger 50 % d'eau du bac dans lequel vivent les reproducteurs à 50 % d'eau neuve, le tout chauffé à 26 °C et sur une hauteur limitée à 12 cm car il importe que les œufs descendent vite à l'abri, dans les interstices qui séparent les billes d'où ils ne peuvent pas être saisis et dévorés.

Les œufs fécondés ne risqueront pas d'être gobés grâce au lit de billes ou au grillage entre les mailles duquel les œufs passeront, mais pas les adultes.

Les poissons • 101

Lorsque vous constaterez que le ventre d'une femelle est très rebondi et que, en plus, elle a tendance à poursuivre les mâles, installez-la dans le bac de ponte et le lendemain adjoignez-lui deux mâles afin d'augmenter le nombre d'œufs fécondés. Après quelques poursuites et lors de pressions flanc à flanc, la femelle pond ses œufs par chapelets. Sitôt son ventre dégonflé et quand les partenaires se désintéressent les uns des autres, il convient de les sortir de l'aquarium pour éviter la « chasse aux œufs ». L'éclosion a lieu au bout de 30 à 48 heures. Les alevins se présentent sous la forme de minuscules virgules de 3 mm, collées aux parois et sur les billes. Ils commencent à s'alimenter en infusoires après 2 ou 3 jours. La croissance est très rapide et une semaine plus tard, ils peuvent saisir les nauplies d'artémias. Les éleveurs professionnels proposent dans le commerce des formes variées telles qu'albinos ou aux nageoires en forme de voiles.
Toutes les espèces de *Brachydanio* peuvent se croiser entre elles et donner une foule d'hybrides que l'on trouve d'ailleurs assez facilement dans le commerce aquariophile.

Brachydanio albolineatus

Synonyme : *Danio albolineata*.
Nom commun : *Danio arc-en-ciel ; Albo*.

Origine : *Sud-Est asiatique*.
Taille : 6 cm.
Différences sexuelles : *mâle plus grand et plus coloré ; abdomen plus rebondi chez la femelle*.
Comportement social : *très bon ; aime vivre en groupe*.
Température : *de 20 à 25 °C*.
Nourriture : *omnivore*.
Sa robe est de tonalité mauve. Les caractères biologiques et comportementaux sont les mêmes que pour *Brachydanio rerio*, pris comme exemple du genre. La reproduction est semblable mais la ponte est un peu plus difficile à obtenir.

Brachydanio frankei

Synonyme : *Danio frankei*.
Nom commun : *Danio léopard ; Danio truite*.
Origine : *Sud-Est asiatique*.
Taille : 5 cm.
Différences sexuelles : *peu visibles ; abdomen plus rebondi chez la femelle*.
Comportement social : *très bon ; aime vivre en groupe*.
Température : *de 22 à 28 °C*.
Nourriture : *omnivore*.
Cette espèce ne dépasse pas 4 cm. Certains pensent qu'il pourrait s'agir d'une sous-espèce de *Brachydanio rerio*. Le corps bleu argenté est constellé de sortes de mouchetures, d'où les noms communs.
La reproduction s'effectue sur les mêmes principes que pour *Brachydanio rerio*.

Danio aequipinnatus

Synonyme : *Danio alburnus*.
Nom commun : *Danio Malabar*.
Origine : *Inde du Sud ; Sri Lanka*.
Taille : 12 cm.
Différences sexuelles : *peu visibles ; abdomen plus rebondi chez la femelle*.
Comportement social : *bon ; aime vivre en petit groupe*.
Température : *de 20 à 28 °C*.
Nourriture : *omnivore*.
Cette espèce robuste présente une livrée modeste. Le fond grisâtre est parcouru de lignes horizontales plus ou moins continues blanchâtres à reflets dorés. Il est moins apprécié que les autres *Danios* parce qu'il est plus grand.
La reproduction est la même que celle de *Brachydanio rerio*.

Epalzeorhynchus bicolor

Synonyme : *Labeo bicolor*.
Nom commun : *Labéo*.
Origine : *Thaïlande*.
Taille : *8 à 15 cm en aquarium (plus de 30 cm dans la nature)*.
Différences sexuelles : *peu visibles*.
Comportement social : *satisfaisant*.
Température : *de 22 à 26 °C*.
Nourriture : *omnivore, y compris les algues*.

C'est un magnifique poisson élancé dont la couleur rouge de la nageoire caudale tranche avec le noir velouté du corps et des autres nageoires.
Il peut être considéré comme sociable, y compris avec des spécimens de petite taille. Cependant il règne une certaine animosité entre les Labéos ; c'est pourquoi il vaut mieux ne mettre qu'un sujet par bac. Ce poisson robuste préfère une eau légèrement acide. Il passe sa vie à grignoter, notamment les algues sur les feuilles des plantes. On peut donc l'apprécier pour ses qualités de nettoyeur.
Sa reproduction n'a été que très rarement réussie.

Epalzeorhynchus frenatus

Synonyme : Labeo erythrurus.
Nom commun : Labéo vert ; Frénatus.
Origine : Thaïlande.
Taille : 8 à 15 cm en aquarium (plus grand dans la nature).
Différences sexuelles : peu visibles.
Comportement social : satisfaisant.
Température : de 22 à 26 °C.
Nourriture : omnivore, y compris les algues.

Il est moins apprécié que le précédent. Son corps est plus élancé, gris ardoisé, et ses nageoires sont rouges. Ses caractères biologiques et comportementaux sont les mêmes que ceux du précédent.

Rasbora borapetensis

Nom commun : Rasbora néon ; Rasbora à queue rouge.
Origine : Thaïlande ; Malaisie.
Taille : 5 cm.
Différences sexuelles : non apparentes ; abdomen plus rebondi chez la femelle.
Comportement social : très bon ; aime vivre en groupe.
Température : de 22 à 26 °C.
Nourriture : omnivore.

Ce petit poisson pacifique et actif présente une bande horizontale noire cernée de jaune lumineux, ce qui le fait ressembler à un Tétra néon.
Cette espèce appartient au genre *Rasbora* que nous allons aborder maintenant dont tous les représentants sont originaires d'Asie du Sud-Est.
On les trouve regroupés en bancs dans les eaux calmes, ombragées, au fond composé d'une épaisse couche d'humus, résultat du pourrissement de quantités énormes de débris végétaux de la jungle. Ces matières donnent à l'eau déjà très douce (TH de moins de 5°) un pH voisin de 6, voire de 5,5, niveau le plus bas connu en aquariophilie. Cependant, la grande résistance de ces poissons permet aux sujets acclimatés vendus de vivre dans des aquariums au pH allant jusqu'à la neutralité et au TH pouvant atteindre 20°. Il suffit que les autres conditions écologiques soient remplies, à savoir une vie en groupe d'au moins 4 à 5 individus dans un bac peuplé de petites espèces et comportant une riche végétation avec de nombreuses zones ombragées. La reproduction, assez difficile, peut être réussie si l'on s'approche le plus possible de la composition de l'eau dans laquelle ils évoluent dans leur région d'origine (forte acidité et faible minéralisation). Nous prendrons ci-après comme modèle celle de *Rasbora heteromorpha*, qui est la plus couramment réussie.

Rasbora dorsiocellata

Nom commun : Rasbora ocellé.
Origine : Malaisie ; Sumatra.
Taille : 5 cm.
Différences sexuelles : peu visibles ; abdomen plus rebondi chez la femelle.
Comportement social : très bon ; aime vivre en groupe.
Température : de 23 à 29 °C.
Nourriture : omnivore.

Ce charmant petit poisson plaît avec sa livrée simple mais gracieuse. Tache noire sur la dorsale et œil bleu.

Rasbora heteromorpha

Nom commun : Rasbora arlequin.

Origine : Malaisie; Sumatra.
Taille : 4 cm.
Différences sexuelles : peu visibles; abdomen plus rebondi chez la femelle.
Comportement social : très bon; aime vivre en groupe.
Température : de 23 à 29 °C.
Nourriture : omnivore.

C'est un bijou qui porte bien son nom, avec son triangle noir qui se détache franchement sur le corps rosé s'éclaircissant vers le blanc nacré au niveau de l'abdomen.
Les conditions d'acclimatation sont les mêmes que pour les autres espèces de Rasboras.
La méthode de reproduction, très aléatoire, peut être tentée par un amateur averti sur des bases qui ne sont pas sans évoquer celles mises en œuvre pour *H. erythrozonus*.
Un bac de ponte d'une vingtaine de litres suffit. L'eau doit avoir un TH inférieur à 5° et un pH inférieur à 5,6 ! Pour l'obtenir, garnissez le fond de 5 cm de tourbe stérilisée par 10 minutes d'ébullition et un filtre dit sous sable qui, en l'occurrence, sera « sous tourbe ». Si l'acidification par ce moyen naturel n'est pas suffisante, il est nécessaire d'ajouter de l'eau déminéralisée.
Sitôt le pH désiré obtenu d'une façon stable, l'installation sera complétée par un petit pot à fleur garni de tourbe planté d'un fort massif de *Cryptocorynes* (préalablement désinfectées dans 1 litre d'eau bouillie additionnée d'une cuillerée à soupe de vinaigre). Placez le pot de façon que les feuilles les plus hautes flottent en surface. Enfin, portez la température de l'eau à 28 °C.
Le couple reproducteur sera choisi parmi les poissons que vous possédez depuis un an (ils auront donc de 13 à 15 mois suivant leur âge à l'achat). Si aucune ponte ne se produisait, il conviendrait de changer l'un des deux partenaires.
La ponte a lieu de préférence par une journée claire, mais il n'est pas nécessaire d'exposer le bac aux rayons solaires. Les jeux amoureux ne diffèrent pas de ceux habituels. Toutefois, pour pondre, la femelle se retourne ventre en l'air au-dessous d'une feuille sur laquelle elle dépose ses œufs adhésifs, le mâle l'enlaçant à plusieurs reprises pour la fécondation.
Les parents doivent alors être enlevés et le bac obscurci, l'incubation se faisant à l'abri de toute lumière. L'éclosion se produit au bout de 30 heures environ. En ajoutant à ce délai le temps de résorption du sac vitellin, les jeunes alevins commencent à s'alimenter le 5e ou le 6e jour. La face supérieure de l'aquarium sera alors désobscurcie; les autres faces le seront 48 heures plus tard.
Là encore, il est nécessaire de commencer l'alimentation des alevins par des infusoires provenant d'élevage de paramécies ou de mangeoires de riz paddy en attendant que la bouche soit suffisamment grande pour saisir les nauplies d'artémias.
Quand les petits poissons ont un mois, le pH peut être remonté lentement vers la neutralité.

Rasbora kalochroma

Synonyme : Leuciscus kalochroma.
Nom commun : kalochroma.
Origine : Thaïlande; Malaisie; Bornéo.
Taille : 10 cm.
Différences sexuelles : non apparentes; abdomen plus rebondi chez la femelle; nageoire anale plus colorée chez le mâle.
Comportement social : bon; aime vivre en petit groupe.
Température : de 25 à 28 °C.
Nourriture : omnivore.

Robe et nageoires uniformément roses. Deux taches noires sur le flanc. Moins grégaire que les espèces précédentes, il présente des caractéristiques biologiques semblables à celles de *Rasbora heteromorpha*.
La reproduction ne semble pas avoir été réussie.

Rasbora pauciperforata

Synonyme : Rasbora leptosoma.
Nom commun : Rasbora à bande rouge.
Origine : Sud-Est asiatique; Malaisie; Sumatra.
Taille : 7 cm.
Différences sexuelles : peu visibles; abdomen plus rebondi chez la femelle.
Comportement social : bon; aime vivre en groupe.

Température : de 23 à 26 °C.
Nourriture : omnivore.
Joli poisson argenté présentant une ligne longitudinale d'un rouge lumineux. Bien qu'il soit plus long et moins « râblé » il présente des caractéristiques biologiques semblables à celles de *Rasbora heteromorpha*.
Mœurs et reproduction sont les mêmes que ceux de *Rasbora heteromorpha*.

Rasbora trilineata

Synonyme : Rasbora caliura.
Nom commun : Rasbora ciseaux.
Origine : Indonésie.
Taille : 7 cm.
Différences sexuelles : peu visibles ; abdomen plus rebondi chez la femelle.
Comportement social : bon ; aime vivre en groupe.
Température : de 23 à 28 °C.
Nourriture : omnivore.

Deux taches noires ornent la caudale de ce poisson au corps argenté traversé par une ligne noire prolongée jusqu'à la tête bifurquant sur la queue, d'où son nom de « ciseaux ». Il préfère vivre en groupe dans une eau douce de TH inférieur à 15° mais avec un pH d'environ 6,5. La reproduction est possible dans un assez grand bac. Elle semble toutefois avoir peu tenté la majorité des aquariophiles, probablement en raison de l'aspect assez terne de cette espèce.

Tanichthys albonubes

Nom commun : Tanichthys ; Néon du pauvre.
Origine : Chine du Sud.
Taille : 4 cm.
Différences sexuelles : peu visibles ; mâle un peu plus coloré et abdomen plus rebondi chez la femelle.
Comportement social : très bon ; aime vivre en groupe.
Température : de 18 à 26 °C.
Nourriture : omnivore.

De fond brun-vert avec une ligne longitudinale jaune luminescente et des nageoires jaune et rouge, ce charmant poisson est agréablement coloré et évoque un téra néon. Originaire d'une région au climat tempéré, il tolère de grandes variabilités thermiques. Il est également peu exigeant quant à la qualité de l'eau. C'est un hôte résistant, sans histoire, peu coûteux, et dont un petit groupe donne de l'animation à tout un aquarium.
La méthode de reproduction est facile à mettre en œuvre ; elle est analogue à celle décrite pour *Brachydanio rerio*.

LES CYPRINODONTIDAE

Cette famille est largement répandue sur tous les continents, excepté l'Australie.
Les espèces intéressant l'aquariophilie sont connues des amateurs sous le nom de « Killies ». La plupart sont de véritables petits bijoux. Malheureusement, ces poissons sont timides et s'adaptent mal à la vie communautaire. Leur durée de vie est souvent courte. Quelques espèces seulement sont disponibles dans le commerce. Certains aquariophiles se sont cependant spécialisés dans leur élevage et y consacrent une passion quasi exclusive. Les Killies sont en effet très attrayants par leur grande variété et parce qu'ils peuvent vivre dans quelques litres d'eau seulement. En outre, le mode de reproduction de ces poissons ovipares est très intéressants et facilite les échanges entre amateurs expérimentés. Ils sont en général petits avec une bonne proportion d'espèces naines. Le haut de la tête est assez plat et la bouche, orientée vers le haut, indique une alimentation souvent composée dans la nature de larves de moustiques gobées en surface. En aquarium, de petites proies vivantes sont pratiquement obligatoires pour nourrir la majorité des espèces.
Ces *Cyprinodontidae* ovipares se subdivisent en nombreux sous-groupes comprenant les uns de grands sauteurs (tels les *Rivulus*), d'autres des individus peu sociables (tels certains *Panchax*), d'autres enfin, à l'existence brève, que cette particularité leur soit naturelle (tels les *Cynolebias* et les *Nothobranchius*) ou qu'elle résulte de leurs besoins mal satisfaits en captivité (tels les *Oryzias*).
Les mœurs reproductrices, souvent très intéressantes, varient

sensiblement d'un groupe à l'autre, ce qui interdit de décrire ici une reproduction type valable pour l'ensemble de la famille. Cependant, les représentants de certains genres sont très prisés par les amateurs en raison de la possibilité de conserver et d'expédier leurs pontes. En effet, beaucoup d'espèces sont saisonnières et vivent dans des mares qui disparaissent pendant la saison sèche. La ponte a lieu dans la vase avant l'évaporation de l'eau, ce qui entraîne la mort des géniteurs. Les œufs résistent à la dessiccation jusqu'à l'arrivée de la prochaine saison des pluies pendant laquelle les conditions seront de nouveau réunies pour permettre leur éclosion. Les alevins grandiront vite, n'ayant devant eux que quelques mois d'espérance de vie.

Aphyosemion australe

Nom commun : Cap Lopez.
Origine : Afrique ; delta du Gabon près de Cap Lopez.
Taille : 6 cm.
Différences sexuelles : mâle incomparablement plus coloré.
Comportement social : bon.
Température : de 18 à 25 °C.
Nourriture : petites proies vivantes.

Soyons satisfaits que l'ordre alphabétique nous désigne en premier le Cap Lopez parmi le genre Aphyo (comme l'on dit dans le jargon aquariophile).

Avec ses multiples taches et lignes colorées sur une tonalité générale marron-rouge où le grenat domine, et avec sa nageoire caudale en forme de lyre, cette petite espèce est l'une des plus belles du genre. C'est aussi une des rares espèces couramment présentes chez tous les détaillants aquariophiles.

Les Aphyos vivent dissimulés sous une feuille, une racine ou un quelconque débris, dans des eaux toujours calmes et peu profondes, des bras de rivière morts, voire de simples flaques. Nous sommes là bien loin de l'aquarium de grand volume d'eau claire bien filtrée et l'amateur, pour maintenir ce poisson en pleine forme, devra en tenir compte.

Il faudra lui ménager un aquarium très planté avec des zones d'ombre et une eau plutôt acide au TH inférieur à 20°, peuplé de petites espèces calmes. La température ne doit pas dépasser 25 °C. Malgré toutes ces précautions, la vie de ces poissons est assez courte. Il est rare de les garder plus d'un an. Comme le font les vrais amateurs « killiphiles », il vaut mieux les conserver dans de petits aquariums spécifiques.

Leur reproduction y est alors très intéressante. Un petit bac d'une dizaine de litres suffit. Il doit être bien couvert et garni d'une couche de sable au-dessus de laquelle on dispose un lit de tourbe fibreuse bien stérilisée par ébullition. La filtration est tout à fait facultative et consiste, à la rigueur, en un petit filtre sous-sable. L'eau utilisée doit être de pH proche de 6,8, pour un TH de 20° maximum et une température de 22 °C. Un apport de 0,5 g de sel par litre d'eau ou de 1 % d'eau de mer ne peut qu'être salutaire. Un petit morceau de racine habillé d'un peu de mousse de Gobor, une plante à feuilles émergentes ou un peu de *Riccia* en surface rendront ce petit aquarium à coins ombreux et tranquilles aussi agréable pour l'aquariophile que pour les habitants. La plupart des « killiphiles », dans le but d'améliorer le rendement de la ponte et de mieux localiser les œufs, remplacent les plantes par un support synthétique auquel ils ont donné le nom de « mop ». Il s'agit de bouts de laine de Nylon pendant en bouquet sous un petit flotteur en polystyrène.

Les fibres de tourbe naturelles ou les « mops » de laine synthétiques flottant à la surface feront un nid idéal pour les œufs de Killies.

La laine doit toujours être de couleur sombre de façon à rendre les œufs plus visibles. Ce petit gadget permet de déplacer facilement la ponte d'un bac à un autre et aussi de la transporter sur de grandes distances pendant une quinzaine de jours à partir du moment où elle est conservée en air humide dans un petit sac en plastique (maintenance en diapose des œufs embryonnés).

Dès que le couple est prêt à frayer, les époux revêtent leur tenue des grands jours, couleurs renforcées, nageoires déployées. Le mâle prend l'initiative des avances. La femelle n'oppose qu'une faible résistance de principe. La ponte s'effectue à proximité de la végétation ou du « mop » si vous en avez disposé un, les deux poissons se tenant flanc à flanc pour la fécondation. Les œufs blancs transparents très adhésifs restent collés dans la végétation ou sur les brins du mop. La ponte peut s'échelonner sur 10 jours. Les parents correctement nourris peuvent être laissés jusqu'à la fin de la ponte. Cependant, il vaut mieux les enlever au bout d'une semaine de façon qu'ils ne puissent dévorer les minuscules nouveau-nés, l'éclosion ayant lieu une douzaine de jours après chaque ponte.

En cas d'emploi d'un mop pour le transport à sec de la ponte, on dispose d'une dizaine de jours avant qu'il soit nécessaire de le déposer dans un nouvel aquarium. Les œufs vont y éclore quelques heures après.

Dans tous les cas, les minuscules alevins doivent être nourris d'infusoires jusqu'au moment (quelques jours) où ils deviennent capables de manger des nauplies d'artémias.

Aphyosemion bivittatum

Synonyme : *Fundulus bivittatus*.
Nom commun : *Aphyo rayé*.
Origine : Cameroun ; Niger.
Taille : 6 cm.
Différences sexuelles : mâle plus coloré.
Comportement social : bon.
Température : de 18 à 25 °C.
Nourriture : petites proies vivantes.
Une coloration ne peut être définie car il existe de nombreux patrons en fonction de l'existence d'au moins 6 sous-espèces et 35 populations locales ! Le cas est fréquent chez tous les poissons du genre dont l'identification est souvent difficile sur les seuls critères morphologiques. Les spécialistes sont parfois obligés de recourir aux analyses génétiques.
La reproduction est semblable à celle d'*Aphyosemion australe*.

Aphyosemion gardneri

Synonyme : *Fundulus gardneri*.
Nom commun : *Gardneri*.
Origine : Nigeria ; Cameroun.
Taille : 6 cm.
Différences sexuelles : mâle plus coloré.
Comportement social : relativement agressif.
Température : de 22 à 25 °C.
Nourriture : petites proies vivantes.
Ce joli Aphyo est un des plus connus en aquariophilie. Ses caractéristiques sont très voisines de celles des précédents en dehors d'une certaine agressivité. La reproduction est analogue mais les œufs embryonnés peuvent être maintenus en diapose en milieu aérien humide pendant plus d'un mois.

Aplocheilus panchax

Synonyme : *Esox panchax* ; *Panchax panchax*.
Nom commun : *Panchax*.
Origine : Inde.
Taille : 8 cm.
Différences sexuelles : mâle plus coloré.
Comportement social : satisfaisant uniquement avec les poissons plus gros.
Température : de 24 à 28 °C.
Nourriture : petites proies vivantes.
Les *Aplocheilus*, qui ressemblent à de petits brochets, sont les « Killies » de l'Asie. Ces poissons peu colorés, tous de surface, de sociabilité douteuse et grands sauteurs, sont surtout estimés par les amateurs spécialisés. Le genre comporte bien d'autres espèces, généralement plus grandes, mais de mœurs semblables.

Ils apprécient des bacs assez grands offrant une large surface libre et des plantes flottantes. Ils sont tolérants quant à la qualité de l'eau.
Leur reproduction s'assimile à celle des Aphyos, mais l'élevage est rendu compliqué par la taille souvent minuscule des alevins.

Cynolebias nigripinnis

Synonyme : Cynolebias maculatus.
Nom commun : Perle noire d'Argentine; poisson éventail noir.
Origine : Argentine.
Taille : 7 cm.
Différences sexuelles : mâle plus grand et nettement plus coloré.
Comportement social : douteux.
Température : de 20 à 24 °C.
Nourriture : petites proies vivantes.

Ce superbe poisson bleu nuit orné de petits points blancs est, avec *Cynolebias belotti* (de même morphologie mais de robe plus claire), un bon représentant d'un genre qui est un exemple vivant d'adaptation naturelle en milieu hostile.
Les *Cynolebias*, tous originaires d'Amérique du Sud, pondent pendant la saison des pluies dans les eaux boueuses de petites mares ou de fossés. Dès que survient la saison sèche, ces points d'eau disparaissent et les poissons périssent. Les œufs, protégés de la dessiccation par leur enveloppe épaisse, survivent dans la boue séchée pendant six mois pour éclore quelques heures après la première goutte de la saison des pluies.
Leur sociabilité douteuse, leur brève existence en aquarium (un an) font que ces poissons n'offrent guère d'intérêt pour un aquarium de décoration. Ils plaisent surtout aux « killiphiles » à cause de leur reproduction réalisable en reconstituant les conditions naturelles.
Les règles générales d'installation du bac restent celles préconisées pour le Cap Lopez, mais la couche de tourbe doit être plus épaisse car ces poissons y enfouissent leurs œufs en s'y enfonçant la tête la première.
Après quelques jours, les pontes étant jugées suffisantes, les parents sont enlevés. On transfère alors la tourbe et les œufs embryonnés qu'elle contient dans un sachet en plastique transparent où on les conservera ainsi sous air, à l'état simplement humide, pendant trois mois. Pour obtenir l'éclosion, il suffira de placer la tourbe dans un petit bac nu empli sur une hauteur de quelques centimètres d'eau très douce à TH inférieur à 10° et de pH 6 pour une température de 25 °C. En quelques heures les alevins apparaissent et nagent au bout de 24 heures. On peut alors commencer à les nourrir directement avec des nauplies d'artémias. Le niveau de l'eau peut ensuite être progressivement monté.
D'une croissance ultra rapide, ils sont adultes et peuvent se reproduire à trois mois.
Le mode de reproduction facilite les échanges entre « killiphiles », de petits sachets de tourbe porteuse d'œufs pouvant être envoyés par courrier dans une simple enveloppe sur de grandes distances.

Epiplatys dageti

Nom commun : Epiplatys rayé.
Origine : Afrique occidentale; Liberia; Côte d'Ivoire.
Taille : 5 cm.
Différences sexuelles : dessous de la gorge rouge chez le mâle.
Comportement social : satisfaisant avec des poissons plus gros.
Température : de 20 à 28 °C.
Nourriture : petites proies vivantes, essentiellement.

Strié de raies noires sur une robe gris-vert pour le dos avec des reflets bleus sur les flancs, ce brochet miniature a beaucoup de succès en raison de sa forme inhabituelle chez les petits poissons d'aquarium d'eau douce.
Le genre *Epiplatys* est un proche parent du groupe des *Panchax*. Il s'agit de poissons de surface. Ils deviennent agressifs avec l'âge, mordant les nageoires de leurs compagnons d'aquarium et gobant les poissons plus petits.
Un amateur très averti peut en tenter la reproduction. Il convient d'utiliser un bac d'une trentaine de litres contenant la même eau que celle

recommandée pour les *Cynolebias* (50 % d'eau à pH 6,8 et TH 20° avec 0,50 g de sel par litre + 50 % d'eau déminéralisée) et de garnir le fond de quelques centimètres de tourbe filamenteuse bouillie. La filtration est inutile. L'eau est maintenue à 27 °C. Un mop complétera l'installation.

La période de ponte s'étale sur 2 ou 3 semaines. La meilleure solution pour la récolte des œufs consiste à prélever le mop porteur des œufs embryonnés pour le disposer dans un autre petit bac nu placé dans un endroit assez sombre. Les alevins éclosent au bout d'une dizaine de jours. Ils doivent d'abord être alimentés d'infusoires avant d'accepter les nauplies d'artémias. Il convient d'éclairer faiblement la surface afin d'attirer les proies là où se tiennent les alevins et de toujours maintenir une faible hauteur d'eau.

Le marché offre parfois d'autres espèces comme *Epiplatys sexfasciatus*.

Nothobranchius guentheri

Synonyme : Fundulus guentheri.
Nom commun : Guentheri.
Origine : Zanzibar.
Taille : 5 cm.
Différences sexuelles : mâle plus coloré.
Comportement social : bon.
Température : de 22 à 25 °C.

Nourriture : petites proies vivantes.
C'est l'espèce la plus couramment importée de ces petits joyaux de l'Est africain. Tous sont des splendeurs, leur robe étant un festival varié de rouge et de bleu.

Ils mesurent de 5 à 7 cm et ont un comportement social douteux. Ils ne se nourrissent que de petites proies vivantes. Fragiles, ils ne vivent que quelques mois, étant soumis dans la nature à des conditions saisonnières proches de celle des *Cynolebias* sud-américains dont ils ont aussi le comportement reproducteur. Ils ne sont pas à conseiller pour l'aquarium communautaire.

Rivulus cylindraceus

Synonyme : Rivulus marmoratus.
Nom commun : Rivulus de Cuba.
Origine : Cuba.
Taille : 5 cm.
Différences sexuelles : tache noire sur la base de la nageoire caudale chez la femelle.
Comportement social : bon.
Température : de 18 à 28 °C.
Nourriture : omnivore ; complément de petites proies vivantes.

Il existe de nombreuses espèces de *Rivulus* sud-américains. Ils sont surtout appréciés des spécialistes « killiphiles ». L'espèce mentionnée ici est parfois présente dans le commerce. De coloration olivâtre avec un ventre plus clair, ce petit poisson calme reste relativement indifférent à la nature de l'eau en la préférant assez douce et légèrement acide.

Sa reproduction est facile à obtenir et ressemble à celle des *Aphyosemion*.

LES *GOBIIDAE*

Brachygobius xanthozona

Nom commun : poisson-abeille.
Origine : Malaisie ; Indonésie.
Taille : 4 cm.
Différences sexuelles : peu visibles ; mâle plus coloré.
Comportement social : satisfaisant à douteux.
Température : de 21 à 26 °C.
Nourriture : petites proies vivantes.

C'est pratiquement la seule espèce d'eau douce de la grande famille des *Gobiidae* (dont la plupart sont des poissons marins) qu'on peut trouver assez couramment dans le commerce aquariophile.

Les nageoires ventrales réunies forment un disque adhésif qui lui permet de rester fixé sur un support en cas de fort courant. Ce petit poisson présente un corps jaune avec plusieurs barres noires verticales, qui lui ont values son nom commun. Dans la journée il reste fixé sur une feuille, une pierre, voire les vitres de l'aquarium. Il en est autrement la nuit, où il chasse, n'hésitant pas à avaler un petit poisson ou à mordre les nageoires d'un compagnon. Il est d'autant moins à conseiller qu'il exige des eaux très dures avec pH voisin de 8, TH à plus de 20° avec un apport d'eau de mer souhaitable de 2 %. La reproduction a été signalée en aquarium, mais comme très difficile.

LES HEMIRAMPHIDAE

Répandue dans les eaux de l'Asie tropicale, cette famille comprend surtout des espèces marines ou d'eau saumâtre. La mâchoire inférieure généralement fixe et plus longue que la supérieure (seule mobile) constitue le caractère original de ces poissons au corps fusiforme et participe à leur silhouette caractéristique.

Dermogenys pusillus

Nom commun : Dermogenys.
Origine : Thaïlande ; Malaisie ; Indonésie.
Taille : 7 cm.
Différences sexuelles : le mâle est plus petit, il a une nageoire dorsale rouge et il présente un gonopode sous la nageoire anale.
Comportement social : satisfaisant.
Température : de 22 à 28 °C.
Nourriture : omnivore mais avec complément nécessaire de petites proies vivantes.

Il s'agit d'un hôte très original avec une silhouette de petit brochet à bec. Le corps est presque transparent et présente de nombreux reflets. Les nageoires ont des taches rouges surtout marquées chez le mâle.

Son maintien en bonne santé exige une eau alcaline et dure (pH minimum de 7,2 avec TH minimum de 25°) et un léger apport d'eau de mer. En outre, il aime se tenir sous la feuille d'une plante de surface et répugne à descendre en pleine eau ; il importe donc qu'il puisse se nourrir en surface.
La sociabilité, satisfaisante avec les autres espèces, ne l'est pas entre mâles. Les luttes se terminent souvent par des becs cassés. La reproduction peut être réussie sur la base de celle indiquée pour les *Poeciliidae* car ces poissons sont ovovivipares. Les portées sont espacées de 40 à 60 jours et excèdent rarement 30 alevins qui naissent suffisamment gros pour être nourris d'emblée avec des nauplies d'artémias. Le bec se développe vers l'âge de deux mois.

LES *LORICARIIDAE* ET LES *GYRINOCHEILIDAE*

Les *Loricariidae* sont tous originaires du nord de l'Amérique du Sud.
Les *Gyrinocheilidae* sont d'origine sud-asiatique.
Ils ont en commun de posséder une bouche en forme de ventouse suceuse qui leur permet de brouter les algues fixées sur les plantes et les rochers.
Nous les avons donc artificiellement réunis ici afin de permettre à l'amateur de trouver groupés l'ensemble des vrais mangeurs d'algues utilisés comme agents nettoyeurs dans l'aquarium.

LES GYRINOCHEILIDAE
Gyrinocheilus aymonieri

Nom commun : Gyrino ; poisson nettoyeur.
Origine : Thaïlande et régions limitrophes.
Taille : 15 cm (jusqu'à plus de 20 cm dans la nature).
Différences sexuelles : non apparentes.
Comportement social : de satisfaisant à très douteux.
Température : de 22 à 26 °C.
Nourriture : omnivore mais avec une nette préférence pour les épinards et la laitue pochés.

Ce poisson asiatique est le seul représentant de la famille. Excepté son ventre blanc, son corps est grisâtre avec des raies, des barres et des points sombres qui le font ressembler à un petit goujon. Il n'offre d'intérêt en aquariophilie que par ses qualités de mangeur d'algues qu'il broute sur le substrat grâce à sa bouche en forme de ventouse.
Sa bonne santé exige des bacs bien plantés avec des cachettes pour ménager son caractère discret, et une eau neutre à légèrement alcaline. Son activité est surtout nocturne.
La sociabilité est bonne chez les jeunes sujets et devient douteuse, voire mauvaise, quand ils vieillissent. À la faveur de la nuit, ils se fixent par leur ventouse sur d'autres poissons en provoquant des plaies de forme circulaire caractéristique.

Le Gyrino qui prend cette mauvaise habitude ne s'en corrige pas et doit être sacrifié. Ce poisson, autrefois jugé indispensable à la propreté de l'aquarium est, de ce fait, très peu conseillé à l'heure actuelle. La reproduction en aquarium est inconnue.

LES LOCARIIDAE
Ancistrus dolichopterus

Synonyme : *Ancistrus cirrhosus*.
Nom commun : *Ancistrus*.
Origine : *bassin de l'Amazone*.
Taille : *13 cm*.
Différences sexuelles : *importantes excroissances cornues sur le front du mâle*.
Comportement social : *très bon*.
Température : *de 23 à 27 °C*.
Nourriture : *flocons ; algues ; épinards et laitues pochés*.

Ce poisson loche pacifique et paresseux aime se prélasser pendant des heures sur une racine immergée. La robe est brune tachetée de points sombres. Le mâle est curieux avec ses appendices céphaliques ressemblant à de grosses moustaches. Il apprécie une eau bien oxygénée avec une tolérance quant au pH et à la dureté.
Il accepte les aliments en paillettes et broute les algues sur le substrat mais peu sur les vitres.
La reproduction est difficile, ce poisson frayant dans des cavernes constituées par des racines.

Loricaria parva

Synonyme : *Rhineloricaria fallax*.
Nom commun : *Loricaire*.
Origine : *sud du Brésil ; Paraguay*.
Taille : *12 cm*.
Différences sexuelles : *non visibles*.
Comportement social : *bon*.
Température : *de 22 à 26 °C*.
Nourriture : *omnivore et alguivore*.

La robe de ces poissons, dont la forme très allongée ne manque pas d'élégance, est brun clair avec des striures plus foncées. Ils sont robustes et tolèrent une grande marge de qualité d'eau. Toutefois, ils sont habitués à vivre dans des courants rapides, l'eau de l'aquarium doit donc être très aérée. Calmes, ils aiment rester allongés sur un rocher ou une souche, ne provoquent aucun dégât dans l'aquarium mais ne constituent pas d'efficaces mangeurs d'algues, ces dernières ne constituant pour eux qu'un faible complément alimentaire.
La reproduction a été réussie mais dans des conditions difficiles à appliquer pour l'amateur. Citons aussi *Loricaria microlepidogaster*, espèce très voisine mais plus petite.

Otocinclus affinis

Nom commun : *Otocinclus*.

Origine : *sud du Brésil ; Paraguay*.
Taille : *4 cm*.
Différences sexuelles : *non apparentes*.
Comportement social : *très bon*.
Température : *de 21 à 27 °C*.
Nourriture : *exclusivement alguivores*.

Le genre *Otocinclus* comporte plusieurs espèces, les plus usuelles étant *Otocinclus affinis* et *Otocinclus vittatus*, toutes deux très voisines quant à la taille et à l'aspect, la robe allant du gris au brun avec des taches foncées. Malgré leur petite taille, ils sont très efficaces pour lutter contre les algues. Ils demandent des bacs bien plantés dont l'eau est neutre à légèrement acide.
La reproduction peut être tentée. La méthode est similaire à celle indiquée pour la famille des *Corydoras*.

Les Plecostomus

Genres :
Hypostomus ; *Pterygoplichthys*.
Noms communs : *Plécos*.
Origine : *bassin de l'Amazone*.
Taille : *14 à 40 cm suivant les espèces*.
Différences sexuelles : *non apparentes*.
Comportement social : *satisfaisant*.
Température : *de 20 à 28 °C*.
Nourriture : *omnivores ; alguivores ; nette préférence pour les épinards et la laitue pochés*.

Les aquariophiles groupent sous le terme *Plecostomus* une série de poissons de genres et d'espèces différents mais de morphologie et de mœurs très voisines. Ils ressemblent tous à de grosses loches brunes ou beiges plus ou moins tachetées et ponctuées de noir ou de brun foncé. Ils présentent une bouche transformée en large ventouse suceuse qui leur permet de brouter les algues et de se fixer sur de nombreux supports dont les glaces de l'aquarium. Le plus connu est *Hypostomus plecostomus*.

Ils présentent une grande tolérance en température comme en nature d'eau. Très pacifiques, ils ont malheureusement le défaut d'atteindre une assez grande taille et de bouleverser alors le décor. Les Plécos ne sont donc à conseiller comme agents nettoyeurs que dans de grands bacs à la végétation rustique et bien enracinée.

Bien qu'elle ait été tentée, la reproduction n'a jamais été réussie en aquarium.

LES MELANOTAENIIDAE

Les poissons du genre sont tous originaires du continent australien. Nous avons pris *Glossolepis incisus* comme témoin car c'est la plus fréquemment présente dans le commerce. Tous les autres « Mélanos » sont aussi de magnifiques poissons que nous ne pouvons tous citer car ils sont trop nombreux et, de plus, il en apparaît toujours de nouvelles variétés. Ils ont tous les mêmes caractéristiques biologiques. Ils apprécient une eau relativement dure avec pH supérieur à 7,5 et TH jusqu'à 25°. Longtemps considérés comme des raretés, ils sont maintenant présents chez la plupart des détaillants depuis que leur élevage s'est généralisé. En effet, la reproduction ne présente pas de grosses difficultés. Elle peut être tentée par l'aquariophile chevronné. Il faut utiliser un bac assez grand d'une cinquantaine de litres au moins. Comme pour beaucoup de poissons, l'exposition aux rayons de soleil du matin est un stimulant. L'aquarium sera rempli sur une hauteur de 25 cm avec une eau assez dure de pH 7,5 et de TH 25°. Apport de 1 % d'eau de mer conseillé.

La température de l'eau doit être portée à 26 °C. Filtration sous sable. Planter abondamment avec en surface une couche de *Riccia* ou autres plantes flottantes. La parade nuptiale du mâle est assez remuante. La ponte et la fécondation ont lieu dans les plantes, notamment les plantes flottantes. Les œufs transparents, d'environ 1 mm de diamètre, restent collés aux feuillages, comme suspendus à une sorte de fil visqueux. La ponte complète s'étale pendant 4 à 5 jours mais les parents doivent être enlevés au bout de 48 heures pour éviter qu'ils mangent trop d'œufs. Leur incubation dure 6 à 10 jours. Les jeunes alevins sont petits et doivent être alimentés quelques jours avec des infusoires avant de passer aux microvers et aux nauplies d'artémias.

Melanotaenia boesemani

Nom commun : Bossémani ; Arc-en-ciel bicolore.
Origine : Nouvelle-Guinée.
Taille : 12 cm.
Différences sexuelles : mâle plus coloré et plus longiligne.
Comportement social : satisfaisant ; aime vivre en groupe.
Température : de 22 à 28 °C.
Nourriture : omnivore.

Joli poisson moitié-moitié bleu ardoise et jaune. Ses caractéristiques sont les mêmes que celles des autres poissons du genre. Il se satisfait très bien d'une eau très dure.

Melanotaenia macculocchi

Nom commun : Mélano.
Origine : continent australien du Nord.
Taille : 9 cm.
Différences sexuelles : mâle plus coloré et plus longiligne.
Comportement social : satisfaisant ; aime vivre en groupe.
Température : de 22 à 28 °C.
Nourriture : omnivore.

C'est l'un des plus petits « Mélanos » et il peut être placé dans un bac d'ensemble à condition de ne pas être solitaire car il aime vivre en petit groupe. Les parents bien nourris ne mangent pas les œufs qu'ils produisent.

Melanotaenia splendida

Nom commun : Mélano arc-en-ciel.
Origine : Australie.
Taille : 15 cm.
Différences sexuelles : mâle plus coloré avec corps plus haut et nageoires impaires plus pointues.
Comportement social : satisfaisant ; aime vivre en groupe.
Température : de 22 à 26 °C.
Nourriture : omnivore.
Ce magnifique poisson ne doit pas vivre en solitaire mais en petit groupe. Comme pour tous les « Mélanos », un aquarium spécifique, spacieux et bien planté, est conseillé. Bien qu'il soit pacifique, il devient trop grand et est trop actif pour cohabiter avec de petites espèces sans que celles-ci en subissent les conséquences.

Melanotaenia trifasciata

Nom commun : Mélano diamant ; Arc-en-ciel.
Origine : Australie.
Taille : 15 cm.
Différences sexuelles : mâle nettement plus coloré avec corps plus haut et nageoires impaires plus pointues.
Comportement social : satisfaisant ; aime vivre en groupe.
Température : de 22 à 26 °C.
Nourriture : omnivore.
Très beau poisson aux particularités identiques à celles du précédent.

Glossolepis incisus

Nom commun : Glossolépis ; Arc-en-ciel de Guinée.
Origine : nord de la Nouvelle-Guinée.
Taille : 15 cm.
Différences sexuelles : mâle coloré en rouge avec corps plus haut et nageoires impaires plus pointues que la femelle qui est grisâtre.
Comportement social : satisfaisant ; aime vivre en groupe.
Température : de 22 à 32 °C.
Nourriture : omnivore.
Les *Glossolepis* sont morphologiquement très proches des *Melanotaenia* dont ils ont également les mœurs. Ils peuvent donc cohabiter sans problème.

LES **MORMYRIDAE**

Cette catégorie comprend plusieurs genres de poissons d'eau douce originaires d'Afrique tropicale et de la vallée du Nil.

Particularité curieuse, ils sont capables d'émettre de faibles décharges de courant électrique produites par des organes électrogènes situés dans le pédoncule caudal. Leur vue étant très mauvaise, ils se repèrent surtout grâce à ces ondes électriques (un peu comme un sonar employé dans les sous-marins) qui, réfléchies sur les obstacles, sont reçues par des organes situés au niveau de la tête avant d'être décodées dans le cerveau.

Gnathonemus petersi

Nom commun : poisson éléphant.
Origine : bassin du Niger ; Congo ; Cameroun.
Taille : 15 à 18 cm.
Différences sexuelles : non apparentes.
Comportement social : bon.
Température : de 24 à 28 °C.
Nourriture : omnivore ; petites proies vivantes détectées dans la couche superficielle du sable qui doit être très fin.
Parmi les représentants de la famille des *Mormyridae*, les aquariophiles s'intéressent surtout au genre *Gnathonemus* et notamment aux espèces qui comportent un rostre mou en forme de petite trompe, en particulier l'espèce *Petersi*.
De couleur marron sombre, voire presque noire, ce poisson présente une ligne verticale courbe allant de la base de la dorsale à celle de l'anale. Il est

très original avec son rostre mou évoquant la trompe de l'éléphant. C'est un poisson de fond qui, de sa trompe, fouille sans cesse le sol à la recherche de nourriture. La granulométrie du sable dont on aura pris soin de recouvrir le fond doit être fine pour ne pas risquer de blesser cet organe fragile. Il a une activité surtout crépusculaire, voire nocturne, ce qui nécessite un aquarium avec de nombreux refuges ombragés. La qualité de l'eau doit être moyenne en pH et en TH. Pour le maintenir en bonne santé, il lui faut un apport régulier de petites proies vivantes tombant sur le fond, essentiellement des vers de vase. La reproduction est inconnue en aquarium.

LES *POECILIIDAE*

Cette famille présente les caractéristiques générales propres aux *Cyprinodontidae*, excepté le fait que tous ses membres sont vivipares. Pour cette raison, certaines méthodes de classification les ont répertoriés comme une sous-famille sous le nom de *Cyprinodontidae vivipares*.
En conséquence de leur viviparité, la nageoire des mâles est devenue très allongée et pointue ; elle porte le nom de gonopode. C'est un organe copulateur orientable. La femelle présente une poche abdominale incubatrice où les œufs fécondés sont conservés jusqu'à l'éclosion et l'expulsion des jeunes alevins. Ces poissons sont en fait plus des ovovivipares que de vrais vivipares.

Tous les membres de cette famille sont actifs et nagent complaisamment devant l'aquariophile. Les mâles, très ardents, poursuivent d'une cour assidue les femelles qui sont fécondées pour plusieurs portées au cours d'une brève copulation. C'est pourquoi il est recommandé de ne pas descendre au-dessous d'une proportion de deux femelles pour un mâle.
Chez les espèces où la pigmentation n'est pas trop foncée, la poche incubatrice de la femelle apparaît comme une tache sombre dont la progression permet de prévoir une prochaine mise au monde. La naissance des jeunes se produit à la suite d'une série de contractions qui les expulsent un par un. Les nouveau-nés, sitôt passés les premiers instants d'étourdissement, se mettent à nager et vont à la recherche d'un indispensable refuge à l'abri de la convoitise des parents qui, comme souvent, se montrent très friands de leur jeune progéniture.
La reproduction de ces espèces est facile, l'amateur pouvant obtenir des jeunes sans intervention particulière. Dès lors, il ne faut pas s'étonner qu'il s'agisse de poissons très appréciés et très courants. La possibilité d'obtenir en cours d'année plusieurs générations successives a permis la création de nombreuses variétés à la suite de patientes sélections. Les hybridations entre espèces sont même fréquentes. C'est dire que les formes sauvages de la plupart des espèces ont totalement disparu du commerce aquariophile.

Poecilia reticulata

En haut, une femelle. En bas, beaucoup plus petit mais plus coloré, un mâle sauvage.

Synonyme : Lebistes reticulatus.
Nom commun : Guppy.
Origine : nord du bassin de l'Amazone ; petites Antilles ; désormais introduit dans tous les pays tropicaux.
Taille : mâle 3 cm ; femelle 5 cm.
Différences sexuelles : mâle porteur du gonopode et infiniment plus petit et plus coloré que la femelle qui présente un abdomen rebondi où la poche incubatrice sombre est bien visible.
Comportement social : très bon.
Température : de 20 à 30 °C.
Nourriture : omnivore.
Pour la petite histoire, le nom commun de Guppy donné à ce poisson dans le monde entier provient de son découvreur. En effet, c'est le Dr Guppy qui le découvrit en 1859 dans les Petites Antilles, plus précisément à Trinidad.
Grand destructeur de larves de moustiques dans la nature, il accepte tous les types d'aliments en aquarium. Il apprécie une eau neutre à dure et un bac bien planté où les femelles peuvent se soustraire à la cour incessante des mâles. L'apport hebdomadaire d'eau neuve est indispensable à leur bonne santé.

Depuis le type sauvage, aux nageoires peu développées, jusqu'aux variétés de sélection à la robe multicolore et aux nageoires développées en forme de voiles ou de lyre, il y a des Guppys pour tous les goûts et toutes les bourses. De nombreux éleveurs amateurs passionnés rivalisent dans la création incessante de nouvelles races et parviennent à attirer un nombreux public lors d'expositions et de concours consacrés à ce seul poisson.

Variétés de Guppys mâles de sélection.

Le Guppy est le plus prolifique de tous les poissons d'aquarium ; en témoigne son surnom anglais de « million fish ». La reproduction est tellement simple que nous lui devons le développement d'une initiation aquariophile pouvant commencer à l'enfance, ce poisson n'étant ni coûteux, ni exigeant.

Cela ne justifie pas le placement de la femelle dans un pondoir flottant comme c'est souvent la coutume. En effet, elle s'y impatiente et risque de se blesser. De plus, les jeunes ne peuvent s'y développer correctement. Pour obtenir le meilleur résultat, il faut utiliser un petit bac d'une vingtaine de litres empli d'eau de conduite à plus de 25 °C, un lit de sable avec un petit filtre sous gravier et quelques plantes à feuilles fines. On y place une femelle jugée suffisamment gravide. La naissance ayant été constatée, soit par la vue des alevins, soit par la platitude du ventre de la mère, il convient d'enlever celle-ci. Les nouveau-nés (20 à 40 par portée) peuvent, à la rigueur, être nourris avec des poudres fines d'aliments séchés, mais la distribution de nauplies d'artémias, du moins en complément, est souhaitable. Bien nourris, ils achèvent leur croissance en 3 mois. Les capacités de reproduction deviennent optimales à 6 mois.

Poecilia sphenops

Synonyme : Mollienesia sphenops.
Nom commun : Black Molly.
Origine : Amérique centrale; nord de l'Amérique du Sud.

Les poissons

Taille : 10 cm.
Différences sexuelles : mâle porteur du gonopode ; la femelle présente un abdomen rebondi où la poche incubatrice est peu visible.
Comportement social : bon.
Température : de 25 à 30 °C.
Nourriture : omnivore.

La nuance d'origine est grise à taches noires. Par sélection a été obtenue une variété d'un noir velouté ou « Black Molly » qui est désormais la seule présente dans le commerce.

Ces poissons apprécient une eau neutre de pH et à TH élevé pour une température supérieure à 26 °C. Le bac doit être bien planté. Un apport de 50 % d'eau neuve chaque semaine est indiqué.

La reproduction est analogue à celle du Guppy. Les alevins qui naissent assez gros sont généralement épargnés par des parents bien nourris.

Poecilia latipinna

Synonyme : Mollienesia latipinna.
Nom commun : Black Molly.
Origine : sud-est des États-Unis.
Taille : 10 cm.
Différences sexuelles : mâle porteur du gonopode ; la femelle présente un abdomen rebondi où la poche incubatrice est peu visible.
Comportement social : bon.
Température : de 25 à 30 °C.
Nourriture : omnivore ; apprécie les algues vertes.

La différence avec l'espèce précédente plus courante réside dans la nageoire dorsale qui s'implante sur toute la longueur du dos. Il existe ici aussi une variété noire qui est la plus recherchée. On trouve également de nombreuses variétés issues de patientes sélections et de croisements entre *P. sphenops* avec *P. latipinna*, dont le célèbre « Poecilia lyre » ou « Black lyre ».

Malheureusement, ces poissons sont plus exigeants quant à la température qui doit être plus élevée (au moins 27 à 28 °C) et la qualité de l'eau qui doit non seulement être dure, mais en outre comporter un léger apport d'eau de mer de 2 %.

Poecilia velifera

Synonyme : Mollienesia velifera.
Nom commun : Velifera.
Origine : Yucatán.
Taille : 13 cm.
Différences sexuelles : mâle porteur du gonopode et d'une nageoire dorsale très développée.
Comportement social : bon.
Température : de 22 à 28 °C.
Nourriture : omnivore ; apprécie les algues et les végétaux tendres.

Avec son corps aux reflets bleu acier surmonté d'une énorme dorsale en voilure constellée de points irisés, le mâle est réellement une bête splendide.

Pondoir flottant traditionnel pour vivipares.

Proches de *Poecilia latipinna* par sa silhouettes et par ses exigences, ces poissons demandent un grand aquarium dans lequel, d'ailleurs, seul le mâle le plus vigoureux atteint un plein développement. L'eau doit être ici nettement dure avec un apport de sel marin de 2 à 3 g par litre. Cette espèce peut même vivre en eau saumâtre. La reproduction est celle commune aux vivipares mais nécessite un plus grand bac.

Il existe de nombreuses variétés de sélection (noire, fumée, jaune, albinos, etc.) et des hybrides, que l'on trouve plus couramment dans le commerce que sous leur forme sauvage.

Xiphophorus helleri

Synonyme : Mollienisia helleri.
Nom commun : Xipho ; Porte-épée.
Origine : Mexique.
Taille : 12 cm.
Différences sexuelles : mâle porteur du gonopode et d'une nageoire caudale prolongée en épée.

116 • Le guide de l'aquarium d'eau douce

Comportement social : bon.
Température : de 22 à 28 °C.
Nourriture : omnivore ; apprécie les algues.

Il existe plusieurs sous-espèces locales de Xiphos sauvages, la plupart étant de nuance verdâtre avec une bande rouge orangé sur la ligne médiane et, chez le mâle, une nageoire caudale prolongée en forme d'épée plus ou moins longue, généralement verte bordée de jaune et noir. On ne trouve plus que des variétés et des hybrides féconds d'élevage parmi lesquelles il faut citer les variétés suivantes.

Variétés de Xyphophorus helleri.

• Les divers Xiphos rouges.
• Le Xipho wagtail, dont les rayons des nageoires sont noirs comme chez les Platys du même nom.
• Les Xiphos tuxedo et berlinois, deux variétés rouges à taches noires provenant d'un croisement avec une souche de Platy.
• Le Xipho noir, qui est le produit d'un Platy noir (variété Nigra) et d'une femelle Xipho verte. Le corps bleu-noir est enjolivé d'écailles à reflets métalliques sur les flancs.
• Des variétés albinos, à nageoires en forme de voiles, à nageoire caudale en forme de lyre, etc.

Depuis des années, on ne trouve malheureusement plus dans le commerce aquariophile que des spécimens hybrides de qualité médiocre, déplorable conséquence d'une production des fermes asiatiques d'élevage axée sur la quantité et non sur la qualité.

On peut observer chez les *Poeciliidae* des changements de sexe en cours de vie. C'est chez les Xiphos qu'ils sont les plus fréquents, dans le sens femelles qui deviennent des mâles féconds. Les femelles naîtraient bisexuées. L'ovaire s'atrophie avec l'âge, tandis que la gonade prend le relais, sa sécrétion hormonale déclenchant la transformation de la nageoire anale en gonopode ainsi que l'apparition d'une épée sur la caudale.

La sociabilité est parfois médiocre entre mâles alors qu'elle demeure bonne avec les autres compagnons de l'aquarium.

Le milieu préféré consiste, comme pour les Mollies, en une eau franchement alcaline et très dure, mais l'adjonction d'eau de mer n'est pas nécessaire.

La reproduction est facile. Toutefois, il convient de disposer d'un beau couple adulte et d'un bac assez grand. Il est également indiqué chez les jeunes de séparer précocement les sexes si l'on veut éviter des accouplements prématurés.

La quasi-similitude des gonopodes rend possibles les croisements Xiphos-Platys.

Xiphophorus maculatus

Synonyme : Platypoecilus maculatus.
Nom commun : Platy.
Origine : Amérique centrale.
Taille : 5 cm.
Différences sexuelles : mâle porteur du gonopode ; femelle plus trapue.
Comportement social : très bon.
Température : de 22 à 27 °C.
Nourriture : omnivore.

La forme sauvage de ce poisson très populaire n'est presque jamais commercialisée. Le genre n'est plus représenté en aquarium que par des variétés de sélection et des hybrides dont les plus appréciés sont :
• le Platy lune, de couleur jaune orangé à reflets bleu-vert, avec une tache en forme de quartier de lune à la base de la caudale ;
• le Platy rouge, écarlate aux yeux bleu ciel chez les plus beaux sujets ;

Les poissons • 117

- le Platy citron, de couleur crème à jaune ;
- le Platy tuxedo, de couleur rouge-brun tacheté de noir ;
- le Platy wagtail, au corps rouge ou citron avec les rayons des nageoires noirs ;
- le Platy noir, au corps bleu noirâtre ;
- Les Platys voiles, aux nageoires très développées.

Toutes les variétés se croisent entre elles ce qui permet d'obtenir des hybridations à l'infini. Les Platys sont de jolis petits poissons qui jettent des notes de couleur dans l'aquarium. Ils demandent une eau dure, bien aérée, moins alcaline et moins minéralisée que les autres vivipares. Ils sont en outre moins herbivores et leurs alevins sont plus délicats. La mère mangeant volontiers ses petits, nous conseillons de l'enlever dès que l'expulsion des alevins est terminée. La première nourriture devra comprendre des nauplies d'artémias si l'on veut réussir la croissance.

Xiphophorus variatus

Synonyme : *Platypoecilus variatus*.
Nom commun : Platy variatus.
Origine : sud du Mexique.
Taille : 6 cm.
Différences sexuelles : mâle porteur du gonopode, coloration plus vive.
Comportement social : bon.
Température : de 22 à 28 °C.
Nourriture : omnivore.

Ce Platy, moins « travaillé » que l'espèce précédente, présente une coloration générale jaune ocre avec des reflets sur la ligne latérale. La nageoire dorsale est plus développée. La différenciation est cependant difficile en pratique et une confusion bien naturelle règne chez les aquariophiles.
En dehors du fait que sa durée de vie est relativement courte, les caractères généraux sont les mêmes que ceux de *Xiphophorus maculatus*.

LES *SILURIDAE*

Les poissons de cette grande famille répartie dans le monde entier ont la bouche entourée de barbillons parfois transfomés en longs filaments. En raison de leur grande taille la plupart ne convient qu'aux aquariums de gros poissons.

Kryptopterus bicirrhis

Nom commun : silure de verre
Origine : Inde
Taille : 10 cm
Différences sexuelles : inapparentes
Comportement social : très bon. vit en groupe.
Température: de 21 à 27°C
Nourriture: omnivore ; petites proies vivantes

Comme *Chanda ranga*, il doit sa popularité à la transparence étonnante de son corps qui laisse voir nettement le squelette et les organes vitaux.
Mode de reproduction inconnu.

Variétés de Platys mâles.

Synodontis nigriventris

Nom commun : ventre en l'air
Origine : Bassin du Congo
Taille : 8 cm
Différences sexuelles : inapparentes

Comportement social : bon.
Température : de 23 à 27°C
Nourriture : omnivore ; broute les algues.
Ce poisson a la curieuse particularité de nager ventre en l'air. Reproduction rarement signalée.

LES TETRAODONTIDAE

Cette famille est très répandue dans les eaux tropicales. Ses représentants vivent en majorité en eau de mer. Une minorité s'est cependant adaptée en eau douce, en général dans des régions où cette eau est saumâtre. L'originalité de ces poissons au corps globuleux est de pouvoir se gonfler d'air ou d'eau quand ils sont menacés, d'où leur surnom de « poissons ballons ». Ils présentent deux incisives soudées à chaque mâchoire et leur peau est dépourvue d'écailles.

Tetraodon fluviatilis

Synonyme :
Arothron dorsovittatus.
Nom commun : Tétraodon ; poisson-ballon.
Origine : Sud-Est asiatique et Philippines.
Taille : 7 cm (plus grand dans la nature).
Différences sexuelles : non visibles.
Comportement social : douteux.
Température : de 23 à 28 °C.
Nourriture : accepte parfois les flocons mais l'apport de petites proies vivantes est indispensable.

La coloration du corps, olivâtre sur le dos, devient jaune sur les flancs. Le ventre est blanc. Le corps est orné de larges taches noires.
Ce poisson original, proche parent du Diodon marin, est un précieux auxiliaire pour se débarrasser des escargots dont il est très friand. En revanche, il ne résiste pas longtemps à la captivité s'il ne peut disposer d'eau saumâtre – à la proportion d'au moins 5 % d'eau de mer – et de proies vivantes. En outre, il a tendance à devenir agressif et à attaquer les nageoires de ses compagnons. Il n'est donc pas à conseiller dans l'aquarium d'ensemble malgré son aspect très attrayant.
La reproduction en captivité a été signalée.
Les autres espèces de Tétraodons d'eau douce sont rarement importées.

LE POISSON ROUGE

Ce poisson de la famille des *Cyprinidae* doit être traité à part en raison de caractères particuliers. En effet, il s'agit plus d'un poisson de bassin que d'un poisson d'aquarium et d'un poisson d'eau froide que d'eau chaude tropicale.
Et pourtant il reste le poisson décoratif le plus populaire. Il s'en vend plus de deux millions par an en France.
Objet de notre premier rêve piscicole d'enfant, il a une histoire qui se confond avec celle de l'aquariophilie, comme nous l'avons vu dans l'introduction de ce livre.

Son élevage constitue une véritable industrie. Pour l'Europe, la production de masse vient de l'Italie du Nord. Il en existe de multiples variétés – du poisson rouge le plus commun au plus somptueux des poissons rouges Japonais –, descendant toutes du genre *Carassius* et de l'espèce *auratus*.

Carassius auratus

Nom commun : poisson rouge.
Origine : Asie tempérée ; répandu actuellement dans toutes les régions tempérées du monde.
Taille : 10 à 30 cm suivant l'espace offert.
Différences sexuelles : peu visibles ; abdomen plus rebondi chez la femelle.
Comportement social : satisfaisant.
Température : de 5 à 25 °C.
Nourriture : omnivore.

Depuis des siècles, les Japonais sont passés maîtres dans la sélection génétique et le croisement de spécimens pour obtenir de nouvelles et nombreuses variétés que l'on peut acquérir dans le commerce.

• Le poisson rouge classique. Les sujets élevés peuvent être rouge, rouge et noir, rouge et blanc, bronze, jaune, etc., avec tous les mélanges possibles de couleurs en proportion et en répartition.

• La variété « comète ». C'est un poison de luxe aux longues nageoires.

• Les multiples variétés « queues de voile », dont les nageoires, sont très développées avec une caudale comportant plusieurs lobes.
• Des sous-variétés du queue de voile plus ou moins monstrueuses, la première obtenue dès le XVIIIe siècle n'ayant plus de nageoire dorsale. Depuis sont apparues les formes à écailles perlées (« pearl scaled »), celles à la tête ornées de protubérances dites « têtes de lion », celles aux yeux bulbeux dites « télescopes », celles aux yeux orientés vers le haut dites « yeux au ciel », etc.

Le poisson rouge ne doit qu'à sa grande robustesse de pouvoir vivre confiné dans un volume réduit (à l'extrême un récipient de quelques litres). En fait, c'est un poisson de bassin extérieur. Là seulement, il mène une existence normale et se reproduit naturellement. Il est toutefois parfaitement possible de le maintenir en bonne santé en aquarium, et même de le conserver longtemps en vie dans la classique boule de verre, à condition de suivre les conseils suivants :
• acheter la boule la plus grande possible et n'y placer qu'un à deux sujets ;
• varier la nourriture et surtout veiller à ce qu'elle soit entièrement consommée à chaque distribution en respectant un jeûne un jour par semaine ;
• pour les changements d'eau, prendre de l'eau du robinet reposée depuis 24 heures pour que toute trace de chlore soit éliminée par évaporation et qu'elle soit à température ambiante pour éviter les chocs thermiques mortels.

Cependant, il est plus raisonnable de conserver ces poissons dans un aquarium cubique normal équipé d'un système de filtration et garni de sable sur le fond.

Les variétés japonaises de valeur doivent vivre dans un aquarium de grand volume équipé comme ceux où l'on installe des espèces exotiques – exepté le chauffage. L'aquarium ne sera peuplé qu'à raison de 1 poisson pour 20 litres d'eau. Pour compenser les dégâts occasionnés par les fouilles du sol auxquelles ces poissons aiment se livrer, il devra être équipé d'un filtre externe à gros débit. L'eau sera neutre à moyennement dure, l'eau de conduite convenant dans la plupart des cas.

On ne peut espérer réussir une reproduction qu'en bassins extérieurs riches en végétation. Obtenir un résultat positif n'est donc pas à la portée de l'aquariophile amateur.

Les aquariophiles japonais sont passés maîtres dans l'art de la « fabrication » de nouvelles variétés de poissons rouges. Il appartient peut-être aux amateurs de ne pas faire de surenchère.

L'alimentation

Avec le sommeil, l'alimentation est pour tout être vivant, le moyen de réparer une partie de son usure et de trouver l'énergie nécessaire à son entretien.

La manipulation des drosophiles est plus aisée depuis qu'une espèce mutante non volante est apparue sur le marché.

Dans la nature, en dehors des poissons carnassiers qui font irrégulièrement un festin sous forme d'une grosse proie, les autres espèces emploient une bonne partie de leur temps à rechercher une nourriture qu'ils grignotent au fur et à mesure de sa découverte.
En captivité, il ne peut en être de même. Les poissons prennent vite l'habitude de recevoir les aliments qu'on leur distribue. Ils finissent même par savoir l'heure à laquelle la manne nourricière va tomber. On a écrit des poissons, sous prétexte que c'est le cas pour quelques espèces, qu'ils étaient des voraces mangeant tout le temps n'importe quoi. Les fins pêcheurs (ces aquariophiles qui s'ignorent), tout comme les propriétaires d'aquarium, savent qu'il n'en est rien. Inutile d'offrir un grain de chenevis à une truite ; inutile de présenter des daphnies sèches à un combattant.
Il n'en faut pas conclure que les poissons réclament des repas fins, des « petits plats », mais seulement qu'il convient de leur donner une nourriture adaptée à leurs besoins et à leurs goûts.

L'alimentation des poissons adultes
Les nourritures sèches
Les nourritures sèches sont composées de viandes, poissons, crustacés et céréales en proportions équilibrées ; certains de ces mélanges sont accompagnés d'épinards et autres éléments végétaux pour les nombreuses espèces partiellement herbivores. Toutes contiennent une juste proportion de protides, de glucides et de lipides, sans oublier les vitamines et les oligo-éléments. Ces aliments sont desséchés par congélation puis sublimation sous vide afin de garder le maximum de propriétés nutritives. Ils sont la base de l'alimentation de la plupart des poissons. Ils se présentent sous forme de paillettes friables ou de granulés calibrés suivant la taille des poissons. Les versions « en poudre » sont à réserver aux alevins. Quant aux tablettes, elles tombent sur le fond et conviennent donc aux poissons fouilleurs.
À côté de ces excellentes nourritures composées, on trouve dans le commerce des boîtes de daphnies séchées. Elles ont une valeur nutritive dérisoire, étant surtout constituées de la chitine formant la carapace de ces petits crustacés. Elles ne conviennent en rien aux besoins de nos espèces exotiques et ne doivent être à la rigueur distribuées

QUE CHOISIR ?
On trouve dans le commerce aquariophile un grand choix de boîtes d'aliments séchés en paillettes ou granulés dont la composition et la taille ont été calculées par des nutritionnistes pour convenir à la majorité des poissons d'aquarium. Bien consulter les notices qui donnent toutes les indications sur les espèces de poissons pour lesquelles elles sont conçues.

LA CONSERVATION
Ne pas oublier de consulter la date de péremption lors de l'achat.
Comme tous les aliments, les produits pour poissons ne conservent que peu de temps leur qualité après ouverture. À défaut d'une importante population, il vaut donc mieux acheter des boîtes de taille moyenne.

QUOI SURGELER ?

La surgélation permet une alimentation variée de qualité :
- petites proies (vers de vase, tubifex, artémias, daphnies).
- moules.
- végétaux (épinards).
- plats préparés (menus spécifiques pour Cichlidés par exemple).

LA CONSERVATION.

Ne jamais recongeler des aliments ayant déjà subi une décongélation. On risque l'introduction de spores de moisissures ou de bactéries dangereuses.

CONDITIONNEMENT DES SURGELÉS

- en plaques pour les daphnies, vers de vase, tubifex.
- en barquettes pour les moules.
- en cubes-portions.

PRÉCAUTIONS

Il existe dans les ruisseaux et les mares de nombreux petits animaux prédateurs ou parasites des poissons qu'il faut à tout prix éviter d'introduire dans l'aquarium (larves de libellules ou de dytiques, dytiques adultes ; noctonètes, sangsues). Un tri soigneux s'impose donc avant de distribuer dans l'aquarium le zooplancton récolté dans la nature. Tout animal suspect devra être éliminé.

---

qu'aux poissons rouges et aux poissons japonais, dont l'intestin est long et sinueux. Seuls ces gros mangeurs qui souffrent facilement de constipation peuvent tirer profit d'un complément alimentaire laxatif de daphnies séchées.

Les aliments surgelés

Bien qu'elle ne conserve pas la vie, et par conséquent le mouvement, la congélation représente la solution pratique idéale au problème alimentaire. Elle permet de conserver les aliments dans un état de fraîcheur qui leur garde la saveur de l'aliment frais. Ces surgelés conviennent à la grande majorité des poissons, à l'exception de ceux qui ne s'emparent d'une proie que si elle bouge.

Pour leur emploi, l'amateur peut :
- soit acheter chez son commerçant en aquariophilie des aliments congelés du type de ceux évoqués ci-dessous au titre de proies vivantes (notamment des vers de vase et des artémias) et les conserver dans son congélateur, ou moins longtemps dans le freezer du réfrigérateur.
- soit assurer lui-même la congélation de proies achetées vivantes.

Les nourritures fraîches du marché

Malgré les éminentes qualités des aliments industriels et des surgelés, il est souhaitable de distribuer de temps à autre des aliments frais. Ceux-ci peuvent consister en un peu de foie ou de cœur de bœuf cru et râpé (la quantité devant être strictement limitée à ce qui est immédiatement consommé), en fragments de chair de poisson maigre ou, mieux encore, en quelques œufs de poissons (toujours crus), enfin en chair de moule.

Ce dernier mets est particulièrement apprécié par toutes les espèces. Voici comment le préparer. Faire ouvrir les moules par une courte cuisson. Prélever le manteau, c'est-à-dire la partie charnue jaune qui entoure le corps de la moule. Pour les poissons d'une taille supérieure à 4 cm, il suffit de le fractionner à la main. Pour les petites espèces il est nécessaire de le hacher finement. Les gros poissons peuvent consommer des moules entières qu'ils auront plaisir à gober. Les poissons végétariens apprécieront un apport de verdure fraîche consistant en épinards ou en laitue tendres. On peut piquer une demi-feuille verte dans le sol, ce qui permet une récupération facile de ce qui n'est pas consommé.

Le zooplancton vivant dans nos mares

On trouve dans nos mares de petits crustacés et larves de moustiques qui peuvent être récoltés lorsque la saison est favorable. Ces animaux constituent une alimentation de premier choix pour de nombreux poissons.

Il est préférable de repérer les bonnes mares en pleine campagne ou en forêt. On préférera les plans d'eau permanents, de préférence légèrement ombragés, ce qui évite le ramassage de nombreuses algues

filamenteuses dont il est difficile de se débarrasser et qui vont rapidement obstruer filets et tamis. Les mares particulièrement intéressantes sont celles qui se trouvent dans les prés où paissent de nombreux animaux car elles sont riches en matières organiques.
La récolte se fait à l'aide d'un filet en tulle fin que l'on promène lentement en pleine eau près du fond, sans remuer la vase. Après chaque passage le filet est retourné dans un seau empli d'eau de la mare de façon à détacher le produit de la récolte. Quand on considère que celle-ci est suffisamment abondante, on pratique un premier tri en la filtrant sur un tamis de maille assez large (environ 5 mm). Ce premier tri élimine les brindilles et débris végétaux divers ainsi que la faune indésirable.
Bien aérer durant le transport. Le tri définitif se fait à la maison par passage sur tamis de mailles décroissantes.
Les tamis peuvent être fabriqués à partir de boîtes en plastique dont le fond est remplacé par du tissu maillé Nylon de différents calibres que l'on peut trouver dans les magasins de bricolage.
Il faut savoir que lorsque les tamis Nylon sont secs, ils sont imperméables à l'eau. Il faut donc les immerger quelques instants pour leur « amorçage ».
Nous allons maintenant décrire les animalcules utiles qui peuvent être récoltés :

Les daphnies
Les daphnies ou puces d'eau sont des petits crustacés d'eau douce qui mesurent de 1 à 4 mm suivant les espèces. Elles sont très appréciées des poissons.
Elles pullulent à la belle saison et parfois pendant les hivers doux (en plus faible abondance) dans les mares riches en matières organiques (mares des prés) favorables au développement du phytoplancton. On les repère facilement dans l'eau car elles vivent en groupe formant un nuage sautillant de couleur rosâtre.
Phytophages, elles se nourrissent d'algues en suspension dans l'eau. Elles présentent un important phototropisme qui les fait se diriger vers les zones les plus ensoleillées, là où les algues sont nombreuses. Tant que la nourriture est abondante, la reproduction se fait par parthénogenèse et l'on ne trouve que des populations de femelles. À l'approche de l'automne, la nourriture s'épuisant, certains œufs vont donner des mâles de plus petite taille. Les femelles sont alors fécondées. Les œufs résultant de cette fécondation sont très résistants au froid et à la dessiccation. Ils passent l'hiver dans la vase et éclosent au printemps, dès que le phytoplancton réapparaît.

Les cyclops
Ce sont des Crustacés plus petits que les Daphnies avec lesquelles ils cohabitent souvent. Leur taille est de l'ordre du millimètre. Ils conviennent donc parfaitement à l'alimentation des petits poissons

ATTENTION
Si les daphnies séchées doivent être totalement abandonnées car leur carapace devient dure et indigeste en séchant, il n'en est pas de même pour les daphnies vivantes. Récoltées en abondance en été, elles peuvent aussi être surgelées sans risque pour la santé des poissons.

Daphnie

Cyclops

124 • Le guide de l'aquarium d'eau douce

CONSERVATION DES VERS DE VASE.
On peut les conserver plusieurs jours dans du papier journal humidifié dans le bac à légumes du réfrigérateur. En revanche, il ne faut jamais les conserver dans des récipients emplis d'eau car cette eau devient rapidement un bouillon de culture plein de cadavres de larves en putréfaction.

À RETENIR
Certains professionnels se sont spécialisés dans la récolte et même l'élevage des larves de chironome en raison du large débouché commercial pour la pêche. Une partie de cet élevage est conditionnée pour l'usage aquariophile.
Les vers de vase sont également disponibles en surgelés toute l'année dans le commerce aquariophile.

et des jeunes alevins, d'autant que leur carapace est plus fine que celle des daphnies. Ils contiennent à l'état frais environ 83 % d'eau, 10 % de protéines et 7 % de lipides.
Plus fusiformes et plus blancs que les Daphnies, ils se propulsent de façon plus saccadée mais plus rectiligne à l'aide de deux appendices céphaliques qu'ils utilisent comme des rames. Les Cyclops ne possèdent qu'un œil placé au milieu du front d'où leur nom.

Les larves de chironomes (vers de vase)
Le ver de vase n'est en fait pas un ver mais la forme larvaire du Chironome plumeux, moustique non piqueur. On le trouve dans les sols vaseux des mares riches en matières organiques. On le reconnaît à sa couleur rouge vif due à la présence d'hémoglobine qui lui permet de vivre dans des eaux peu oxygénées. Le corps segmenté en une dizaine d'anneaux boudinés atteint le centimètre à maturité. Cette larve frétille vigoureusement lorsqu'on la touche, ce qui en fait une proie attractive. C'est un aliment apprécié de tous les poissons. Il faut cependant le réserver à ceux qui ont une gueule suffisamment grande pour l'avaler entier. Il ne doit jamais être fragmenté sous risque de pollution de l'eau par le jus qu'il libère.
Les vers de vase vivant souvent dans des zones très polluées, il est nécessaire de les laver soigneusement à l'eau courante dans une petite passoire avant leur distribution en aquarium.
Les vers de vase sont saisonniers et disparaissent durant les mois d'avril, mai et juin, dès qu'il fait suffisamment chaud, période où ils subissent la transformation en chrysalides avant de devenir des moustiques. C'est l'envol. Il existe alors une certaine période creuse avant la ponte suivante et la réapparition des larves.

Les nourritures d'élevage de l'amateur
Soucieux de varier les menus offerts à leurs hôtes, des amateurs cherchent à élever eux-mêmes de petites proies ; quelques élevages ont l'avantage d'être faciles à réaliser, même dans un petit appartement.

Les enchytrées.
Ces petits vers blancs assez gras et dépourvus d'hémoglobine sont prisés de tous les poissons. Voici comment réaliser leur élevage :

ÉLEVAGE D'ENCHYTRÉES

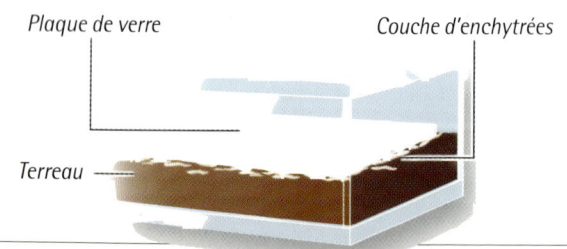

Plaque de verre — *Couche d'enchytrées*
Terreau

L'alimentation • 125

1. prendre une caissette en matière plastique de 10 cm de hauteur et l'emplir jusqu'à 2 cm du bord avec un mélange de terreau et d'un peu de sable pour alléger le milieu. Recouvrir l'ensemble d'un carreau de verre légèrement plus petit que la surface de la caisse et ayant un pan coupé pour pouvoir le lever facilement.
2. ensemencer le milieu en plaçant dans de petites coupelles creusées dans le sol une pincée d'enchytrées, la souche pouvant être obtenue dans un magasin spécialisé ou auprès d'une association aquariophile.
3. maintenir le milieu humide en l'humectant de quelques gouttes d'eau quand cela est nécessaire ; le tenir à l'obscurité à une température de 15 °C (une valeur supérieure est la cause principale des échecs).
4. nourrir la souche de morceaux de biscottes trempés dans du lait et placés dans les cavités ensuite recouvertes du carreau.
5. chaque jour, prélever la récolte et renouveler les morceaux de biscottes de façon à prévenir tout risque de fermentation.

Les vers prélevés dans une coupelle se libèrent eux-mêmes rapidement de la terre qui les entoure ; c'est donc un aliment parfaitement propre qui sera distribué. Parfois le rendement baisse pour une cause inconnue ; il convient de continuer comme si de rien n'était, jusqu'au retour d'une situation normale.

Les vers Grindal

Ces enchytrées naines, en quelque sorte, constituent un appoint en nourriture vivante très apprécié par les petits poissons et les grands alevins. Voici la méthode qui nous semble la plus performante :
1. prendre une petite boîte de 20 cm x 10 cm x 10 cm en matière plastique munie d'un couvercle. Y percer quelques trous minuscules pouvant laisser passer l'air mais non des intrus tels que moucherons ou acariens.
2. garnir la boîte d'un support convenable : mousse de Gobor (voir les plantes), sphaignes de jardinerie (*Sphagnum*), voire laine ou mousse de Perlon.
3. ensemencer le milieu d'une pincée de petits vers qu'on se procure de la manière indiquée pour les enchytrées.
4. placer à la surface quelques tronçons de pots de fleurs en terre cuite brute (non vernie) la plus poreuse possible.

LES TUBIFEX

Autrefois très utilisés, ils doivent, selon nous être abandonnés. En effet, ces vers blanchâtres vivent enchevêtrés en pelotes près des berges, dans le sable ou le limon des mares ou des ruisseaux à faible courant, dans des zones très polluées et très ammoniaquées (sorties d'égoûts, effluents d'exploitations agricoles).

LES VERS GRINDAL

(De Madame Grindal, devrait-on dire, cette dame en ayant fait la découverte en 1947). Il s'agit de petits vers blancs connus parfois dans la littérature américaine sous le nom de *Houston worms* (qui appartiendraient d'ailleurs à une espèce plus grande).

ÉLEVAGE DE VERS GRINDAL

5. nourrir cette souche d'un peu de farine de froment étalée sur les morceaux de poterie. Attendre 7 jours pour le premier prélèvement.
6. la distribution s'effectue (après avoir, le cas échéant, enlevé la farine non consommée) en agitant légèrement le morceau de terre cuite porteur des vers dans l'eau du bac à nourrir.
7. les deux critères du succès sont : humidification suffisante (les supports de terre cuite doivent toujours être luisants d'humidité) et chaleur de 25 à 28 °C si possible, les résultats tombant à néant au-dessous de 22 °C.

Il est sage de posséder deux boîtes au minimum afin de pouvoir éventuellement désinfecter par ébullition (y compris les sphaignes) celle qui serait envahie par des moisissures ou des acariens avant de la réensemencer avec la souche de celle restée saine.

Les drosophiles

Ce sont les petites mouches du vinaigre que certains amateurs acharnés élevaient pour les poissons particulièrement insectivores. Mais l'élevage était très malaisé à cause de la manipulation du mélange nutritif et de la difficulté de la collecte des bestioles vivantes.

Maintenant, parmi les mutations obtenues, se trouvent des souches inaptes au vol et donc plus faciles à manipuler. C'est donc auprès de l'association aquariophile locale ou par la voie des annonces de la presse spécialisée que l'amateur intéressé pourra se procurer une telle souche. L'élevage des Drosophiles est facile. Il se fait dans des bocaux ou des flacons à goulot large de 500 ml au fond desquels on coule un milieu nutritif solidifié par de l'agar-agar. La recette désormais classique est la suivante :

1. Stériliser soigneusement le bocal par ébullition ou par passage à l'alcool. Remuer à feu doux pendant un bon quart d'heure dans 200 ml d'eau : 3 cuillerées à café de farine de maïs ; 2 cuillerées à café d'agar-agar (en pharmacie) ; 3 cuillerées à café de levure de bière sèche.
2. Hors cuisson, lorsque le mélange est encore liquide, ajouter 2 cuillerées à café de solution de parahydroxybenzoate de méthyle (10 g pour 100 ml d'alcool à 90° à faire préparer en pharmacie) comme agent fongicide pour éviter que le milieu moisisse.
3. Verser le mélange au fond du récipient sur une hauteur de 3 à 4 cm. Le refroidissement gélifie la préparation qui reste ainsi bien ancrée au fond du bocal, lequel peut être retourné sans que le milieu coule. Les gouttes d'eau présentes sur les parois du bocal seront soigneusement essuyées, les moucherons pouvant se noyer dans ces gouttes. Une feuille de papier absorbant est installée dans le but de servir de support aux moucherons et aux chrysalides.
4. Introduire une vingtaine de drosophiles dans le bocal et en couvrir l'ouverture par un voile de tulle bien serré au col par un élastique. Maintenir le tout à température estivale de 25 à 27 °C, par exemple au-dessus des aquariums ou sur un radiateur de chauffage central.

À SAVOIR POUR L'ÉLEVAGE DE PROIES VIVANTES

• **le rendement.** Il est inutile d'entreprendre un élevage si l'on n'est pas certain d'obtenir un nombre de proies suffisant pour une alimentation abondante. Il faut renoncer aux tentatives d'élevage d'animaux au faible potentiel de reproduction ou à la maintenance aléatoire.

• **La permanence.** Il est nécessaire de pouvoir réussir l'élevage toute l'année, ou du moins pendant une longue période, de façon à ne jamais être pris de court pour une acclimatation délicate de nouveaux pensionnaires ou devant une naissance inopinée d'alevins.

• **La dispersion.** Il faut répartir les élevages entre plusieurs aquariophiles ou clubs aquariophiles de façon à ne jamais perdre les souches originelles.

Les œufs sont pondus sur le substrat nutritif. Ces œufs présentent deux filaments qui ont probablement un rôle respiratoire, la ponte en milieu naturel étant habituellement immergée dans la bouillie nutritive de fruits pourris. Les larves, dès l'éclosion, creusent des galeries. Après la dernière mue, elles atteignent 5 à 6 mm et remontent à la surface pour tisser des cocons (pupes) dans lesquels elles se transforment en chrysalides.

Au bout d'une quinzaine de jours on dispose d'un grand nombre de mouches. Pour les récolter, il convient de retourner le bocal d'élevage goulot contre goulot au-dessus d'un autre bocal vide dans lequel on a placé un petit morceau de coton légèrement imbibé d'éther. Les moucherons qui y tombent sont très rapidement anesthésiés. Il suffit ensuite d'enlever le coton et de retourner le bocal au-dessus de l'eau de l'aquarium pour la distribution aux poissons.

Un bocal peut rester productif pendant un à deux mois. Par prudence, il faut procéder au repiquage tous les mois.

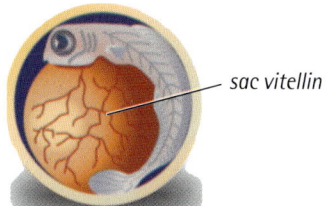

Embryon d'environ 30 heures (éclosion proche)

Larve avec sa vésicule vittelline

Alevin ayant presque résorbé sa vésicule vittelline

Développement embryonnaire, larve et alevin de poisson ovipare

Les vers de farine

Ce sont les larves de l'insecte *Tenebrion* souvent présent dans les stocks de farine des boulangers. Ces larves d'environ 1 cm de long sont appréciées uniquement par les poissons insectivores de forte taille. Elles sont vendues dans les commerces d'oisellerie. Quelques amateurs en font l'élevage dans une grande boîte couverte garnie de farine et de son.

L'alimentation des alevins

Les alevins de nombreux *Cichlidae* et *Poeciliidae* atteignent déjà quelques millimètres au moment de la résorption de la vésicule vitelline, ce qui leur permet d'engloutir facilement petites paillettes, petits vers, petits crustacés comme les daphnies ou les artémias. La reproduction de ces poissons est en général facile.

En revanche, d'autres alevins comme ceux des *Characidae*, des *Anabanthidae*, des *Rasbora* sont minuscules à la naissance et doivent être alimentés durant une longue période avec des proies proportionnées à leur taille comme les Infusoires, avant de passer aux microvers ou aux nauplies d'artémias. Sans recours à l'élevage de ces petites proies, la plupart des tentatives de reproduction de poissons en aquarium sont vouées à l'échec.

Seul organisme vivant susceptible d'être avalé par un alevin de petite taille, la paramécie est indispensable à la maintenance d'un cycle de reproduction

Dispositif pour l'élevage de paramécies dans une carafe à col étroit.

Les infusoires

L'élevage d'infusoires est absolument indispensable pour les aquariophiles qui font de la reproduction de petits poissons ovipares. Ce sont des organismes vivants minuscules constitués d'une seule cellule. Ce sont les seules proies que les alevins de petite taille peuvent avaler dès la résorption de la vésicule vitelline.

Les paramécies

Les paramécies sont des infusoires ciliés de 0,2 à 0,3 mm dont il existe une dizaine d'espèces. Elles se déplacent grâce aux mouvements coordonnés de leurs cils vibratiles qui recouvrent la surface de la cellule. Leur mobilité les rend très attractives. Elles abondent dans les eaux douces riches en matières organiques en décomposition et se nourrissent de bactéries ainsi que de minuscules algues. La reproduction se fait habituellement par scissiparité à raison de plusieurs divisions par jour.

La reproduction par conjugaison des noyaux de deux individus n'a lieu que lorsque le milieu nutritif s'épuise. Quand le milieu se dessèche, elles s'entourent d'une épaisse membrane, ce qui leur donne une forme kystique. Ces kystes très légers portés par le vent se fixent sur de nombreux végétaux. On les trouve ainsi en abondance sur le foin séché, la paille, les grains de céréales et surtout de riz, récolté en saison sèche lorsque l'eau des rizières a disparu. Dès qu'ils sont remis en contact avec l'eau, ils s'ouvrent, libérant l'infusoire qui reprend sa vie active.

La culture de paramécies est facile à réaliser

On utilise des bocaux en verre remplis d'eau chimiquement douce. On y place un peu de foin, de paille de feuilles de salade séchées ou, mieux, quelques grains de riz paddy (riz non décortiqué que l'on peut acheter dans les épiceries de régime). On peut aussi ensemencer avec un peu de vase d'une pièce d'eau ou de sable prélevé au fond d'un aquarium fonctionnant depuis de nombreux mois.

La nourriture consiste en 1 à 2 gouttes de lait pour 100 ml de façon à former dans l'eau un très léger nuage. En quelques jours, après un trouble de l'eau lié à une pullulation de bactéries, l'eau s'éclaircit et on peut voir à la loupe des paramécies qui nagent en tous sens.

La culture est entretenue en maintenant le bocal à température ambiante près d'une fenêtre exposée au nord et en ajoutant de temps à autre 1 goutte de lait pour maintenir la prolifération des bactéries qui leur servent de nourriture. Cette introduction de lait ne se fait que lorsque l'eau redevient limpide. Plusieurs bocaux sont mis en route pour assurer le rendement. 10 à 20 ml d'une bonne culture par jour introduits dans un petit aquarium d'élevage sont suffisants pour nourrir une trentaine d'alevins de petite taille comme ceux des *Characidae*.

Pour augmenter le rendement, on peut placer la culture dans une petite carafe d'un quart de litre à col étroit. Un tampon de coton assez lâche est introduit à mi-hauteur du col. Très sensibles au manque d'oxygène, les paramécies vont devoir traverser le coton pour se retrouver concentrées au-dessus de celui-ci, d'où il est facile de les prélever. La quantité d'eau enlevée est remplacée par de l'eau pure pour que le phénomène se reproduise chaque jour.

Une batterie de plusieurs bocaux régulièrement entretenus permet de disposer en permanence d'une culture abondante et de qualité.

Autres infusoires

De nombreux autres infusoires peuvent être consommés par les très petits alevins (stentors, vorticelles, etc.).

Le riz paddy permet d'en obtenir en abondance dans l'aquarium de reproduction. C'est le riz brut, tel qu'il se présente à la moisson avant décortication. Sur la cuticule séchée se fixent des kystes de nombreux infusoires. Ce riz peut être acheté dans les maisons de produits de régime ou chez les marchands de graines pour oiseaux. On l'utilise dans de petits radeaux flottants à la surface de l'aquarium. Un radeau peut être réalisé avec une plaque de polystyrène de 10 cm de côté creusée d'une fenêtre fermée par un fin grillage plastifié de maille 1 à 1,5 mm.

On obtient ainsi des mini-rizières où les graines vont germer, les radicelles traversant les mailles du grillage pour plonger dans l'aquarium. Les infusoires vont proliférer dans ces radicelles où les alevins n'auront plus qu'à les saisir.

Tous les riz paddy n'ont pas les mêmes qualités en tant que réserves de kystes d'Infusoires. Il faut faire quelques essais avant de trouver le fournisseur qui vend les graines les plus productrices.

Les artémias (Artemia salina)

Ce sont de petits Crustacés qui vivent dans les lacs aux eaux saumâtres comme certaines lagunes séparées de la mer où la salinité est très forte. On en trouve en abondance dans les grands lacs salés californiens. *Artemia salina* est présente en Europe dans certains marais salants, en particulier en Camargue. L'artémia adulte ressemble à une petite crevette transparente de 1 à 1,5 cm de long. Les artémias sont microphages et se nourrissent d'algues, de bactéries et de petits débris divers. Les œufs ont une coque très dure et très résistante à la dessiccation (plusieurs années). Cela permet la survie de l'espèce en cas de dessèchement des marais.

L'éclosion donne naissance à des nauplies minuscules de morphologie différente de celle des adultes. Ces nauplies présentent deux appendices plumeux en forme de rame. Ce sont ces nauplies qui, en raison de leur qualité nutritive, de leur petite taille et de leur attractivité par leur nage incessante, permettent l'alimentation des petits poissons et des alevins lorsqu'ils ont atteint une taille suffisante.

LE MICROPLANCTON

Le microplancton est une nourriture irremplaçable pour le bon démarrage d'une croissance normale de la plupart des bébés poissons. Souvent même, son apport représente une question de vie ou de mort, au point que, dans certaines reproductions, il est plus facile d'obtenir la ponte que de faire « démarrer » les alevins. Le phytoplancton, ou plancton végétal, est composé d'algues vertes en suspension dans l'eau. Il est recommandé pour les alevins plutôt végétariens comme les jeunes vivipares. Un mélange de divers animalcules (crustacés, rotifères et infusoires) compose le zooplancton qui convient à la majorité des jeunes.

Des artémias.

130 • Le guide de l'aquarium d'eau douce

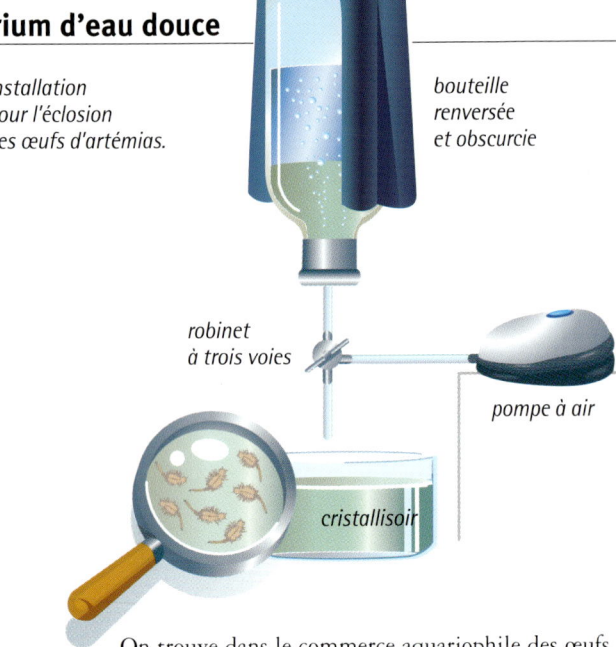

Installation pour l'éclosion des œufs d'artémias.

ARTÉMIAS ADULTES
Elles sont appréciées par tous les poissons adultes de petite taille. Certains aquariophiles pratiquent le grossissage des nauplies dans des cuves d'eau salée à raison de 30 g de sel marin par litre, bien aérées et bien éclairées de façon à permettre le développement d'algues microscopiques pour leur nourriture. On trouve aussi dans le commerce des concentrats de phytoplancton adapté à cet élevage. Les artémias sont aussi élevées dans des stations d'aquaculture côtières. On les trouve conditionnées en sachets doses chez les détaillants bien approvisionnés. Elles se conservent ainsi vivantes pendant quelques jours au réfrigérateur. Cet aliment d'appoint est malheureusement coûteux.

ÉCLOSOIRS À ARTÉMIAS
On trouve dans le commerce divers modèles d'éclosoirs pour artémias qui donnent de bons résultats. Leur rendement est cependant souvent moins bon que celui obtenu avec la méthode aquariophile décrite ici.

On trouve dans le commerce aquariophile des œufs d'artémias de bonne qualité assurant le succès régulier des éclosions.

La culture des artémias
Nous allons décrire ici la méthode la plus couramment employée par les aquariophiles. Il s'agit d'une installation facile à bricoler avec quelques bouteilles vides d'eau minérale, quelques longueurs de tuyau, des bouchons et un peu de colle.
La bouteille, dont le fond est préalablement coupé, est placée, goulot vers le bas, sur un support vertical. Le col est fermé par un bouchon en silicone (disponible dans le commerce spécialisé en matériel de laboratoire). Ce bouchon est traversé d'un petit tube de PVC relié par un tuyau souple à un petit robinet plastique à trois voies, dont une des voies est reliée à une pompe à air et la troisième à un petit tuyau permettant la vidange (cft. schéma). Une batterie de plusieurs bouteilles permet de rentabiliser l'élevage.
L'eau salée (20 à 30 g environ de sel de cuisine ou de sel marin par litre, soit 4 à 5 cuillerées à café rases) est placée dans la bouteille, robinet fermé évidemment. On peut également employer un sel spécial disponible dans le commerce aquariophile. On ajoute en milieu d'éclosion 1/2 cuillerée à café d'œufs d'artémias. La bouteille est ensuite branchée sur l'arrivée de la pompe à air dont les bulles permettent un bon brassage, évitant aux œufs de flotter en surface. L'éclosion à température ambiante a lieu au bout de 2 à 3 jours. Après arrêt de l'aération, les coques vides se rassemblent en quelques heures dans le fond du cône de la bouteille. Il suffit alors d'ouvrir le robinet côté vidange pour les éliminer. Cela est important car ces coquilles sont indigestes pour les alevins.

On dispose ensuite d'une culture pure qui peut se conserver plusieurs jours, une fois que l'aération est remise en route.
La récolte des nauplies a lieu après arrêt du bullage pendant quelques instants. Le prélèvement peut se faire à l'aide d'une seringue. On peut également rassembler les artémias au fond de la bouteille en exposant le cône au faisceau lumineux d'une lampe, le reste de la bouteille étant opacifié. Les artémias sont phototropes et se rassemblent dans la zone éclairée. Il suffit alors d'ouvrir le robinet de vidange pour les récolter.
Pour l'alimentation des alevins d'eau douce, l'eau salée sera éliminée par rinçage sur un tamis à mailles très fines disponible à cet usage dans le commerce aquariophile.

L'appétit

Plusieurs facteurs conditionnent l'appétit des poissons, notamment la température, qu'elle soit insuffisante ou excessive. S'il a froid, un poisson cesse de s'alimenter pour ensuite tomber malade ou sombrer dans l'engourdissement : sauf accident, cela ne peut pas survenir dans un aquarium. Par contre, deux types d'incidents climatiques peuvent s'y produire ; le premier consiste simplement en une température supérieure aux exigences de l'espèce ; le second est en relation avec les variations de pression atmosphérique qui incommodent encore plus les êtres évoluant dans l'eau que ceux vivant dans l'air. Ces facteurs, ou *a fortiori* leur conjugaison, peuvent entraîner une baisse d'appétit temporaire.
Dans des conditions normales, l'appétit des poissons en captivité est assez régulier et la question qui préoccupe l'amateur est de savoir quelle quantité de nourriture leur distribuer sans risquer l'excès, avec les conséquences pour l'équilibre de l'eau (cf. page 35).
D'une façon générale, leurs besoins correspondent à ceux des autres êtres vivants. Les alevins, pour grandir, doivent « baigner » dans la nourriture, presque à la limite du danger de pollution. Les poissons « adolescents » ou en instance de reproduction doivent être bien nourris avec des aliments de qualité et des compléments de proies vivantes. Les poissons adultes doivent moins manger car ils ne font pas de vieilles arêtes s'ils sont trop gavés.
Pour ces derniers, qui constituent la population habituelle d'un aquarium d'ensemble, il existe un principe et sa modalité d'application :
• le principe est qu'il vaut mieux nourrir trop peu que trop.
• l'application consiste en ce que tout aliment soit consommé dans les deux minutes qui suivent sa distribution.
Si tout a été englouti en quelques secondes et que les poissons nagent en tous sens à la recherche de restes, il est normal d'effectuer une nouvelle distribution, immédiatement, ou mieux encore, un peu plus tard. Si, au contraire, des débris jonchent le sol ou que des particules flottent dédaignées en surface, il y a eu excès.

> **EXCÈS ALIMENTAIRES**
>
> **Un abus en nourriture constitue non seulement un facteur de pollution avec surcharge du potentiel de filtration biologique, mais aussi une alimentation superflue pour les algues : c'est une des causes majeures de leur prolifération intempestive.**

> **EN CAS D'ABSENCE**
> Une absence de quelques jours ne pose pas de problèmes, un jeûne de courte durée étant même salutaire. Au-delà de 10 jours, il est préférable de prendre des dispositions :
> • depuis la plus simple qui est l'introduction d'un « bloc vacances » en vente chez les détaillants. Cet aggloméré d'aliments lyophilisés et de plâtre mettra une quinzaine de jours à se désagréger. Il a l'inconvénient d'alcaliniser l'eau.
> • jusqu'à la garde assurée par un ami aquariophile, la vie associative rendant ici de grands services.
> • en passant par le distributeur automatique de nourriture, qui, régi par une pendule électrique règle la distribution en fonction d'un programme choisi.

L'entretien de l'aquarium

Dans un aquarium correctement installé, bien planté, non surpeuplé et alimenté sans excès, les opérations d'entretien sont relativement simples et limitées. D'ailleurs, l'imagination des fabricants a permis de mettre sur le marché une quantité d'accessoires destinés à vous aider dans cette entreprise. Voici les plus utiles :

Le petit matériel

L'épuisette

Elle est irremplaçable pour pêcher un poisson ou même pour retirer certains gros déchets ; elle doit répondre à plusieurs caractéristiques. Elle doit d'abord être assez grande, car il est illusoire d'espérer d'attraper un poisson vigoureux en le pourchassant à travers le dédale du décor à l'aide d'une petite épuisette soi-disant capable de passer partout. Elle doit être de forme rectangulaire, beaucoup plus pratique que les modèles ronds ou triangulaires ; elle doit être constituée d'un tissu de Nylon pas trop mou pour avoir une certaine tenue dans l'eau ; enfin, elle doit comporter des mailles assez larges car un filet au tissage serré freine l'eau et facilite la fuite du poisson. La capture d'un poisson s'effectue presque toujours contre la glace frontale, après avoir introduit l'épuisette vers l'arrière de l'aquarium et après avoir « rabattu » le sujet convoité vers l'avant.

L'aspirateur

Il sert à enlever les impuretés du fond sans retirer de l'eau. Le modèle le plus courant est constitué d'un tube comportant une arrivée d'air et surmonté d'un sac en tissu de Nylon. Lorsque l'aspirateur est introduit dans l'eau, l'air qui arrive sous pression fait remonter les impuretés dans le sac où elles sont retenues.

Le siphon

Il sert aussi à aspirer mais il permet de retirer de l'eau en même temps que les impuretés – et cela pratiquement sans se mouiller les mains. Le modèle usuel est composé d'un tronçon de tube rigide, prolongé par un tuyau souple et terminé éventuellement par une poire. Il fonctionne selon le principe des vases communicants ; l'embout

---

COUDER UN TUBE
Pour avoir accès à certains angles ou à une grotte avec le tuyau de siphonnage, ou pour orienter la sortie d'un filtre, il peut être nécessaire de couder un tube en plastique rigide. Emplissez-le de sable fin. Vous pourrez ensuite le couder à l'eau chaude sans l'écraser.

ENGRAIS ORIGINAL
Sachez que l'eau provenant du siphonnage de l'aquarium est excellente pour vos plantes d'appartement grâce aux nitrates qu'elles renferment.

GARE AUX RAYURES
Attention lors de l'utilisation des raclettes ! Avant usage, vérifier qu'aucun grain de sable n'est resté entre les outils à racler et la glace. Toujours commencer l'opération par le haut de la glace.

LES RACLETTES

Ce sont des instruments aussi simples qu'efficaces pour enlever des parois dépôts et algues.
Défiez-vous des modèles trop légers ; leur manche en plastique risque de se briser si vous exercez une trop forte pression. En fait, trois modèles sont à considérer :
• La raclette garnie d'un caoutchouc ou d'un feutre interchangeable qui convient pour l'entretien usuel.
• La raclette munie d'une lame, genre lame de rasoir, que l'on utilise (avec précaution pour ne pas rayer) lorsque la glace est piquetée d'algues encroûtantes.
• Les raclettes magnétiques (aimants nettoyeurs) qui existent en différentes tailles et puissance en fonction de l'épaisseur des glaces. Elles sont formées de deux aimants : l'un, garni de feutre, évolue sur la face externe de la glace ; l'autre, garni d'une substance rugueuse, racle l'intérieur.

rigide de 30 cm (ou davantage dans un bac profond) est plongé dans l'aquarium et maintenu d'une main quelques centimètres au-dessus du sol. Le tuyau souple de 1,50 m ou 2 m permet de rejoindre un seau, généralement posé sur un tabouret pour se trouver à hauteur convenable.
• dans un premier temps, la poire tenue dans une main est comprimée, l'orifice de base non bouché afin d'en évacuer l'air.
• dans un deuxième temps ; un doigt obture l'orifice et, quand la pression sur la poire se relâche par ouverture de la main, l'eau de l'aquarium est aspirée. Le siphon amorcé, on peut soit siphonner l'eau en laissant l'écoulement s'effectuer librement, soit stopper l'aspiration en obturant le tuyau avec le doigt et ne la rétablir qu'au-dessus des impuretés quand on désire seulement aspirer les déchets.
Si l'on ne veut pas utiliser la poire, il y a une deuxième possibilité pour l'amorçage qui consiste à emplir d'eau le siphon en le plongeant en entier dans l'aquarium. On laisse ensuite dans le bac l'extrémité rigide puis on sort l'autre extrémité tout en la maintenant fermée par le doigt jusqu'à mise en position déclive. Il suffit alors d'enlever le doigt pour permettre l'écoulement.

Le calendrier d'entretien

Les parois intérieures des glaces ont tendance à se tapisser d'un dépôt gras et verdâtre (fixation d'algues). Grâce à des escargots comme les planorbes et surtout des poissons « nettoyeurs » comme les *Otocinclus* ou les *Plécostomus,* le nettoyage s'effectue seul, dans une certaine mesure. Malgré ces auxiliaires naturels, certains gestes s'imposent :

Chaque semaine

Il vous suffit de trouver 5 minutes pour parfaire le travail en passant une raclette en feutre ou un aimant nettoyeur sur les glaces. En outre, vous constaterez une baisse du niveau de l'eau à cause de l'évaporation naturelle. Vous compenserez cette perte par de l'eau neuve, de préférence osmosée, à température proche de celle du bac.

Chaque mois

Il faut enlever les saletés stagnant sur le fond en promenant l'extrémité du siphon 1 à 2 centimètres au-dessus du sol. Cela élimine environ 30 % du volume d'eau dont le renouvellement par de l'eau neuve déminéralisée sera des plus bénéfiques pour prévenir l'élévation excessive du taux des nitrates. L'état des masses filtrantes sera contrôlé. Celles garnissant en amont la partie mécanique du filtre seront nettoyées ou remplacées.

Chaque trimestre

Il faut consacrer une bonne heure à votre aquarium pour peu que certaines plantes soient défaillantes et que votre décor, vallonné au départ, soit devenu une morne plaine.

L'entretien de l'aquarium • 135

Lors du siphonnage, promener l'extrémité d'aspiration au ras du sol afin de prélever quelques millimètres de la couche supérieure. Après avoir rincé le sable récolté à l'eau claire, vous le parachuterez à l'arrière du bac. Ainsi, le relief du décor sera rétabli.

Profitez de l'abaissement du niveau de l'eau pour consacrer quelques soins aux plantes ; coupez les feuilles jaunies ; bouturez celles qui sont dégarnies à la base mais dont le sommet est resté joli ; remplacez les pieds morts par de nouvelles plantes.

Après vous être assuré que le fonctionnement des accessoires est satisfaisant et après avoir passé le coup de raclette habituel, il convient de refaire le plein, toujours avec de l'eau déminéralisée, en ajoutant un peu d'engrais spécial liquide pour plantes d'aquariums.

Chaque semestre

Il convient de maintenir la qualité de l'éclairage en procédant au remplacement d'une lampe ou d'un tube sur deux. Ce remplacement partiel, qui se fait ensuite par roulement, permet d'éviter que les plantes souffrent de stress lumineux.

Ici se termine l'entretien normal d'un aquarium. Si ces mesures ne suffisaient pas pour obtenir un résultat satisfaisant, cela signifierait qu'il existe une carence : pour la détecter et y remédier nous vous renvoyons à la partie de cet ouvrage consacrée à l'équilibre biologique, en particulier à la biodégradation des déchets azotés.

L'écosystème naturel aquatique que vous avez en quelque sorte créé avec votre aquarium est trop petit pour jouir d'un équilibre éternel. Plus le temps passe, plus il faut écourter les délais séparant chaque petit entretien car l'aquarium est en train de se « saturer ». Sitôt que vous aurez le sentiment que ce point de saturation se trouve atteint, prévoyez une réfection complète.

L'aspiration des déchets qui s'accumulent sur le sol se fait à l'aide d'un petit aspirateur spécialisé.

L'élagage et le bouturage des plantes font partie des opérations d'entretien nécessaires pour un aquarium bien tenu.

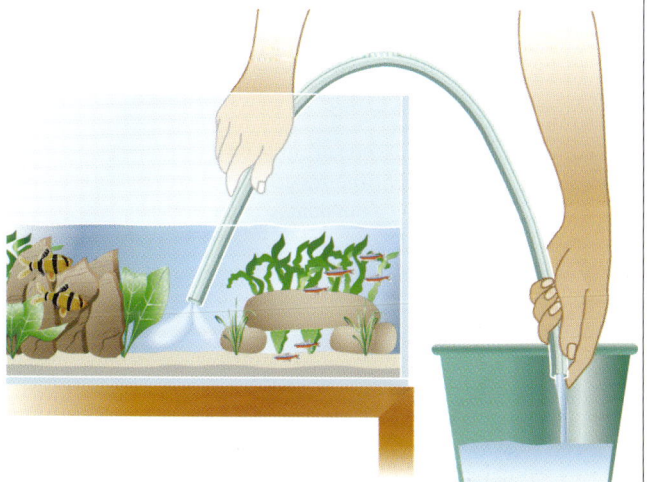

Le simple siphonnage des déchets les plus visibles peut s'opérer en quelques minutes sans même qu'on ait à se mouiller les mains.

136 • Le guide de l'aquarium d'eau douce

La réfection

Dès que le « seuil de saturation » de l'aquarium est atteint il devient nécessaire de procéder à une réfection totale. La manipulation des poissons, l'ancienne eau à vider, le sable à changer semblent autant de problèmes difficiles à résoudre. En fait, la réfection n'est ni plus longue ni plus délicate que l'installation. Les conditions sont seulement différentes et l'opération nécessite une certaine méthode :

• 1er temps : après vous être assuré qu'il ne vous manque aucune des fournitures nécessaires (sable propre, diffuseur neuf, plantes à renouveler, matériaux pour regarnir le filtre, etc.), et après avoir coupé le chauffage, prélevez dans un récipient la quantité d'eau nécessaire à la maintenance des poissons pendant toute l'opération. Chauffez et aérez cette eau.

• 2e temps : avec une épuisette, recueillez tous les poissons qui acceptent de se laisser attraper. Certains vont échapper à cette pêche. N'insistez pas et enlevez avec précaution les vieilles plantes et les roches en essayant de ne pas trop troubler l'eau. Jetez toutes les plantes défraîchies ou rabougries. Gardez celles paraissant en bon état dans un récipient à part ou dans du papier journal mouillé. Les cachettes une fois supprimées, continuez à siphonner de l'eau jusqu'à un niveau suffisamment bas pour permettre la pêche des derniers pensionnaires.

• 3e temps : achevez de vider en siphonnant dans une large cuvette en forme d'entonnoir creusée jusqu'au fond du sol. Enlevez ensuite le sable resté humide à l'aide d'une pelle de ménage et placez-le à mi-hauteur dans des seaux. Prenez soin de ne pas rayer les glaces. Le sable sera soigneusement brassé sous eau claire jusqu'à ce que cette eau de rinçage soit claire. Si le sol contenait d'autres éléments que du sable (compost ou tourbe par ex.), il faut le jeter. La plaque d'un éventuel filtre sous sable sera enlevée. Lavez les parois du bac avec une éponge. Essorez à l'éponge toute l'eau et les saletés qui restent sur le fond.

• 4e temps : si l'aquarium comporte un filtre sous sable, remettez-le bien en place dans l'angle souhaité. Replacez les trois quarts de l'ancien sable bien lavé humide sur le fond en lui donnant la pente désirée et recouvrez-le d'une couche de 2 à 3 cm de sable neuf humide. Commencez à remplir d'eau neuve de qualité physico-chimique voulue sur 1/3 de la hauteur en prenant des précautions pour verser sans troubler. Passez les roches et autres pièces dures du décor sous eau claire en les brossant pour enlever les dépôts et les algues. Remettez ces éléments à leur place. Installez les accessoires et tuyauteries. Replantez les anciennes plantes bien rincées et complétez avec des nouvelles.

• 5e temps : complétez le remplissage avec de l'eau tiédie et mettez en route les accessoires comme s'il s'agissait d'un bac neuf. Attendez au moins deux heures et vérifiez que la température est correcte avant de réintroduire les poissons en les versant doucement avec l'eau de leur seau.

Le milieu dans lequel vous avez installé vos poissons évoluera et vous serez un jour ou l'autre contraint d'en effectuer la complète réfection.

FRÉQUENCE DE LA RÉFECTION

Le délai entre chaque réfection complète d'un aquarium dépend de trop nombreux facteurs pour qu'on puisse établir une règle. On peut indiquer comme moyenne normale 1 an par tranche de volume de 100 litres. En cas de bon entretien, ce délai peut être dépassé.

Signes de déséquilibre de l'aquarium

Le fait que l'équilibre se dégrade et donc que la santé de l'aquarium se détériore est souvent décelable au simple coup d'œil sans avoir recours à des analyses complexes. Il existe d'abord de subtils indices tels qu'une coloration plus terne des poissons ou une eau moins cristalline. Ensuite, les signes deviendront plus parlants.

Poissons incommodés dans un bac récent

Si dans un délai de moins de 6 semaines après l'installation les poissons se mettent à mourir dans un état d'apathie après avoir perdu tout appétit, l'hypothèse la plus vraisemblable est celle d'un déséquilibre du cycle de dégradation des déchets azotés. Il convient de mesurer d'urgence les taux d'ammoniac et de nitrites dissous à l'aide des kits d'analyse colorimétriques du commerce (cf. page 35). Si l'une de ces substances est anormalement élevée, il convient de remplacer 50 % de l'eau en échelonnant sur quelques heures l'apport d'eau neuve. Le phénomène prouve que l'aquarium a été trop rapidement et souvent excessivement peuplé alors que les lits bactériens des filtres n'ont pas encore atteint leur plein rendement. C'est pourquoi il faut savoir ne pas céder au désir de peupler trop vite. Il faut toujours respecter les règles suivantes :
- n'introduire que quelques poissons réputés robustes une semaine seulement après la mise en eau et plantation.
- alimenter très modérément.
- n'introduite d'autres poissons que lorsque le taux des nitrites est stabilisé depuis une semaine à une valeur réputée acceptable (au-dessous de 5 mg/l).

Poissons incommodés dans un bac ancien

Avant de penser à une maladie, il faut, là encore, envisager une poussée d'ammoniac ou de nitrites. Si c'est le cas, il faut rechercher un cadavre en décomposition et contrôler le bon débit du filtre qui

Outre les différentes teintes que peut prendre l'eau d'un aquarium, la prolifération d'algues filamenteuses est une indiquation de déséquilibre du milieu.

peut être arrêté ou tout simplement encrassé, ce qui entraîne dans les deux cas une asphyxie des bactéries fixées sur les masses filtrantes. Après avoir remédié à ces causes, il faut procéder à un large renouvellement d'eau.

L'ENCROÛTEMENT DE LA SURFACE DU SOL

Le sol peut, à la longue se recouvrir d'une pellicule plus ou moins épaisse constituée d'un mélange de micro-organismes où dominent des algues *Cyanophycées*. Le phénomène est fréquent dans les cas de filtration sous sable. Il s'accompagne souvent de taches noirâtres et d'une odeur nauséabonde due à l'asphyxie du sol responsable de putréfaction. Avant de procéder à la réfection, il faut rétablir la perméabilité en siphonnant largement la pellicule de surface.

Mort brutale de tout ou partie d'une population

Si le phénomène n'est pas dû à une maladie (cft chapitre), il y a de grandes probabilités qu'il s'agisse d'un empoisonnement. La cause peut être l'introduction d'une substance toxique, soit malencontreusement tombée dans l'eau (produit d'entretien ménager par exemple), soit présente dans l'air et pulsée dans l'eau par la pompe à air (vapeurs d'insecticides, déodorants, solvants de peinture, agents chlorés ou ammoniaqués, etc.). Là encore, un large changement partiel d'eau est obligatoire.

La disparition des planorbes et autres escargots

En dehors de leur rôle de mangeurs d'algues, les escargots en général et les planorbes en particulier sont également des détecteurs précieux de l'altération de l'équilibre biologique.

Dans tous les aquariums où ces mollusques vivaient et se multipliaient, leur mort est l'indice d'une altération des conditions de vie. L'aquariophile doit donc considérer leur disparition comme un signe d'alarme et comme une injonction d'avoir à rétablir l'équilibre biologique depuis le simple siphonnage jusqu'à la réfection.

L'eau verte

Le phénomène est dû au développement parfois progressif mais quelquefois explosif d'algues microscopiques en suspension dans l'eau. N'était-ce l'inconvénient esthétique, une telle eau est saine à condition que la prolifération ne devienne pas excessive. Dans ce cas, les algues peuvent mourir par « étouffement » brutal, notamment si le temps devient orageux. L'eau qui vire alors au jaune verdâtre « purée de pois » devient extrêmement toxique. Un changement d'eau immédiat est le seul recours.

Pour éviter une telle prolifération catastrophique, il convient de prohiber tout excès de lumière solaire. Un écran opaque sera au besoin placé sur la glace exposée durant la journée. On peut aussi réduire l'éclairage artificiel à quelques heures en soirée, utiliser un produit anti algues du commerce, voire introduire une importante colonie de daphnies.

ULTRA VIOLETS

La persistance d'eau verte ou laiteuse peut justifier la stérilisation de l'eau par rayons ultra violets pendant quelques jours. De tels appareils, inutiles en pratique courante de l'aquariophilie d'eau douce, sont bien connus des aquariophiles marins. On en trouve plusieurs modèles chez les détaillants.

L'eau laiteuse

Le phénomène est souvent d'apparition brutale et donne l'impression que du lait a été introduit dans l'aquarium. Cela survient dans deux circonstances : soit dans un milieu surpeuplé et sur-nourri, soit dans les jours qui suivent l'installation d'un nouveau bac dont le cycle biologique n'est pas encore établi.

Il s'agit habituellement d'une prolifération de diatomées, algues à squelette siliceux (d'où la couleur). Le phénomène disparaît souvent spontanément en 48 heures.

L'eau trouble ou poussiéreuse.

Elle est généralement en rapport avec un encrassement du compartiment de filtration mécanique. Le trouble cessera rapidement avec la correction de la cause.

L'eau blafarde jaunâtre

C'est une eau qui n'est ni verte, ni laiteuse, ni trouble, mais terne, tristement jaunâtre. Si l'on mesure le pH, il est souvent abaissé par rapport aux données antérieures. Cette eau est « fatiguée » surchargée en éléments indésirables difficiles à identifier, souvent des dérivés phénolés. Le phénomène se produit surtout sur les bacs fonctionnant depuis plusieurs mois avec des changements partiels d'eau insuffisants. Il faut procéder à un large changement d'eau d'au moins 50 % étalé sur 48 heures. Si cela est insuffisant, il faut procéder à la réfection du bac.

Les algues

- Des algues brunes sont à interpréter dans la plupart des cas comme l'indicateur d'une lumière insuffisante. Si vous ne les observez que dans une partie de l'aquarium, il y a lieu de chercher si une répartition défectueuse de la lumière ne cause pas un angle mort excessif.
- Des algues vertes piquetant ou même tapissant légèrement les rochers et parfois les feuilles les plus anciennes des plantes sont naturelles, donc normales, dans une eau peu acide. Elles sont un signe de bon équilibre. Il faut cependant veiller à ce qu'elles ne s'étendent pas trop, le meilleur moyen de contrôle étant leur consommation par les escargots d'eau ou certains poissons brouteurs.
- Des algues bleu-vert sont souvent la conséquence d'un éclairage excessif en intensité ou en durée ; elles succèdent souvent aux algues vertes. Les algues noires sont une forme d'algues bleues, les unes et les autres appartenant à la famille des *Cyanophycées*. Leur présence est constatée dans des aquariums trop riches en matières organiques (surpeuplement et surnourrissage). Elles sont le témoin d'un déséquilibre latent.
- Les algues chevelues (que ce soit sous forme de petits poils ou de longues perruques vertes) peuvent apparaître et persister dans des aquariums qui paraissent bien tenus. Elles ne sont pas un signe de mauvaise santé de l'aquarium mais souvent le témoin d'un suréclairement. Elles sont difficiles à combattre car elles sont dédaignées par les escargots et les poissons mangeurs d'algues. Elles résistent aux produits anti algues et ne peuvent être combattues que par des actions méthodiques qui dépendent du contexte dans lequel le problème survient.

OXYDATOR

Avant de procéder à une réfection totale devant la persistance d'une « perte de qualité » esthétique ou biologique de l'eau malgré l'application des procédés correcteurs habituels, il peut être judicieux de tenter une cure de suroxygénation.
Il existe dans le commerce aquariophile un appareil peu encombrant fonctionnant sans électricité (*Oxydator*). La solution qui le garnit se décompose sous l'action d'un catalyseur en libérant des atomes d'oxygène dits actifs ou naissants. Le fort pouvoir oxydant de cet appareil permet de détoxiquer de nombreux déchets. Son usage, sans être obligatoire, contribue à maintenir la santé de l'aquarium.

Les algues noires (Cyanophycées) *sont le témoin d'un surpeuplement de l'aquarium.*

Ennemis et maladies

À raison de milliards d'œufs pondus, il n'y aurait depuis longtemps plus de place pour l'eau dans les mers et les rivières si les poissons n'y étaient décimés. L'eau est un milieu où, plus encore que dans les autres, une espérance de vie n'est possible que pour les « plus costauds des plus chanceux ». C'est la sélection naturelle.

La loi que nous faisons régner dans nos aquariums est heureusement moins cruelle ; l'aquariophile offre à ses poissons, moyennant, il est vrai, une certaine privation de liberté, une bonne protection contre les ennemis et les maladies.

Les ennemis

Les poissons connaissent d'autres ennemis que certains propriétaires d'aquarium ignorants ou désinvoltes ainsi que certains compagnons de bac très méchants. Ce sont notamment les tortues aquatiques qui, carnivores et prédatrices, ne peuvent cohabiter avec des poissons sans danger pour ces derniers. Ce sont également certains petits animaux introduits accidentellement. Citons des insectes comme les Notonèctes, les Dytiques et leurs larves, ainsi que celles des jolies libellules. Mentionnons des vers comme les sangsues ainsi que certains crustacés parasites comme les Argulus ou poux des poissons et les Lernaea, ces derniers – bien que ce soient des crustacés – ayant l'aspect de petits vers blancs fourchus.

Les Hydres, en forme de cylindre transparent garni d'une couronne de tentacules urticantes à la façon des anémones de mer, ne sont dangereuses que pour les très jeunes alevins. Il en est de même pour les Planaires, petits vers plats rampants comme de petites limaces. Ces animaux difficiles à détruire sont heureusement consommés par certains poissons comme les Trichogaster.

En vérité, sans une grande accoutumance visuelle, il est malaisé pour le profane de distinguer les « bestioles » inoffensives de celles qui ne le sont pas. Aller à une source de forêt chercher de l'eau, collecter des plantes et y pêcher des daphnies, constitue une manière de faire intéressante mais dangereuse pour le profane. Elle doit être réservée à ceux qui possèdent des connaissances et une expérience pratique dans ce domaine.

Bien que ce Carassin ballon soit apparement en pleine santé, on peut se demander si les sélections qui ont abouti à la création de ce type de difformité sont toujours judicieuses.

Les maladies

La lutte contre les maladies passe d'abord par la prévention. Elle repose sur quelques principes élémentaires.
* Bien choisir ses fournisseurs et ne pas acheter de poissons dans des maisons qui présentent des bacs mal tenus, peuplés de sujets au ventre creux et aux nageoires effilochées, voire couverts de points blancs.
* Ne pas surpeupler l'aquarium.
* Éviter la suralimentation comme les jeûnes prolongés.
* Utiliser des aliments adaptés en variant les régimes.
* Maintenir une bonne qualité de l'eau et ne pas choquer les poissons par des changements trop brusques du milieu, notamment de température.
* Imposer strictement à tout nouveau pensionnaire une quarantaine d'au moins deux semaines d'observation dans un petit aquarium correctement équipé réservé exclusivement à cet usage.

Malgré toutes ces précautions, l'aquariophile le plus chevronné peut un jour être confronté à une affection pathologique plus ou moins sérieuse.

Les hommes de science ont les moyens d'identifier les diverses maladies par des examens de laboratoire plus ou moins complexes. L'aquariophile n'a pour l'aider dans sa recherche que son expérience et la bonne observation des signes cliniques et du comportement atypique de l'animal.

C'est ainsi que les premiers aquariophiles avaient décrit comme maladies autonomes : l'exophtalmie (yeux saillants), l'hydropisie (gros ventre avec hérissement des écailles), le shimmy (nage saccadée et tournante), l'entérite (selles abondantes et filamenteuses), l'asphyxie (pipage de l'air à la surface). En fait, nous savons maintenant qu'il ne s'agit que de symptômes de maladies diverses ayant des causes multiples et variées.

BAC INFIRMERIE
Il est indispensable de pouvoir disposer à tout moment d'une telle installation. Les traitements sont plus faciles à appliquer et surveiller dans ce faible volume. De cette façon on évite aussi la pollution du bac d'ensemble par des produits médicamenteux. Ce petit aquarium en verre collé d'une vingtaine de litres doit être nu de sol, de plante et de décor.
À la rigueur un pot de fleur renversé servira de refuge au poisson timide. Il sera tout simplement aéré et chauffé. La qualité de l'eau sera maintenue grâce à des renouvellements réguliers.

Ennemis et maladies • 143

Les exophtalmies peuvent aussi bien être d'origine infectieuse que liées à des troubles métaboliques, de même que l'hydropisie peut accompagner une maladie infectieuse ou parasitaire ou exprimer une dégénérescence hépatique ou rénale. Le shimmy et l'entérite ont souvent comme origine une alimentation inadaptée entraînant des troubles du transit digestif, mais ils peuvent aussi avoir une origine infectieuse ou parasitaire intestinale. L'asphyxie peut avoir pour cause une baisse de l'oxygène dissous dans l'eau, mais elle peut également résulter d'une diminution de la surface fonctionnelle d'échange respiratoire due à un envahissement des branchies par un processus infectieux ou parasitaire, ou encore d'une inflammation d'origine toxique, voire de perturbations sanguines au niveau de l'hémoglobine.

Si ces signes ne sont que des symptômes et non des entités pathologiques, leur constatation est indispensable à l'orientation du diagnostic clinique des diverses maladies. Il est donc important de décrire les plus fréquents d'entre eux. Pour des raisons pratiques, chacun des symptômes indiqués ici est accompagné d'un code composé de lettres et de chiffres.

Les causes de maladie peuvent être multiples et toutes ne sont pas maîtrisables. Mais que votre aquarium soit le théâtre d'un ballet formé par une centaine de sujets ou l'écrin de deux ou trois spécimens rares, la qualité et l'équilibre de l'eau dans laquelle ils évoluent est primordiale pour leur santé.

Méthode de classification

Pour simplifier et sans doute aussi pour des raisons mnémotechniques, les lettres correspondent à l'initiale du nom donné à l'affection et renvoient à la description des maladies, à savoir :

P affections parasitaires causées par des Protozoaires.
H affections parasitaires causées par des vers Helminthes.
C affections causées par des Crustacés.
V affections causées par des Virus.
B affections causées par des Bactéries.
M affections causées par des champignons et des levures (Mycoses).
A affections causées par une mauvaise Acclimatation.
D affections causées par des troubles Digestifs.
T affections dues à des Tumeurs.
L affections dues à des Lésions de blessures.

TABLEAU DES PRINCIPAUX SYMPTÔMES

– Points blancs	(voir P1, P2)
– Enduit blanc et gluant sur les téguments et nageoires	(voir P3)
– Plaques décolorées	(voir P5)
– Petites ulcérations	(voir P6)
– Petits fils blancs fourchus incrustés sur les téguments	(voir C)
– Excréments filamenteux	(voir H1)
– Oeil trouble (cataracte)	(voir H3)
– Duvet filamenteux	(voir M1)
– Duvet cotonneux épais avec atteinte de la bouche (fongus)	(voir B2)
– Grosses ulcérations sanguinolentes	(voir B2)
– Kystes blanchâtres arrondis	(voir B6)
– Kystes blanchâtres irréguliers	(voir V)
– Bourgeons irréguliers en « chou-fleur »	(voir T)
– Trous arrondis prédominant sur la tête	(voir M2)
– Plaques hémorragiques	(voir H5, P3, P5, B3, B4)
– Congestion hémorragique des nageoires (érythrurite)	(voir P3)
– Nageoires collées; queue serrée	(voir B1, A)
– Pipage d'air en surface (asphyxie)	(voir A, P1 à P3, B1 à B5)
– Attitudes de grattage	(voir H5, P3, P6)
– Nage en rotation	(voir P4)
– Nage louvoyante tremblante (shimmy)	(voir A, B1)
– Nage tête en bas après les repas	(voir D)
– Gros ventre avec hérissement des écailles (hydropisie)	(voir A, P7, B1, B3, B4)

LES SYMPTÔMES

Les diverses maladies se traduisent par des symptômes ou signes cliniques variés. Certains sont très spécifiques d'une maladie précise. Cependant, le plus souvent, ils ne peuvent avoir que valeur d'orientation. Nous donnons dans le tableau ci-dessus quelques signes principaux décelables à l'œil nu par l'aquariophile courant qui ne peut disposer de moyens poussés d'analyses techniques.

Description des principales maladies

Maladies parasitaires à protozoaires (P)

■ **P1.**

L'ichthiophthiriose, que les aquariophiles nomment « ichtio », est la fameuse « maladie des points blancs » qui se manifeste par un semis de perles minuscules blanchâtres bien visibles à l'œil nu. C'est la plus courante des maladies d'aquarium et tout aquariophile en a vu ou en verra un jour.

Chaque point blanc est un petit kyste formé par la réaction de la peau autour du protozoaire parasite *Ichthiophthirius*. Lorsque ce parasite arrive à maturité, il se multiplie par division cellulaire pour donner de nombreuses cellules filles qui, libérées au bout de quelques jours, vont nager à la recherche d'un nouvel hôte. Les parasites sont insensibles aux traitements quand ils sont fixés sur l'hôte. Il faut donc éviter des réinfestations en tuant les parasites lors de leur phase de nage libre, seul moment où les agents thérapeutiques peuvent les atteindre.

Ennemis et maladies • 145

Dans l'ensemble, il s'agit d'une parasitose souvent bénigne lorsque les poissons sont sains. Elle disparaît avec un bon désinfectant accompagné d'une augmentation de température de l'eau pendant quelques jours. Les formes graves touchent surtout les nouveaux poissons fatigués par les transports et encore mal acclimatés. Les médicaments du commerce aquariophiles sont très actifs (produits 1). Les produits 7 - 8 - 9 sont aussi efficaces.

■ **P2.**
L'oodiniose, ou maladie du velours, est rare en eau douce. Les points blancs très petits, sont presque invisibles, ce qui donne un aspect finement velouté, poussiéreux, aux téguments et aux nageoires. Les protozoaires responsables sont soit *Oodinium limneticum* soit *Oodinium pillularis*. Ces organismes monocellulaires flagellés sont des parasites facultatifs car, contrairement à l'*Ichtiophthirius*, ils peuvent vivre sans hôte, d'où la survie dans des aquariums vides de poissons avec reprise de la maladie à chaque tentative de repeuplement. L'oodiniose d'eau douce réagit bien aux médicaments du commerce aquariophile (produits 1). En cas d'échec, essayer les médicaments 6 - 7 - 8 - 9 - 17 et 17*bis*.

■ **P3.**
La costiose est due au protozoaire *Costia necatrix*. Moins fréquente, elle se traduit par des voiles blancs et visqueux sur la peau et les nageoires.

Proche de la costiose, la chinodellose, liée au protozoaire *Chilonodella cyprini*, plus spécifique des *Cyprinidae*, attaque surtout les poissons japonais chez qui elle se traduit par une congestion sanguinolente des nageoires.
Ces maladies se traitent par les produits 1 et, en cas de résistance, avec les remèdes 7 - 8 - 9 - 17 et 17*bis*.

■ **P4.**
La myxosomiose est la maladie du tournis. Le parasite est un sporozoaire de la famille des *Myxosporidés, Myxosoma cerebralis*. La forme adulte du parasite est ingérée. Elle traverse la paroi intestinale et va se fixer dans les centres nerveux, entraînant une nage saccadée, puis en rotation tête en l'air autour d'un axe imaginaire. Le poisson meurt d'épuisement. Cette affection relativement rare est contagieuse, l'incubation étant d'une quarantaine de jours. Il n'y a pas de traitement efficace et le poisson devra être sacrifié.

■ **P5.**
La pléistophorose ou maladie de la décoloration, touche avec prédilection les *Characidae* en particulier les Tétra néons. Elle est due au *sporozoaire Pleistophora hyphessobryconis* qui s'incruste dans les muscles. Les téguments qui recouvrent les muscles envahis paraissent décolorés. C'est une maladie heureusement peu contagieuse. Bien que faiblement efficaces, on peut essayer les médicaments 17 - 17*bis*. Attention, ces produits sem-

Maladie des points blancs (ichthiophtiriose)

Maladie du velours (oodiniose)

Maladie du voil blanc

Maladie dde la décoloration (pléistophorose)

blent plus toxiques pour les petits *Characidae* que pour d'autres familles de poissons.

■ P6.

La trichodinose est due au *protozoaire Trichodina* qui est armé de crochets lui permettant de creuser les téguments, ce qui cause des ulcérations cutanées avec démangeaisons que les poissons essaient de calmer en se frottant sur le sol et les rochers. Les traitements 4 - 7 - 8 - 9 - 17 et 17*bis* sont efficaces.

■ P7.

L'hexamitose touche surtout les poissons de la famille des *Cichlidae*. Elle est due à un protozoaire flagellé, *Hexamita*, qui envahit les voies digestives, en particulier les voies biliaires. Elle provoque une altération sévère de l'état général avec mort par épuisement. Très voisine est la spironucléose, due aussi à un protozoaire flagellé, *Spironucleus elegans*.
On peut tenter, mais avec peu de chance de succès, les traitements 17 et surtout 17*bis* en bain ou mélangés à la nourriture.

Maladies parasitaires dues à des vers helminthes (H)

Les infestations des poissons par des vers sont fréquentes. La plupart du temps, il s'agit de vers ronds *Trématodes*. Ces vers sont hébergés dans l'intestin où il se crée souvent un état d'équilibre entre le parasite et l'hôte. Ce n'est qu'à la longue, lorsque les vers deviennent trop gros ou trop nombreux, que des signes de souffrance apparaissent chez le poisson avec amaigrissement progressif et affaiblissement des défenses générales. Un grand nombre de ces vers ont un cycle de développement qui a besoin de la présence d'hôtes intermédiaires spécifiques (escargots, crustacés, oiseaux, mammifères), dont l'absence dans l'environnement de l'aquarium supprime les risques de réinfestation.

■ H1.

La capillariose, due au ver *Capillaria cuticola*, envahit surtout l'intestin des *Cichlidae* américains et surtout des *Discus*. C'est un ver long et fin. Il attaque la paroi intestinale. Le poisson atteint rejette des excréments blancs, longs et floconneux. Leur examen à la loupe permet de voir les œufs. En général peu dangereux quand il est seul, sa présence s'accompagne malheureusement souvent d'autres parasitoses diverses. Traitement : nourriture sèche ou proies vivantes imprégnées du remède 11.

■ H2.

La diplozoonose, due à *Diplozoon paradoxum*, petit ver parasite des branchies, touche surtout les *Cichlidae* américains dont les Discus Traitement : remèdes 7 - 8 - 9 et 10.

■ H3.

La diplostomose est due au petit ver *trématode Diplostomum cuticola*, dont le cycle de reproduction passe obligatoirement par certains escargots d'eau douce tropicale. Elle est de ce fait rela-

---

AUTRES PROTOZOAIRES

De nombreux autres protozoaires peuvent être responsables de maladies piscicoles, mais ils sévissent rarement en aquariophilie tropicale d'eau douce. Il est difficile de les reconnaître en l'absence d'un examen microscopique.

Ennemis et maladies • 147

tivement rare et ne touche que des poissons récemment importés comme les *Cichlidae* américains. Le ver envahit les branchies, les muscles, les viscères et les yeux (cataracte des *Discus* et des scalaires sauvages). Éviter les introductions d'escargots importés. Traitement spécifique avec le produit 10.

■ H4.

La girodactylose est assez fréquente. Elle est due aux vers *Trématodes Gyrodactylus* et *Dactylogirus*. Voisins des douves, ils se fixent à l'aide de crochets sur les branchies et les téguments des poissons. Longs de 1 mm environ, ils se distinguent facilement à la loupe. Les premiers symptômes sont une nage saccadée frissonnante sur place et un comportement de grattage. Le poisson cherche une pierre, une branche ou une simple feuille pour s'y frotter d'un mouvement bref consécutif à une démangeaison. Les sujets les plus atteints présentent une hypersécrétion de mucus, de petites taches de sang sur les téguments, et ont souvent les ouïes écartées avec difficulté respiratoire. Essayer en premier un produit 1. Les bains des produits 4 et 5 sont efficaces, de même que le 7. En cas d'échec, le produit le plus actif est le 10. Ce ver n'ayant pas d'hôte intermédiaire nécessaire à son cycle reproducteur, les poissons doivent être isolés pour éviter la contagion.

Parasitoses à crustacés (C)

Certains crustacés se sont adaptés au parasitisme piscicole et se fixent comme des tiques sur les téguments et les branchies des poissons, où il est difficile de les mettre en évidence car ils restent cachés sous les opercules. Les principaux sont les *Argulus* qui ressemblent à des poux et se déplacent uniquement la nuit et les *Lernaea*, qui ressemblent à de petits vers blancs fourchus. Le traitement de base est le produit 10.

Maladies bactériennes (B)

Elles sont souvent dues à des bactéries GRAM – et à des mycobactéries. Dans la plupart des cas, en l'absence de possibilités d'analyse de laboratoire, les aquariophiles ne pourront se fier qu'à leur bon sens d'observation clinique.

■ B1.

Les Mycobactérioses sont relativement fréquentes chez les poissons récemment importés, en particulier des élevages asiatiques.
Ces tuberculoses piscicoles sont dues à des Mycobactéries (la plus fréquente étant *Mycobacterium marinum*). Elles peuvent être responsables de véritables hécatombes. On les rencontre plus fréquemment chez les vivipares et les *Anabantidae* fragilisés par l'élevage intensif. Elles se traduisent parfois par une nage louvoyante avec tremblement sur place (shimmy), amaigrissement et cachexie, gros ventre (ascite) et exophtalmie. Les poissons atteints ont le dos voûté et respirent péniblement sur le fond, n'ayant plus la force de nager.

Maladies parasitaires dues à des vers.

Parasitoses à crustacés. Ergasilus sieboldii mesure environ 1 mm et s'accroche aux téguments et aux branchies.

Maladie bactérienne (pourriture sanglante des nageoires).

Maladie bactérienne (hydropisie)

COLORATION DE GRAM

On distingue en laboratoire deux grands groupes de bactéries selon qu'elles prennent ou non la coloration de GRAM. Les premières sont dites GRAM positif (+), les secondes GRAM négatif(−).

Les produits 14 et 16 en bain peuvent être efficaces à condition d'être utilisés précocement.

■ **B2.**

La columnariose est due à une bactérie GRAM − extrêmement contagieuse, *Flexibacter columnaris*. Ce microbe se multiplie surtout aux températures dépassant 25 °C, ce qui explique la fréquence de son rôle pathogène en aquarium tropical, surtout pour les *Discus* qui sont généralement élevés en eau très chaude. La maladie commence souvent par de petites ulcérations recouvertes d'une masse cotonneuse (à ne pas confondre avec les lésions de la saprolégniose où les bouquets de filaments sont plus fins et plus longs). Ces ulcérations s'étendent et se creusent en quelques jours, devenant hémorragiques, purulentes et nécrosées. L'animal meurt de cachexie progressive. Quelquefois, l'affection revêt la forme d'une septicémie foudroyante, tuant le poisson en quelques heures avant que les ulcères aient le temps d'apparaître. Si on intervient précocement, des résultats peuvent être obtenus avec les produits 13 - 14 et 16.

■ **B3.**

Les pseudomonioses et aéromonioses sont rares dans les aquariums bien tenus. Dues à des bactéries GRAM − *Pseudomonas* et *Aeromonas*, elles se traduisent par des ulcérations des téguments avec hémorragies et pourriture des nageoires qui deviennent sanglantes et effilochées. Contagieuses, elles peuvent tuer en quelques jours tous les poissons d'un aquarium. Utiliser les remèdes 13 - 14 - 15 - 16 - 17 ou 18.

■ **B4.**

Les corynébactérioses sont graves mais peu contagieuses et rares. Sont en cause des bactéries GRAM +, les *Corynebacterium*. Il y a toutes les chances qu'un poisson en soit atteint lorsqu'il présente un gonflement de l'abdomen (liquide d'ascite) et une exophtalmie bilatérale (saillie des yeux). En effet, ces microbes touchent les reins, donnant une rétention de sel et d'eau. Cette maladie lentement mortelle peut réagir aux médicaments 12 - 12*bis* - 13 - 14 - 15 et 16.

■ **B5.**

Les autres Bactérioses sont rares dans les aquariums bien tenus. Elles peuvent donner septicémie, cachexie, exophtalmie, ulcérations. On peut incriminer *Flavobacterium, Haemophilus, Pasteurella, Yersina*. Cependant, la plupart de ces bactéries ne se multiplient qu'à basse température et ne touchent donc que les piscicultures d'eau froide. Les traitements antibiotiques sont à base de 12 - 12*bis* - 13 - 14 - 15 - 16 - 17 - 17*bis* et 18.

■ **B6.**

La chlamydiose est due à des agents pathogènes proches des bactéries, les *Chlamidiae*. Peu fréquente dans les aquariums bien tenus, elle se signale par de petits kystes blancs nacrés sphériques, bien isolés, implantés en petit nombre sur les téguments. Cette maladie porte le nom de lymphokystose et ne doit pas être confondue avec la Lymphocystose virale où les nodules sont rassemblés en grappe. Cette affection, qui peut durer plusieurs semaines, cesse souvent spontanément. En cas d'extension importante, utiliser les produits 12 - 12*bis* - 14 ou 16.

Maladies virales (V)

Il existe de nombreuses affections virales graves chez les poissons (telle la Nécrose aiguë hémorragique) qui peuvent décimer les pisciculures de Salmonidae. Mais ce sont des maladies d'eaux très froides qui ne touchent pas les pensionnaires d'aquarium.

■ V1.

La Lymphocystose est heureusement fort rare. Elle se traduit par des kystes blanchâtres pouvant atteindre quelques millimètres, implantés sur les téguments et surtout sur les nageoires. À la loupe, ils ont l'aspect de petites grappes en chou-fleur. Cette maladie peu contagieuse est mortelle lorsque les lésions sont étendues. On peut obtenir des résultats au début par excision ou cautérisation des nodules par attouchement bref d'une tête d'épingle chauffée au rouge. Pas de médicament. Le poisson trop atteint doit être sacrifié.

Maladies mycosiques (M)

Elles sont dues à des infestations par des levures ou des micro-organismes de la famille des champignons.

■ M1.

Les saprolégnioses sont relativement fréquentes. Elles sont dues à des champignons oomycètes de la famille des *Saprolégnacées* dont les spores présentes dans l'eau se greffent sur les téguments de poissons blessés ou affaiblis. Le mycélium observé sur les animaux atteints donne des touffes cotonneuses blanchâtres finement ramifiées. Cette maladie peut guérir si elle est prise à temps. On la traite par les médicaments 1-5 et en cas d'échec 17 - 17*bis* - 18. Si l'on attend trop, les viscères sont envahis, ce qui rend illusoire toute guérison du fait de la mauvaise pénétration tissulaire des médicaments spécifiques.

■ M2.

L'Ichthyosporidiose est grave mais peu fréquente. Elle est due à *Ichthyophonus offeri,* microorganisme intermédiaire entre les champignons et les protozoaires, qui franchit la barrière intestinale pour envahir tous les organes. Sa virulence est variable suivant les espèces. Elle est fréquente chez les *Cichlidae*, en particulier chez les *Discus*, où elle donne la maladie des trous qui se traduit par des creusements bien circonscrits prédominant au niveau de la tête. Traitement par les produits 17, 17*bis* et 18.

Maladies d'acclimatation (A)

Il est très difficile de reconstituer en aquarium la composition précise des milieux naturels d'origine des poissons dont on vient de faire l'acquisition.

Maladie de la mousse (saprolégnose).

Maladie des trous chez un Discus.

PÊCHER UN POISSON MALADE

Afin de le traiter ou de l'isoler, il est parfois nécessaire de pêcher un poisson dans le bac d'ensemble. Pour ne pas bouleverser le décor au cours de poursuites acrobatiques infructueuses, il convient de préparer épuisette et récipient le soir et de pêcher le lendemain matin au moment précis où l'on allume la lumière. Signalons que les poissons dorment souvent toujours au même endroit.

Avant de peupler l'aquarium, il faut se renseigner sur les exigences des diverses espèces (pH, dureté de l'eau, température, nourriture, comportements intra- et extra-spécifiques). En effet, dans de mauvaises conditions d'acclimatation, l'état général des poissons s'altère progressivement. Ils ne peuvent plus se reproduire et, surtout, ils maigrissent et offrent un terrain propice au développement des maladies infectieuses ou parasitaires ci-dessus décrites.

Un autre problème d'acclimatation est dû au stress. Prolongé, il est cause de perturbations hormonales qui affaiblissent le système immunitaire, ouvrant ainsi la porte aux maladies. Est stressé le poisson qui doit vivre en couple et qu'on laisse solitaire, ou qui doit vivre en banc et que l'on fait vivre en couple. Est également stressé tout poisson dominé qui a peur, notamment le sujet le plus faible rejeté par le groupe. L'aquariophile doit donc veiller non seulement au bon équilibre biologique, mais aussi au bon équilibre démographique, en évitant toujours de surpeupler l'aquarium.

Troubles digestifs (D)

Une nourriture mal adaptée, trop monotone ou insuffisante, peut entraîner un affaiblissement progressif par carence énergétique et vitaminique.

Une bonne règle d'hygiène consiste à ne distribuer aucun aliment, un jour dans la semaine. Une alimentation trop abondante ou trop riche peut donner des fermentations intestinales avec constipation et ballonnements, alors qu'un jeûne d'une journée régule les problèmes intestinaux éventuels.

Cela étant rappelé, constatons que la qualité actuelle des aliments spécialisés du commerce et des produits surgelés a permis de réduire ces incidents digestifs malgré quelques cas particuliers, par exemple la constipation chez les gros poissons japonais, prédisposés par la grande longueur de leur intestin, comme tous les poissons herbivores.

En cas de nécessité, on peut sortir le poisson de l'eau, le maintenir avec l'épuisette en évitant les contacts manuels directs et, à l'aide d'un compte-gouttes, lui faire avaler quelques gouttes d'huile de paraffine.

Le second incident est lié à la goinfrerie, notamment de beaucoup de Barbus et de certains *Cichlidae* et vivipares. On constate alors une nage hésitante en biais, la tête en bas. Le symptôme est transitoire. Il cesse lorsque le poisson a digéré.

Maladies tumorales (T)

Comme tous les animaux, les poissons peuvent être victimes de cancer. Ces tumeurs sont heureusement des maladies rares, excepté chez les *Anabantidae* comme les combattants, qui, lorsqu'ils sont âgés, peuvent présenter une tumeur de la glande thyroïde qui se traduit par un gonflement bourgeonnant du cou. Il n'existe aucun traitement et le poisson atteint doit être sacrifié.

Blessures ou lésions (L)

Toute blessure, même insignifiante, doit être soignée pour éviter une infection secondaire. La bonne méthode consiste à sortir le blessé et, à l'aide d'un coton tige, de faire un attouchement avec un désinfectant comme la *Bétadine*. On peut aussi traiter le bac avec un produit 1.

En cas d'échec ou d'extension, il faut toujours penser à la possibilité d'une infection bactérienne ou mycosique débutante.

Remèdes et modes d'emploi

Avant d'aborder la liste des médicaments, il convient de faire une remarque générale. Pour assurer la bonne répartition d'un remède et aider le poisson à le supporter, il convient de renforcer l'aération. En revanche, en cas de traitement dans le bac d'ensemble, il est indispensable d'arrêter la filtration pendant toute la durée du traitement. Les matériaux filtrants (surtout le charbon actif) peuvent neutraliser certains médicaments. Les antibiotiques peuvent détruire le lit bactérien. La cure terminée, il est conseillé de siphonner la moitié de l'eau que l'on remplace par de l'eau neuve. Il est donc toujours préférable – si possible – d'effectuer les traitements sur des poissons isolés en bac infirmerie.

Enfin, l'emploi de remèdes appelle la mise en garde suivante : sauf si le conseil a été

L'œil est vif, la robe bien colorée et exempte de tache suspecte. Ce poisson semble en parfaite santé.

GARE AUX TACHES
On peut facilement tacher ses doigts et ses habits lors des manipulations de produits colorants. Celles du permanganate sont particulièrement tenaces ; on peut les faire disparaître à l'aide d'une solution de bisulfite de sodium.

donné par quelqu'un digne de confiance, n'utilisez jamais un médicament sans vous assurer que l'aquarium est vierge de tout autre traitement. Ne mélangez jamais deux médicaments sans vous être assuré que cela est possible. Il peut exister des incompatibilités, parfois des interactions, dont les effets peuvent être désastreux.

Désinfectants

1. Les spécialités disponibles dans le commerce aquariophile sont de mieux en mieux étudiées, de plus en plus efficaces. Elles sont souvent constituées de l'addition de plusieurs substances ayant chacune démontré son efficacité envers le mal à combattre.

Tout aquariophile prudent devrait au moins avoir chez lui en permanence un désinfectant général à utiliser à titre préventif ou curatif ; un remède spécifique des « points blancs ». Tous ces produits sont présentés accompagnés de leurs modes d'emploi respectifs.

2. Le bleu de méthylène reste un bon désinfectant. Son rôle surtout préventif le rend utile lors de la mise en quarantaine de poissons suspects. Il s'emploie en solution aqueuse à 5 %. On préconise en général un traitement en bain à raison de deux gouttes pour 10 litres. La coloration disparaît progressivement, pouvant laisser une teinte grisâtre sur le sable et les pierres. La tolérance des plantes est médiocre.

On devra se méfier de la pléistophorose chez ce Characidae d'Afrique qui perdrait vite ses jolies couleurs.

3. L'éosine est un bon désinfectant. Utiliser la solution du Codex pharmaceutique à 2 % (5 à 10 gouttes pour 10 litres), uniquement en bac infirmerie en raison de la coloration de ce produit qui teinte l'eau en rose persistant plus ou moins vif. On peut également faire des attouchements des plaies avec un Coton-tige imbibé du produit.

4. Le permanganate de potassium est le seul remède simple qui continue de rivaliser avec les spécialités dans le domaine de la Gyrodactilose. Nous déconseillons les bains longs avec ce produit car non seulement il est rapidement toxique, mais il perd presque aussi rapidement son efficacité par précipitation. On ne sait donc jamais où on en est. Nous préconisons la méthode suivante : faites dissoudre 4 g de permanganate dans 1 litre d'eau – utilisez 40 ml de cette solution pour 10 litres d'eau du bac infirmerie. Placez-y les poissons 20 minutes, montre en main. Retirez les poissons et, si nécessaire, renouvelez l'opération au bout de 48 heures On peut également faire directement des attouchements de blessures et ulcérations avec la solution à 4 g par litre.

5. Le chlorure de sodium, le plus vieux remède aquariophile, reste efficace dans le traitement de certaines parasitoses externes. Ce traitement a le mérite d'être bien toléré par les poissons.

On procède ainsi : on place les poissons en bac infirmerie et on ajoute du gros sel marin à la dose de 5 g/l. Lorsque ce sel est complètement dissous, on ajoute toutes les deux heures 1 g jusqu'à atteindre le maximum de 10 g/l. Laisser les poissons une heure ou deux à cette concentration en surveillant leur tolérance. Faire ensuite baisser progressivement en plusieurs heures la concentration par des changements partiels d'eau jusqu'à retour à l'eau douce.

6. Le sulfate de cuivre. Très employé en eau de mer, cet excellent désinfectant, très actif sur les maladies à Protozoaires, est d'autant plus toxique que l'eau est plus douce. Ne jamais employer si le TH est inférieur à 5°. On l'utilisera en bain court de 20 minutes dans une eau relativement dure, durcie au besoin par un peu de bicarbonate de sodium jusqu'à obtenir un pH d'au moins 7,5. Malgré ces précautions, la plupart des poissons d'eau douce ne tolèrent pas au-delà de quelques heures une concentration de plus de 0,10 mg/l. On peut recommander des bains de 20 minutes à la dose de 1 g/10 l, uniquement en bac infirmerie.

7. Le formol est efficace en bains contre certains parasites externes (*Costia, Gyrodactylus*). Diluer dans 1 litre d'eau 100 ml d'une solution de formol du Codex à 32 %. Traiter les poissons en bains de 15 à 20 minutes à raison de 5 ml de cette solution pour 10 litres. Répéter au besoin. Attention : cette solution doit être employée fraîche. Lorsqu'elle vieillit, il se produit à la surface un dépôt blanchâtre très toxique.

SEL

Il existe en pharmacie et dans les maisons de produits de régime des pastilles de sel de mer de 10 g, ce qui évite d'avoir à peser.

TOXICITÉ SPÉCIFIQUE

Le sulfate de cuivre est mortel pour les Gastéropodes et donc pour tous les escargots d'eau.

Il est recommandé de soigner un poisson malade dans un bac infirmerie. De cette manière, les traitements que vous allez administrer à vos poissons ne risquent pas de polluer la flore de votre installation principale.

PRESCRIPTION MÉDICALE

Les antibiotiques, dans leur grande majorité, ne peuvent être obtenus que sur prescription du vétérinaire qui devra être informé du problème sanitaire rencontré.

AUTRES PRODUITS

Il existe une quantité d'autres médicaments. Nous nous sommes bornés à ne mentionner ici que ceux qui ont fait la preuve de leur efficacité et d'une toxicité raisonnable aux doses conseillées dans le domaine piscicole. Nous n'indiquons également que ceux qui sont disponibles, sur prescription ou non, en pharmacie vétérinaire.

RENOUVELLEMENT

En cas d'incertitude sur un produit, on ne doit renouveler la dose que :
• si l'on n'a constaté aucune toxicité apparente ;
• si l'on est certain que le produit est bien celui qui convient, c'est-à-dire si l'on a obtenu une incontestable amélioration sans avoir pour autant atteint la guérison.

8. Le phénoxyéthanol, produit vétérinaire, est destiné à remplacer avantageusement le vert malachite (oxalate de cuivre) retiré du commerce en raison du risque cancérigène chez les pisciculteurs qui l'utilisaient à forte dose.

Cet excellent désinfectant est efficace sur les parasites externes et les lésions externes mycosiques et bactériennes. Préparer une solution de 100 ml dans un litre d'eau déminéralisée alcoolisée par 50 ml d'alcool absolu pour permettre la dissolution de ce liquide huileux. N'utiliser qu'en bac infirmerie à raison de 1 ml/10l d'eau en bain de quelques heures.

9. Mélange formol-phénoxyéthanol. Il remplace avantageusement le mélange formol-vert malachite. Il est plus actif que l'emploi séparé des deux produits. Mélanger à parts égales les deux préparations dans un flacon de 1 litre. Utiliser en bac infirmerie de la même façon que les produits séparés à raison de 1 à 2 ml /10l.

Insecticides

10. Le fenthion est commercialisé en produit vétérinaire sous le nom de Tiguvon. Il est très actif sur les Crustacés parasites comme les Argulus et les Lernaea.

Cet anti puces pour chat et chien se trouve en pharmacie en conditionnement de pipettes de 0,3 ml d'une solution à 10 %. On l'utilise pour les *Lernaea* à la dose de 0,1 à 0,15 ml/10 l d'eau en bain prolongé de 24 à 48 heures.

Pour lutter contre les *Argulus*, introduire dans l'aquarium d'ensemble, pour 100 litres, 10 à 20 gouttes d'une solution obtenue en diluant 0,3 ml dans 100 ml d'eau. Répéter au besoin quelques jours après.

Antihelminthiques

11. Le flubendazole est efficace sur les vers intestinaux. On l'emploie à raison de quelques gouttes dans la ration journalière. Ce produit est commercialisé sous le nom de Fluvermal. Le traitement est à répéter pendant quelques jours avec, en cas d'efficacité, une cure de rappel une quinzaine de jours plus tard.

Antibiotiques. Antimycosiques

12. La tétracycline est utilisée depuis longtemps en bains à la dose de 20 mg/l. Elle est surtout efficace sur les bactéries GRAM +. Malheureusement, la plupart des infections en aquarium sont causées par des bactéries GRAM -. De plus, elle colore l'eau en jaune. On lui préfère actuellement d'autres dérivés comme **la doxycycline** (12bis), plus polyvalente, à la dose de 5 à 10 mg/l.

13. Les aminosides et dérivés sont surtout actifs sur les bactéries GRAM - qui constituent la grande majorité des maladies bactériennes en aquarium. La plus anciennement utilisée est la Kamycine en bain à la dose de 20 mg/l. On lui préférera des Aminosides plus modernes et plus puissantes comme la gentamycine à la dose de 10 mg/l.

Ennemis et maladies • 155

Les bains auront une durée de 24 heures. Si le produit se révèle efficace, le traitement sera répété pendant quelques jours jusqu'à disparition des symptômes. L'eau doit être renouvelée avant chaque administration.

14. Les quinolones constituent une famille d'antibiotiques très efficaces à la fois sur les bactéries GRAM - et GRAM +. Cela explique leur large emploi en pisciculture. On utilise surtout la Fluméquine et la Fluroxacine en bains à la dose de 10 à 20 mg/l. Ces produits sont détruits par la lumière et le bac infirmerie devra être obscurci. Le traitement peut être renouvelé quelques jours, comme indiqué plus haut.

15. Les nitrofuranes ont remplacé les furanes retirés du commerce en raison du risque cancérigène.

Le plus utilisé en aquariophilie est le furaltadone vendu sous les noms de Furanor et d'Aquafuram. Ce dernier produit est présenté de façon pratique sous forme d'infuserres. Efficaces sur toutes les familles de bactéries, on les utilise en bains à raison de 10 à 20 mg/l. Ces produits restent actifs pendant au moins quatre jours.

16. Les sulfamides. On utilise surtout le mélange Triméthoprime + Sulfamétoxazole (Bactrim) ou Sulfadiméthoxine + Triméthoprime (Romet). Ces produits sont actuellement les antibiotiques de base en aquariophilie, car leur rayon d'action s'étend à la fois sur les bactéries GRAM + et GRAM –.

Peu toxiques, on les recommande en bain à la dose de 40 à 50 mg/l, à renouveler au besoin pendant quelques jours.

17. Le métronidazole est bien connu sous le nom de Flagyl. Il présente un grand intérêt car il est à la fois actif sur les bactéries GRAM –, les levures et les Protozoaires. Peu toxique, il s'utilise en bain à la dose de 10 mg/l, qui peut être doublée en cas de résistance. Il ne se dégrade que lentement en 4 à 6 jours.
Citons d'autres dérivés comme le miconazole et le kétonazole et surtout le DMZ (17bis) utilisé en pisciculture qui est une association métronidazole-dimitrinazole.

18. L'acide oxolinique, présenté sous forme de poudre très soluble, est actif sur les bactérioses GRAM – et sur certaines mycoses comme les saprolégnioses. On emploie en bain Inoxylpoissons ND à la dose de 20 mg/l. Ce produit est inactivé par la lumière.

L'expérience et l'observation sont souvent l'assurance d'un règlement rapide du problème constaté. Ce petit groupe de Phenacogrammus interruptus ne présente à première vue aucune pathologie, et c'est en l'admirant au jour le jour que l'on pourra le préserver.

POUR CONCLURE
Tout aquariophile peut, un jour ou l'autre, être confronté à un problème sanitaire, malgré toutes les précautions hygiéniques préventives. Il existe dans le commerce aquariophile de bons remèdes qui ont fait leurs preuves dans beaucoup d'affections à condition que la maladie ne soit pas trop sérieuse. En revanche, dès que la maladie présente une certaine gravité, on ne doit pas hésiter à passer aux traitements plus puissants de la médecine vétérinaire.

Index

A

acide oxolinique, 155
acidose, 18, 23
Acorus gramineus, 49
Acorus pusaillus, 49
Aequidens maroni, 86
Aequidens pulcher, 86
aération, 25, 43, 44, 47
alcalose, 18
algues, 13, 21, 28, 29, 36, 38, 44, 58, 59, 62, 71, 101, 102, 109 à 111, 115, 116, 118, 122, 123, 128 à 131, 134, 136 à 139
algues envahissantes, 47, 57
ALIMENTATION, 121 à 129, 131, 142, 143, 150
alimentation des alevins, 127 à 131
alimentation des adultes, 120 à 127
aliments séchés, 120 à 123
aliments surgelés, 122
Althernanthera, 49
aminosides, 154
Ammania, 49
ammoniac, 37, 40, 41, 137
ammoniac - ions ammonium, 34
ampullaires, 58, 59
ANABANTIDAE, 67, 147, 150
anatomie des poissons, 61, 63
Ancistrus dolichopterus, 110
Anoptichthys jordani, 76
Anostomus anostomus, 76, 81
antibiotiques, 148, 151, 154, 155
antimycosiques, 154
Anubias, 49, 73
Aphyocharax anisitsi, 77
Aphyosemion australe, 105, 106
Aphyosemion bivittatum, 106
Aphyosemion gardneri, 106
Apistogramma agassizi, 86
Apistogramma bitaeniata, 87
Apistogramma borelli, 87
Aplocheilus panchax, 106
Aponogeton, 44, 49, 50

Appétit, 68, 82, 85, 131, 137
AQUARIUM, 7, 9 à 11
Argulus, 140, 147, 154
Artémias (*Artemia salina*), 66, 68, 72 à 74, 76, 78, 82, 86, 90, 93, 96, 99, 101, 103, 106 à 111, 114, 117, 122, 127, 129 à 131
aspirateur, 132, 133
Astronotus ocellatus, 87
ATHERINIIDAE, 72
attitudes de grattage, 144, 147
Aulonocara baenschi, 93
Aulonocara maylandi, 94
Aulonocara stuartgranti, 94
auxiliaires de la plantation, 58, 59

B

bac infirmerie, 151, 153 à 155
Bacopa, 50
bactéries (maladies microbiennes), 122, 147, 148, 154, 155
bactéries du cycle de l'azote, 13, 15, 25, 32, 34 à 41, 43, 44
Barbus conchonius, 96, 98, 99
Barbus cumingi, 97
Barbus everetti, 97
Barbus lateristriga, 98
Barbus nigrofasciatus, 98
Barbus oligolepis, 98
Barbus pentazona pentazona, 99
Barbus semifasciolatus, 99
Barbus tetrazona, 99
Barbus titteya, 99, 100
Barclaya, 50
Bedotia geayi, 72
blessures, 143, 151, 153
bleu de méthylène, 152
Bolbitis heudelotti, 50
Botia macracanthus, 95
Botia modesta, 95
Botia sidhimunki, 96
bourgeons irréguliers en « chou-fleur », 144

Brachydanio albolineatus, 101
Brachydanio frankei, 101
Brachydanio rerio, 100, 101, 104
Brachygobius xanthozona, 108
branchies, 35, 61, 63, 67, 143, 146

C

Cabomba, 50, 51, 55
calendrier d'entretien, 134
CALLICHTHYDAE, 72, 73
capillariose, 146
Carassius auratus, 118
Carnegiella strigata, 77
CENTROPOMIDAE, 74
Ceratophyllum, 51
Ceratopteris, 51
Chanda ranga, 74, 117
changement d'eau, 89, 138, 139
CHARACIDAE, 72, 75, 76, 79, 84, 89, 127, 128, 145, 146, 152
charbon actif (ou activé), 39 à 41, 151
CHAUFFAGE, 24 à 26
Chilodus punctatus, 77
chinodellose, 145
Chironome (Voir vers de vase), 124
chlamydiose, 148
chlorure de sodium, 153
choix des poissons, 63
Cichlasoma nigrofasciatum, 88
CICHLIDAE, 66, 85 à 89, 93, 127, 146, 147, 149, 150
Cichlidae d'Afrique tropicale, 93
Cichlidae d'Amérique tropicale, 86
COBITIDAE, 95
Colisa labiosa, 70
Colisa lalia, 70
Colisa sota, 70
columnariose, 148
combiné résistance-thermostat, 24, 42
comportement du poisson, 14, 59, 62, 63

Index • 157

conductivité, 20
congestion hémorragique
   des nageoires (érythrurite), 144
Copella arnoldi, 77
Corydoras aeneus, 74
Corydoras melanistius, 74
Corydoras paleatus, 74
Corydoras trilineatus (julii), 74
corynébactérioses, 148
costiose, 145
Crinum, 52
crustacés (maladies dues aux), 140, 143, 146, 147
Cryptocoryne, 52
cuivre (sulfate), 21, 153
cuve, 9, 10, 12
cycle de l'azote, 21, 35, 36
Cyclops, 123, 124
Cynolebias nigripinnis, 107
CYPRINIDAE, 95, 96, 118
CYPRINODONTIDAE, 104, 113

D

Danio, 66, 100, 101
Danio aequipinnatus, 101
Daphnies, 87, 97, 121 à 124, 127, 138, 140
débit de filtration, 25, 26, 38, 40, 41
déchets azotés, 18, 25, 32, 35, 36, 37, 39, 135, 137
décoloration, 145
DÉCOR, 14 à 16, 21, 26, 31, 36, 40, 44, 46, 48 à 58
dénitrification, 18, 34, 37
Dermogenys pusillus, 109
désamination, 34
DÉSÉQUILIBRE DE L'AQUARIUM, 137 à 139
désinfectants, 152, 153
Didiplis, 53
diffuseurs, 26
diplostomose, 146
diplozoonose, 146
disparition des planorbes et autres escargots, 138
drosophiles, 121, 126
durée d'éclairement, 28

dureté de l'eau, 20, 21, 150
duvet cotonneux épais avec atteinte de la bouche, 144
duvet filamenteux, 144

E

élevage (voir reproduction), 6, 21, 23, 41, 65, 87 à 91, 94, 96, 97, 100, 103, 104, 107, 111, 116, 118, 147
eau blafarde jaunâtre, 139
eau laiteuse, 138
eau trouble, 139
eau verte, 138
écailles, 61, 63, 72, 142, 144
Echinodorus, 46, 53, 55, 90
ÉCLAIRAGE, 27 à 31
élevage des Artémias, 130
élevage des infusoires, 128
élevage des petites proies, 124 à 127
Elodea (Egenia), 54
Enchytrées, 69, 124, 125
encroûtement du sol, 138
enduit blanc sur les téguments et les nageoires, 144
engrais, 13, 21, 37, 38, 44, 132, 135
ENNEMIS, MALADIES, 140 à 156
ENTRETIEN DE L'AQUARIUM, 132 à 136
entretien du filtre, 40, 134 à 136
éosine, 153
Epalzeorhynchus bicolor, 101
Epalzeorhynchus frenatus, 102
épinards (alimentation), 121, 122
Epiplatys dageti, 107
épuisette, 62, 68, 132, 136, 150
équilibre acido-basique, 18, 20, 44, 47
escargots d'eau, 58, 139, 146, 153
excès alimentaires (alimentation), 37, 121, 131
excréments filamenteux, 144

F

GOBIIDAE, 108
fenthion, 154
fer; oligo-éléments, 40, 44, 47
fils blancs fourchus incrustés

sur les téguments, 144
FILTRATION, 32 à 43
filtration biologique, 32, 131
filtration mécanique, 32
filtre à compartiments horizontaux, 42
filtre à compartiments verticaux, 42
filtre en cuve extérieure fermée, 41
filtre gouttière, 41
filtre percolateur, 43
filtre sous sable, 40
filtres extérieurs, 42
filtres immergés, 41
filtres intérieurs, 40
flubendazole, 154
fongus, 144
formol, 153
formol-phénoxyéthanol, 154
formol-vert malachite, 154

G

Gasteropelecus sternicla, 78
gaz carbonique, 18, 20, 44, 47
girodactylose, 147
Glossolepis incisus, 111, 112
Gnathonemus petersi, 112
Gonopode (voir POECILIIDAE), 109, 113, 115 à 117
Gourami, 67, 70, 71
Gourami embrasseur, 70
GRAM (coloration de), 11, 34, 38, 39, 131, 147, 148, 154, 155
gros ventre avec hérissement des écailles (hydropisie), 142, 144
grosses ulcérations sanguinolentes, 144
Guppy (voir *Poecilia reticulata*), 113 à 115
Gymnocorymbus ternetzi, 78
GYRINOCHEILIDAE, 109
Gyrinocheilus aymonieri, 119

H

Hassemania nana, 78
helminthes (maladies dues aux), 143, 146
Helostoma temmincki, 70

Hemianthus, 54
Hemigrammus bleheri, 78
Hemigrammus erythrozonus, 79
Hemigrammus ocellifer, 79
Hemigrammus pulcher, 79
Hemiodopsis gracilis, 79
HEMIRAMPHIDAE, 109
Heros severus, 88
Heteranthera, 54
hexamitose, 146
Hydrocotyle, 54
hydropisie, 142 à 144, 148
Hygrophila, 54, 55
Hyphessobrycon bentosi bentosi, 79
Hyphessobrycon callistus, 80
Hyphessobrycon erythrostigma, 80
Hyphessobrycon flammeus, 80
Hyphessobrycon herbertaxelrodi, 80
Hyphessobrycon pulchripinnis, 81
Hypostomus, 110, 111

I, K

ichthiophthiriose, 144
ichthyosporidiose, 149
Ichtiophthirius, 145
Infusoires, 127, 128
insecticides, 154
Killiphiles, 105, 107, 108
Killies, 104 à 106
Kryptopterus bicirrhis, 117
kystes blanchâtres arrondis, 144
kystes blanchâtres irréguliers, 144

L

L'EAU, 17 à 24
Labéo bicolore *(voir*
  Epalzeorhynchus bicolor), 101
lampes halogènes, 31
Lebistes (voir *Poecilia reticulata*), 113
Leporinus fasciatus, 81
Lernaea, 140, 147, 154
LES POISSONS, 60 à 119
ligne latérale, 62
Lilaeopsis, 55
limnées, 59
Limnophila, 55
Lobelia, 55

Loricaria parva, 110
LORICARIIDAE, 110
Ludwigia, 55
luminosité, 27, 28, 30
lymphocystose, 149

M

Macropodus opercularis, 70
maladies bactériennes, 147
maladies d'acclimatation, 149
maladies dues aux helminthes, 146
maladies mycosiques (maladies à
  levures et champignons), 149
maladies parasitaires à Protozoaires,
  144 à 146
maladies tumorales, 150
maladies virales, 149
malais (escargot), 58, 59
matériaux filtrants biologiques, 39
matériaux filtrants mécaniques, 38
Megalamphodus megalopterus, 81
Megalamphodus sweglesi, 82
Melanotaenia boesemani, 72, 111
Melanotaenia macculocchi, 111
Melanotaenia splendida, 112
Melanotaenia trifasciata, 112
MELANOTAENIIDAE, 111
Mesonauta festiva, 88
métronidazole, 155
Metynis rooseveltii, 82
Moenkhausia sanctaefilomenae, 82
Mops, 105, 106, 108
MORMYRIDAE, 112
mort brutale, 138
moules (voir alimentation), 85, 122
mousse de Bogor, 76, 97,
mousse de polyuréthane, 16
mycobactérioses, 147
Myriophyllum, 56
myxosomiose, 145

N

nage en rotation, 144, 145
nage louvoyante tremblante
  (shimmy), 142 à 144, 147
nage tête en bas après les repas, 144
nageoires, 61, 64, 67

nageoires collées; queue serrée, 144
Nannacara anomala, 88
Nannobrycon eques, 82
Nannostomus beckfordi, 82
Nannostomus marginatus, 83
Nannostomus trifasciatus, 83
nauplies d'Artémias, 127, 128
Nematobrycon palmeri, 83
Néon du pauvre (voir *Tanichthys*
  albonubes), 104
nitrates, 13, 21, 34 à 38, 44
nitrification, 18, 34, 37
nitrites, 35 à 38
nitrofuranes, 155
nitrosation, 35
Nothobranchius guentheri, 104, 108
nourriture d'élevage, 124 à 130
nourritures fraîches du marché, 122
nourritures sèche, 121
nursery, 66
Nymphea lotus, 66

O

oeil trouble (cataracte), 144
oodiniose, 145
Oodinium, 145
osmoseurs, 23
Otocinclus affinis, 110
Ovoviviparité (voir POECILIIDAE),
  109, 113
oxygène, 18, 25, 34, 37, 38, 41,
  43, 44, 47, 61, 65, 129, 139, 143

P, Q

Pangio kuhlii, 96
Papiliochromis ramirezi, 89
Paracheirodon axelrodi, 81, 84
Paracheirodon innesi, 83
Paramécies, 68, 89, 103, 128, 129
parasitoses à crustacés, 147
Pelvicachromis pulcher, 94
Pelvicachromis subocellatus, 94
Pelvicachromis taeniatus, 95
Perche de verre (*Chanda ranga*), 74
permanganate de potassium, 153
pH, 18
Phenacogrammus interruptus, 84

Index • 159

phénoxyéthanol, 154
pipage d'air en surface (asphyxie), 144
Pirhanas (*Serrasalmus nattereri*), 85
planorbes, 58, 59, 134, 138
PLANTATION, PLANTES, 48 à 57
plaques hémorragiques, 144
Platy (voir *Xiphophorus maculatus; Xiphophorus variatus*), 116, 117
Plecostomus, 59
pléistophorose, 145, 152
Poecilia latipinna, 115
Poecilia reticulata, 113
Poecilia sphenops, 114
Poecilia velifera, 115
POECILIIDAE, 113
points blancs, 142, 144, 145, 152
poisson éléphant (voir *Gnathonemus petersi*), 112
POISSON ROUGE, 118
Poisson-abeille (voir *Brachygobius xanthozona*), 108
Poisson-ballon (voir *Tetraodon fluviatilis*), 118
poissons de verre (voir *Chanda ranga* et *Kryptopterus bicirrhis*), 74, 117
Poissons vivipares (voir POECILIIDAE), 65, 66, 75, 113
Poissons hachette (voir *Canergiella* et *Gasteropelecus*), 77, 78
poissons nettoyeurs (voir LORICARIIDAE ET GYRINOCHEILIDAE), 109
polystyrène expansé, 15
pompe à air, 25, 130, 138
Porte-épée (voir *Xiphophorus helleri*), 115
pourriture des nageoires, 148
Principes généraux de plantation, 44
Pristella maxillaris, 84
Protozoaires (maladies à), 144 à 146
pseudomonioses et aéromonioses, 148
Pterygoplichthys, 110
Pterophyllum altum, 91
Pterophyllum scalare, 36, 89
Puntius (voir *Barbus*), 96, 97
quinolones, 155

R

racines d'arbres, 15
raclette, 134, 135
Rasbora borapetensis, 102
Rasbora dorsiocellata, 102
Rasbora heteromorpha, 102
Rasbora kalochroma, 103
Rasbora pauciperforata, 103
Rasbora trilineata, 104
récolte du zooplancton, 122
réfection de l'aquarium, 136
réflecteurs, 31
remèdes, 151
renforts, 12
reproduction des Cichlidae africains (*Aulonocara baenschi; Pelvicachromis pulcher*), 93, 94
reproduction des Cichlidae américains (*Pterophyllum scalare; Symphysodon discus*), 89, 92
reproduction des Anabanthidae (principes; *Betta splendens*), 69
reproduction des Callichthydae (*Corydoras paleatus*), 74
reproduction des Centropomidae (*Chanda ranga*), 74, 75
reproduction des Characidae (principes; *Hemigrammus erythrozonus*), 75
reproduction des Cyprinidae (*Barbus conchonius; Brachydanio rerio; Rasbora heteromorpha*), 96, 100, 102
reproduction des Cyprinodontidae (*Aphyosemion australe; Cynolebias nigripinnis*), 105, 107
reproduction des Melanotaenias (*Glossolepis incisus*), 111
reproduction des Poeciliidae (*Poecilia reticulata*), 113
reproduction (généralités), 65
résine polyester, 10, 12
résistance de chauffage, 24
Riccia, 56, 67, 68, 75, 83, 105, 111
Rivulus cylindraceus, 108
riz paddy, 128, 129
roches, 14, 15
Rotala, 56

S

sables, 13, 16, 32, 38 à 42, 44, 47
Sagittaria, 56, 57
saprolégnioses, 149, 155
Saururus, 57
Serrasalmus nattereri, 85
silure de verre, 117
SILURIDAE, 117
siphon, 132, 134
SOL, 13
spectre de la lumière, 29
spironucléose, 146
sulfamides, 155
sulfate de cuivre, 153
Sumatra (voir *Barbus nigrofasciatus; Barbus tetrazona*), 99
Symphysodon aequifasciatus aequifasciatus, 91
Symphysodon discus, 92
symptômes des maladies, 144
Synodontis nigriventris, 117
système sensitif, 62
systèmes tampons, 20

T

TAC, 20
Tanichthys albonubes, 104
Telmatherina ladigesi, 72
Tétra feu-de-position (voir *Hemigrammus ocellifer*), 79
tétracycline, 154
Tetraodon fluviatilis, 118
TETRAODONTIDAE, 118
Tétras (voir CHARACIDAE), 78
Tétras-néon (voir *Paracheirodons*), 78
TH, 20
Thayeria boehlkei, 85
thermorégulation des poissons, 62
thermostat, 24
Thorichthys meeki, 91
tiguvon, 154
tourbe, 17
tournis, 145
transport des poissons, 65
trichodinose, 146
Trichogaster leeri, 71

Trichogaster microlepis, 71
Trichogaster trichopterus, 71
triméthoprime + sulfamétoxazole, 155
troubles digestifs, 150
trous arrondis sur la tête, 144
tube digestif, 62
tubes fluorescents, 30
Tubifex, 122, 125
tumeurs, 150

U, V

ulcérations, 144, 146, 148, 153
ultra violets (rayons), 138
Vallisneria, 57
variétés de poissons-rouges, 118, 119
velours (maladie du), 145
ventre en l'air, 117
verre collé, 10
vers de farine, 127
vers de vase, 122, 124

vers Grindal, 124, 125
vert malachite, 154
vesicularia, 76
vessie natatoire, 61, 63

X, Z

Xiphophorus helleri, 115
Xiphophorus maculatus, 116
Xiphophorus variatus, 117
zooplancton de mare, 122, 129

Achevé d'imprimer par Rotolito Lombarda en Italie
dépôt légal : 26426 - octobre 2002
ISBN : 2 501 037 626
40.3441.9/01